ある映画の物語

フランソワ・トリュフォー

山田宏一＝訳

草思社文庫

写真提供 © フランソワ・トリュフォー／レ・フィルム・デュ・
キャロッス／ヴィニヤード・プロ／ワーナー・ブラザース／
コレクションYF／山田宏一

凡例（訳者まえがき）

――映画はどのようにしてつくられるかという主題をめぐって、フランソワ・トリュフォーは一本の映画と一冊の本をつくった。映画『アメリカの夜』（一九七四年にワーナー・ブラザース配給による日本初公開のときには『映画に愛をこめて　アメリカの夜』、一九八八年に日本ヘラルド映画配給による再公開のときには『フランソワ・トリュフォーのアメリカの夜』の題になったが、本書では、原題の直訳だけの『アメリカの夜』で統一させていただいた）と、そのシナリオおよび『華氏451』の撮影日記を収めた一冊の本である。

――本書の日本語版の出版は、当初、こちらの翻訳の事情もあって（とくに映画専門用語、撮影所用語のチェックに手間取ったこともあり）、トリュフォーの了解を得て、シナリオと日記を別々に（そのときにトリュフォーの提案で「ある映画の物語（Histoire d'un film）」という題にして）、まず一九八六年に『華氏451』の撮影日記を、次いで一九八八年にシナリオ『アメリカの夜』を出版したが、今回文庫化されることになり、本来の形に戻して、というより、『華氏451』撮影日記を第一部、シナリオ『アメリカの夜』を第二部として再構成し、新たに出版することになったのである。『華氏451』撮影日記については作家の金井美恵子さんからの寄稿と『アメリカの夜』については澤井信一郎監督のインタビューの再録に心からの感謝を申し上げます。

――公式の映画用語に関しては、「映画百科辞典」（白揚社）のほかに、「サミュエルソン映画撮影読本」（渡辺浩訳、大洋図書）と「映画技術用語集」（にっかつ芸術学院）を主として参考にさせていただいたが、後者二冊の貴重な書物を入手するにあたっては日本映画撮影監督協会理事長（当時）の高村倉太郎氏のお世話になりました。撮影現場の語句や言い回しは、キャメラマンの仙元誠三氏および東京藝術大学大学院映像研究科の教授であり映画監督でもある筒井武文氏にとくに――しつこいくらいに――問いただして、親密にご教示をいただき、映画づくりの現場の雰囲気をできるかぎり翻訳で伝えようと努めました。なお、撮影中のカチンコを打つところ、日本では「テイク」より「トラック」と呼ぶほうが多いとのご指摘もありました。「トラック」はサウンド・トラックに由来し、東宝のようにトーキー用の録音スタジオから出発した映画会社では撮影のときも（とくに劇場用映画の場合は）「カット1、トラック2……」というように呼んでいるとのことでした。こうした例はほかにもあり、松竹では記録のスクリプターをシートと呼ぶとのことですが、いちおう表記はできるだけ一般的に通用するものにするということでおゆるしねがいたいと思います。

ある映画の物語◉目次

ある映画の物語——『華氏４５１』撮影日記

なぜ「ある映画の物語」なのか？

一九六六年の初め、わたしは、『華氏451』の撮影のため、パリを離れ、数か月にわたり、ロンドンに滞在した。だれかに何かを打ち明けずにはいられないほどつらく、孤独だった。いつものわたしの映画の撮影とちがって、『華氏451』の撮影現場は仲間意識や仕事の歓びで活気づくようなことがまったくなかった。苦しい撮影だった。当時のわたしは英語を全然話せず、しかも英語しか話さないスタッフのなかで一日じゅうすごさなければならなかったので、夜はひとりでホテルの部屋に閉じこもり、親しい友人たちに何もかもぶちまけるような気持ちで日記を書きつづけたのである（当時、この日記は毎月、ロンドンからパリに郵送され、「カイエ・デュ・シネマ」誌に連載された）。そんなわけで、長いあいだ、この日記は、あまり意味のない記録、単に苦い思い出として、机のひきだしの奥にしまいこまれていたのである。しかし、

(一)映画を撮りながらその日記を書くのは、映画監督にとって、どういうことなのか？

(二)映画はどのようにしてつくられるのか？

という二つの問いに対して、わたしなりに答えるために、あえていま、具体的な例として「ある映画の物語」と題して発表することにしたのである。

わたしの映画『野性の少年』（一九六九）について、こんなふうに分析した批評があった――表向きの主題はアヴェロンの野生児に教育を試みるイタール博士の物語だが、その隠された真の主題は日記をつけながら一冊の本を書く映画監督の物語だ、と。この分析には真実の部分があることを認めざるを得なかったので、正直のところ、大きなショックをうけた。二つの問いは、そこから、わたし自身に投げつけられるかたちで、生まれた。だが、答えはない。どうしても答えなければならないとしたら、ジャン・ルノワールと同じように、わたしもつぎのように答えるだろう。

「映画のすべてを知ることなく、ただ他人のつくった映画を見てたのしむだけで満足しているひとは、しあわせだ。それは生活のゆとり、人生の息抜きになるだろう。ただし、それは禁断の木の実を食べたことのない人の場合だ。映画づくりに手を染めることによって、わたしは幾度となく失望もしたし、苦い体験もした。だが、そこから得た歓びにくらべたら、そんなことはものの数ではない。もしもう一度人生をやり直さなければならないとしても、わたしはやはりまた映画をやるだろう」（ジャン・ルノワール「自伝」、西本晃二訳、みすず書房）。

『華氏451』撮影日記

一九六六年一月十日（月）

『華氏451』はきょう撮影開始《クランクイン》の予定だったのだが、ヒロイン（二役）を演じる女優のジュリー・クリスティの体調がおもわしくなく、一週間延期になった。九か月間におよんだデイヴィッド・リーン監督の超大作『ドクトル・ジバゴ』（一九六五）の撮影による過労がたたっているというのが生命保険会社の診査医の診断報告である。そのうえ、親知らずも一本抜かなければならないとのこと。パインウッド撮影所にはすでに映画の主要なセットが組み上がっており、そのためにかかった費用だけでも莫大なものだから、よもやユニヴァーサルがここでこの映画をとりやめるようなことはあるまい――と自分を安心させるために一所懸命自分に言い聞かせる。ジュリー・クリスティの調子いかんによって来週月曜日にはクランクインできるはずだ。

主人公のモンターグを演じるオスカー・ウェルナーは、マーティン・リット監督の『寒い国から帰ったスパイ』（一九六六）のドイツ語版およびフランス語版の吹替えを自分でやるためにベルリンとパリに寄ってからくることになっている。

わたしはといえば、モンタークの上司になる消防隊の隊長の役を演じる俳優がまだ見つかっていないことが気になって落ち着かない。

一月十一日(火)

『寒い国から帰ったスパイ』の参考試写。演出面では才能もひらめきも感じられない映画だが、すばらしい俳優が何人か出ていて、そのうちの二人は隊長の役を演じることができそうだ。とくにシリル・キューサックというアイルランド人の俳優が抜群にすばらしい。明日、さっそく会うことにする。

『華氏451』はレイ・ブラッドベリのSF小説の映画化で、わたしはこの小説を一九六〇年の終わりごろ読み、一九六二年の半ばごろ映画化権を買い取った。それから、撮影にこぎつけるまでに三年半もかかったのはなぜか? 理由はただ一つ——金がかかりすぎるという理由からである。『突然炎のごとく』(一九六二)のヒットのあと、わたしは、ちょっと調子に乗りすぎて、身の程知らずの大企画を立ててしまったのかもしれない。フランスのプロデューサーたちはしかつめらしく算盤をはじき、七億から八億〔旧フラン〕もの製作費をこの作品にかけて商売をするのは危険すぎると判断した。ジャン゠ルイ・リシャールとわたしが共同で書いたシナリオを読んで、この企画に興味を持ってくれたのは、金のない三、四人の仲間だけだった。ジャン＝ポール・ベルモンドがブラッドベリの小説を読んでいて、モンタークの役をぜひやりたいと言ったが、当時のベルモンドはまだ充分に信頼できるスターとはみなされていなかった。『勝手にしやがれ』（ジャン＝リュック・ゴダール監督、一九五九）で一躍脚光を浴びたとはいえ、まだ「新人」の域を出ておらず、彼をキャスティングするのは興行的に不安があるというのだった。その後、『ピアニストを撃て』（一九六〇）でいっしょに仕事をしたシャルル・アズナヴールがシナリオを読んで乗ってくれたので、一時はアズナヴール主演で映画化される見込みがつくところまでいったのだが、不幸にしてその間にアズナヴールが主役を演じたジャン＝ガブリエル・アルビココ監督の『アメリカのねずみ』（一九六二）が興行的に惨敗したため、この線の可能性も消えてしまった。

それから、アメリカの映画会社に渉りあってみたが、やはり答えはノーであった。たとえば、三年前、ユナイテッド・アーチスツのニューヨーク本社がフランス映画を一本製作することになり、フィリップ・ド・ブロカの『リオの男』かわたしの『華氏451』かのどちらかをえらぶところまでいったのだが、結果はごぞんじのとおりだ。フィリップ・ド・ブロカの映画をえらんだユナイテッド・アーチスツに眼がなかったと言ったら、それは間違いであり、こちらのひがみでしかあり得ないだろう。『リオの男』（一九六三）は世界じゅうでヒットし、ユナイテッド・アーチスツにとってはすばらしく大きな商売になったのだから。

『華氏451』の企画が今回やっと実現を見ることになったのは、この数か月のあいだにみるみる大スターにのし上がったオスカー・ウェルナーとジュリー・クリスティの顔合わせのおかげである。このところ、彼らがつぎつぎにいろいろな賞を受け、アカデミー賞にノミネートされたこともさいわいした。

一九六三年六月、わたしは、ニューヨークの独立プロデューサー、ルイス・M・アレンに、監督はわたしがやるということを絶対条件に、『華氏451』の原作の映画化権を買い取ってもらった。そのとき以来、この映画は英語版になる運命を余儀なくされたわけだが、それでも製作にこぎつけるまでにそれから二年かかった。たまたま、MCA（ミュージック・コーポレーション・オヴ・アメリカ）がユニヴァーサルと配給契約を結んでロンドンに映画製作事務所を開設することになり、『華氏451』がその独立プロの第一弾として製作されることになったのである。第二弾がチャップリンの『伯爵夫人』で、これも二週間後にはやはりパインウッド撮影所でクランクインする予定である。第三弾は俳優のアルバート・フィニーが監督（そして主演も）する『チャーリー・バブルズ』に決まっているが、撮影に入るのはもっとあとで、今年の半ばごろになるようだ。

一月十二日（水）

きょうはジャン゠リュック・ゴダールがやって来た。撮影の真最中かと思って来たのにと残念がる。

助監督のシュザンヌ・シフマンといっしょにゴダールをセットに案内する。

左よりジャン＝リュック・ゴダール、シュザンヌ・シフマン、フランソワ・トリュフォー

カラー・テストのフィルムも映写して見せる。それから、いっしょにBFI（ブリティッシュ・フィルム・インスティテュート）にジョゼフ・フォン・スタンバーグの『恋のページェント』（一九三四）を見に行く。スタンバーグ監督作品の特集回顧上映がおこなわれていて、ここ一か月ほどのあいだに八本のスタンバーグ映画を連続して見ることができたが、この『恋のページェント』が、おそらく、最もすばらしく、最も狂気にあふれ、最もいきいきとした作品だ。他のスタンバーグ作品と同じように、この映画もエーリッヒ・フォン・シュトロハイムやマックス・オフュルスを想起させるが、ユーモアがあふれかえっている点では、エルンスト・ルビッチをも想起させる。

『恋のページェント』マレーネ・ディートリッヒ

そういえば、わがエルンスト・ルビッチはロッテ・アイスナー女史の名著「魔に憑かれたスクリーン」ではずいぶんひどいあつかいをうけている。ルビッチの史劇がアメリカで高く評価されているのは、歴史的事実を尊重しないアメリカ人の悪いくせであり、アメリカ映画の父、D・W・グリフィスにルビッチを比較して「ドイツ映画の父」などというのは過大評価であり、「ルビッチ・タッチ」とよばれる一見軽快で洗練された笑いの底流にあるものは、鈍重なブルジョワ喜劇の下品な精神にすぎないというのだ！　ドイツ表現主義映画についての最も権威ある研究書であり、すばらしい本ではあるが、ことルビッチの評価に関するかぎり甚だしく不当なので、『華氏４５１』のなかでは他のたくさんの本といっしょに焼いてやることにしよう。

同日　夜

ユニヴァーサルはジュリー・クリスティの保険金がおりるまで待てず、経費節減のため、クランクインを早めることに決定。突如、明日から、との知らせをうける。

ジャン゠リュック・ゴダールはパリに帰って行き、わたしは急に怖気づく。頭に血がのぼり、耳鳴りを覚える。フェリーニの『8½』（一九六三）のラストで主人公の映画監督（マルチェロ・マストロヤンニ）がいやがるのに無理矢理撮影現場に曳きずられていく――あんな気分に襲われる。

『8½』マルチェロ・マストロヤンニ（中央）

フェリーニの映画には何の誇張もない。『8½』は、あらゆる映画監督の映画、わたしたちの映画であり、わたしたちはみな、あの映画をつくってくれた監督、フェデリコ・フェリーニに感謝せずにはいられない。『華氏451』の英語台詞の監修をやってくれ、撮影中ずっとわたしについてくれることになったヘレン・スコット女史は、『8½』を見たあと、わたしに言った――「映画づくりってのはたいへんだねえ。ほんとに、大仕事だってことがはじめてわかったよ」。

ヘレン・スコット女史とともに、もう一人、わたしの真の味方になってくれ、すべての面で共謀者として現場でわたしの補佐役をやってくれるのが、『ピアニストを撃て』以来わたしの映画の記録《スクリプター》を担当し、ジャン＝リュック・ゴダールのスクリプターもやっているシュザンヌ・シフマンである。わたしたちが彼女と知り合ったのは、一九四八年、もう十八年も前のことになる。シネマテークがまだパリ八区のメッシーヌ通りにあったころ、おたがいに映画を見に通いつめているうちに顔なじみになった。一九五〇年のルイス・ブニュエル作品『スサーナ』（フランス公開題名は『悪女シュザンナ』Suzanna la Perverse）をもじって、わたしは彼女に悪女シュザンナというニックネームを付けた。同じように、オスカー・ウェルナー（フランス語ふうに発音すればオスカル・ウェルネル）は、一九六一年『ジュールとジム』（『突然炎のごとく』の原題）のときには若きウェルテルだったが、いまや、「ロード・ジム」（リチャード・

ブルックス監督、一九六五）ならぬロード・ジュール。そしてその相手役は、ストリンドベルイの戯曲からアルフ・シェーベルイ監督が撮った名作（一九五一）のヒロインにひっかけた令嬢ジュリーである。

ばかげているようだが、映画をつくるときには、そんなちょっとしたおふざけが必要なのだ。同じようにつまらないことだが、縁起をかついでわたしなりにおこなう儀式もある。たとえば、こんどの映画はＳＦということで、わたしはパリを去るときに地球上の乗り物である自分の車を売り払い、自由な宇宙の歩行者になった気分でロンドンにやって来た。そして昨日は理髪店に行き、ほとんど坊主刈りにしてもらった――撮影中に髪を切ったりするとツキが落ちてしまうような気がするからだ。

さて、いよいよ明日はクランクインだ。この三年間、ブラジリア、ストックホルム、トロント、シカゴ、ムードンと世界各国の都市をめぐって、そこに舞台を想定し、写真を撮り、ロケハンをしてきたというのに、結局は、ロンドン郊外にあるパインウッド撮影所とその周辺で撮影されることになった『華氏４５１』。未来のイギリス映画である。

一月十三日（木）

けさはオスカー・ウェルナーもジュリー・クリスティも出ないシーンから撮影に入

った。映画のなかではテレビにうつる画像の部分である。主人公のモンターグの家には壁にはめこまれた大きなテレビがあって、リンダ（モンタークの妻）は一日じゅう、その壁テレビを見ているのである。

画面に出るのは三種類のテレビ番組である。第一のテレビ・シーンは視聴者参加のクイズ番組。第二のテレビ・シーンは男と女の柔道の模範試合を見せる体操番組。第三のシーンは女性の美顔術《メーキャップ》の実演で、これはリンダが寝室のベッドのわきに置いてあるポータブル・テレビで見る画面である。これらのテレビ画像には最大限の現実味をだす必要があるので、走査線が一本流れたり、画像がときどき乱れたりする効果をオプチカル処理でだすようにしなければならない。これらのテレビ・シーンは、のちに合成によってテレビの画面にはめこむのではなく、セット撮影のときにスクリーン・プロセスで、本物の壁テレビの画面《スクリーン》に映写し、それを俳優たちが本物のテレビ画面と同じように見て演じることができるようにし、セットのなかでキャメラの移動もできるようにしたいと思う。

第一のテレビ・シーンでは、二人の男が進行係として出てきて、ばかばかしい対話をし、ときどき、「あなたは全体として、どう評価しますか？」「あなたはこのアイデアに賛成ですか？」などといったような、どうでもいいような、つまらない質問をだしては「リンダ、答えなさい」と画面から声をかける。不特定の視聴者に話しかける

壁テレビのクイズ番組

のだが、テレビ受像機に家庭用の変圧機が付いているので、自動的に視聴者の名がよばれるようになっている。それにリンダが答えるのである。キャメラのファインダーをのぞきながら、わたしは、テレビ・ゲームの司会の二人組の男のうち、めがねをかけているほうの男に思いっきり目を大きくみひらくように注文をつける――それでちょっとわが友クロード・シャブロルに似てきた。

一月十四日（金）

テレビ・シーンのつづき。テレビに出てくる女性アナウンサーはいつも同じ女性なのだが、出てくるたびに背景も衣裳も髪型も変わるので、まるでちがう女性のように見えるだろう。

この映画そのものが、ジュリー・クリスティの二役にはじまって、同じ俳優に二つの異なる役をやらせるというアイデアの遊びになっているのである。

ギリアン・ルイスというすばらしく才能のある女性アナウンサーのおかげで、きわめて能率よく集中的な仕事ができた。ワンシーン＝ワンカットで、八カットとも、それぞれ一回ずつの本番撮影《テイク》ですんだのである。カラー・フィルムは高くつくし、それにわたしは撮影と並行してシーンごとに編集を進めていきたいと思っているから素材が多すぎるとかえって困るので、できるだけフィルムを回さないほうが助かるのである。

撮影所の外に出て、塀に沿って二ブロックほどのあいだを街路に見立てて撮影。映画のなかで四回も五回も出てくる重要なシーンならば街路のセットをつくらなければならないだろうが、一回だけのシーンである。二人の消防隊員（消防帽《ヘルメット》ではなく制帽《カスケット》をかぶっている）が長髪の若者をつかまえて、髪を刈るシーンだ。このシーンがテレビにうつっているとき、アナウンサーの声で、床屋は髪をできるだけ短く切るように指令をうけているのだが、ずるがしこい若者たちは法に従うことを拒絶するために床屋へは行かず、自分たちのあいだでおたがいに髪を刈りあうことを思いついた、というようなナレーションが入る。これはソ連で実際にあったことで、その記事を新聞で読んだことがあったのである。しかし、『華氏４５１』は政治的メッセージを伝えるプロパガンダ映画ではなく、書物が禁じられ、焚書が公的におこなわれる世界が描かれるとはいえ、そこに特別な意味があるというよりも、ただ単純に書物についての映画なのである。

一九六四年五月二日、インドネシア政府の閣僚の一人であったスルマルニ夫人はジャカルタの街のまんなかに自分のきらいな——そしてスカルノ大統領もきらいな——書物を集めて焼き払った。

『華氏４５１』は、書物を持つこと、読むことを禁じられた社会を想定したごく単純な物語である。消防士《ファイアマン》の役目は、かつては火事を消すことであったが、この「未来社会」では書物を没収して、すぐその場で焼却することである。消防士＝焚書官の一人、モンターグは、消防隊長のうけもよく、昇進寸前の身であったが、クラリスという名の若い娘に出会って、いろいろと話しあっているうちに影響されて書物に興味を持ちはじめ、読書に歓びを見出す。彼の妻リンダは、恐怖のあまりモンターグを密告する。やむを得ずモンターグは彼の上官の隊長を火炎放射器で焼き殺し、逃亡する。どこへ？——それは映画が出来上がったときに映画館で切符を一枚買って見ていただくことにしよう。

小学校時代、月曜日になると、男の子たちは週末にどんな映画を見たか話しあったものだった。みんなが知りたがることはいつも、つぎの二点だった。

㈠アクション・シーンはあるか？

㈡裸の女は出てくるか？

『華氏451』に関するかぎり、㈠に対してはウイ、㈡に対してはノンである。

すぐれた原作にもとづくすべての映画と同じように、わたしの映画も、もしよくできたとしたら、その半分は原作者のレイ・ブラッドベリに負うものである。書物を燃やすというすばらしいアイデアはブラッドベリのものであり、わたしはそれを映像化することにこのうえない歓びを覚える。まさにそのために、どうしてもカラーで撮りたいと思ったのだ。愛する書物から離れるよりはむしろ書物とともに焼かれて死んでいく老婦人《オールド・レディ》とか、隊長を焼き殺す主人公とかいった強烈なイメージこそ、たしかにわたしがスクリーンで見たいと思い、自分で撮ってもみたいと思うことなのだ。しかし、リアリズムにこだわりすぎるわたしのイマジネーションでは思いもつかなかったことだろう。『ピアニストを撃て』のデイヴィッド・グーディス、『突然炎のごとく』のアンリ＝ピエール・ロシェについで、こんどはレイ・ブラッドベリがわたしのインスピレーションを刺激してくれ、単なる「ドキュメンタリー」に堕してしまわないために必要な劇的シチュエーションを提供してくれたのである。

一月十五日（土）

きょうは休み、撮影はない。イギリスの撮影所では土曜日は仕事をしない。おかげで、ヘレン・スコット女史と英語台本をもう一度検討してみることもできたし、来週のきついスケジュールの調整のためにシュザンヌ・シフマンと綿密な打ち合わせをすることもできた。

シリル・キューサックが隊長の役を快諾してくれた。大いに期待できる俳優であり、かならずや映画にすばらしい雰囲気をもたらしてくれるという確信がある。あつかいにくく、うるさい俳優でなければいいのだが……。

オスカー・ウェルナー、悪女シュザンナとともに、ＢＦＩにジョゼフ・フォン・スタンバーグの『西班牙狂想曲』(一九三五)を見に行く。BBCテレビ制作のスタンバーグ特集番組のなかに挿入されている未完の『われはクラウディウス』(一九三七)の抜萃も見ることができた。すばらしいジョゼフ・フォン・スタンバーグの夕べであった。

一月十六日(日)

日曜日なので、きょうも休み。悪女シュザンナといっしょにパインウッド撮影所に来週撮影するシーンのセットを見に行く。消防隊員たちの詰所のセットはいい出来だ。あと、問題はモンターグの家のセットだけ。

SF(空想科学)映画というと、だれもが空想をかきたてられるらしく、スタッフのみんながやたらとイメージを飛躍させて「創造的」になり、ときにはこちらの意図に反して、どんどん先走ることさえある。

「暗い未来の人間たちの話でしょう。だから、暗い感じのもの(セットとか衣裳とか小道具とか)をつくりましたよ」とか、いとも気軽に、こんな調子だ。そのときになってからその場で考えるというわたしのやりかたのためもあって、スタッフのこうした先走りは、どうしてもチグハグで、不都合が多く、どんどんわるいほうにエスカレートして、深刻になりつつある。この種の面倒が、いちいち――日ごとに、シーンごとに、セットごとに——起きて、最後まで面倒つづきになりそうだ！

三年前だったら、『華氏451』は奇抜なアイデアにみちた未来派のSF映画のかたちをとることができたかもしれない。しかし、それから、スーパーヒーロー、ジェームズ・ボンドが荒唐無稽な新兵器をふりかざすスパイ活劇『007』シリーズ（一九六二〜）が出現し、アンドレ・クレージュの「宇宙服ルック」が流行し、ポップ・アートが一世を風靡し、それにジャン＝リュック・ゴダールの『アルファヴィル』（一九六五）もつくられた。わたしは『突然炎のごとく』を撮るときに、たとえばジムがオートレーサー、ジュールがカメラマン、カトリーヌがファッション・モデルといったような、いかにも流行のパターンにおちいる危険を避けるために、時代を現代にもってくるのをやめ、原作どおりに古い時代の物語にしてみたのだが、『華氏451』の場合も、いかにもSFめいた短絡的なイメージの罠にだけは安易におちいりたくないのである。もちろん未来の物語を完全に過去の物語にしてしまってはやりすぎだが、ややその方向に映画のムードをもっていこうと思う。モンターグの家にはD・W・グリフィスの映画『見えざる敵』（一九一二）に出てくるような、受話器が角笛のようなかたちになっている電話や壁掛け式の電話がある。ジュリー・クリスティは、人妻のリンダの役ではエルンスト・ルビッチの『生きるべきか死ぬべきか』（一九四二）のキャロル・ロンバードのセクシーな大人の女のドレスを着、若い娘のクラリスの役ではジーン・ケリーとスタンリー・ドーネンのミュージカル・コメディー『雨に唄えば』(一九五二)のデビー・レイノルズのかわいらしい少女っぽいショートスカートをはく。そして消防自動車は、フランク・キャプラの映画『オペラ・ハット』(一九三六)の消防自動車だ——等々、といったぐあいに、故意にSFのイメージとは錯誤したものを使う。新奇なもの、未来的なイメージにあえて逆らってみる。リンダがモンタージュに旧式の剃刀をプレゼントし、「スマートでしょ? 最新型なのよ」と言って、もう古くなったフィリップスの電気かみそりをくずかごにポイと捨てるところもある。要するにわたしはさかしまに——いわゆるSFを裏返しにして——映画をつくってみたいのだ。いわば「中世のジェームズ・ボンドもの」といった感じのものを撮るようなつもりで、この作品をつくりたいのである。

一月十七日(月)

本格的に映画がスタートするのは、きょうからである。最初のワンカットをすませるのにとても時間がかかった。というのも、セットデザイナーのシド・ケインのつくった消防署の車庫の自動扉があまりにもすばらしいので、これをなんとか使いたいと思い、そのためにはステージに二杯組んであったセットを連結しなければならず、それに手間取ったのである。

出動ベルが鳴り、赤ランプの光がモンタージュの顔に照り映える。そしてモンタージュは消防隊員の詰所から出て、消防練習生の教室に入り、「隠された書物をいかに見つけだすか」というテーマで講義をはじめるというシーンだ。教室でモンタージュが講義をはじめる前に、他の教官が防火衣をつけて焼きかたの模範を示すところがあるのだが、火炎放射器の具合がわるかったために、ずいぶん時間をむだにしてしまった。オスカー・ウェルナーはかなり緊張していたが、最初のワンカットがすんで、やっと落ち着いたようだ。

火炎放射器の調整をしてもらっている間に、急いで別のカットを撮ることにする。行儀のわるい二人の練習生が隊長によびだされ、事務室のまえの廊下のベンチにすわって待ちながら、モンタージュからちょっと離れたところで、ひそひそと話し合うところである。

火炎放射器の調子がなおったので、また教室に戻るが、シーンの半分も撮れずに終わる。消防練習生の一人があやまって火炎放射器の引き金をひき、そのいきおいでガソリンが目に入るというちょっとした「事故」が起こったのだ。ステージのはしには、撮影所の警備員たちがいかめしく立って、パインウッド撮影所が火事にならぬように厳重に見張っている。この調子だと、Eステージで老婦人が書物といっしょに炎に包まれるシーンを撮るときには、いったい、どんな警戒態勢がしかれるものやら。

一月十八日（火）

初めて満足のいった一日だった。教室のシーン――モンタージュが、教室の消防練習生たちに、本に見立てた木型で、本の隠し場所をいろいろと教えるシーンだ。魔法びんのなかに隠してある場合とか、電気トースターからパンのかわりに二冊の本がとび出てくる場合などを示す。

ついで、隊長の事務室の前の廊下。シド・ケインのすばらしいセットのおかげで、突然新しいアイデアが浮かび、ワンシーン、即興で撮る――モンタージュは廊下から、ドアの窓ごしに隊長の事務室をのぞき見る。厚いステンドグラスがチラッと見える。その向うで隊長が二人の練習生を折檻しているらしい様子がうかがわれる。シリル・キューサックはこのパントマイムの芝居を見事にこなした。間違いなく、オスカー・ウェルナーの好敵手になれる俳優だ。この即興撮影でスケジュールが一日ずれてしまったけれども、いいシーンができたと思う。

昨日分のラッシュは上乗。教室のシーンはうまくいっている。火炎放射器の効果もわるくない。カラーがいちばん気にかかっているのだが、これだけはどうにもならない。わたしの理想は『華氏451』のカラーをできればトルーカラーの傑作であるニコラス・レイ監督の西部劇『大砂塵』（一九五四）の色調に近づけることだが、残念ながら、ユニヴァーサルはテクニカラー社のお得意先なのだ。しかし、わたしは撮影監督のニック（ニコラス）・ローグを前面的に信頼している。ニックには、彼がクライヴ・ドナー監督の『ナッシング・バット・ザ・ベスト』（一九六四）でやったような甘美で淡くソフトなパステルカラーとは正反対のトーンでいきたいと伝えた。ニックが撮影を担当したカラー映画でわたしが好きなのは、とくにロジャー・コーマン監督の『赤死病の仮面』（一九六四）である。あの早撮りであらっぽくて毒々しい強烈な色彩がいい。『華氏451』でも、黒が本当に黒くうつる暗い硬い画《え》をつくってほしいのである。撮影班は仕事のできるいい連中で、ニックとわたしも意気投合。キャメラを回すのはアレックス・トンプソンという撮影技師《キャメラマン》で、ワンカット撮るごとにフランス語でわたしにたずねる——「どうかね《サ・トウ・プレー》、先生《ムッシュー》？」。

チャップリンの『伯爵夫人』が予定どおり、別のステージで撮影に入った。聞くところによると、チャップリンは役者に芝居をつけるさい、まず自分で全部演じてみせるので、マーロン・ブランドのようなベテラン俳優ですらすっかり怖気づき、縮みあがっているとのこと。

数日前、娘さんのジェラルディン・チャップリンに会ったので、お父さんはクランクインの前に緊張でふるえたりイライラしたりするようなことがあるのだろうか、ときいてみた。答えは、「いつも、たいへん」とのこと。かの大チャップリンにすら、撮影に入る前にはおびえがあるのだ。よし、と。

消防署の詰所のなかで消防隊員たちが円柱《ポール》をつたって昇り降りするシーンの撮影にかかる前に、ナショナル・フィルム・シアターの上映プログラムの編成者（映画批評家でもありロンドン映画祭の主宰者《ディレクター》でもある）リチャード・ラウドから、ミューチュアル時代（一九一六年である！）の『チャップリンの消防夫』の16ミリ版を借りて参考試写。案の定、五十年前に、すでに、フィルムの逆回転で円柱《ポール》をつたって一気に昇るという手（昇降柱《ポール》を片手でつかむと自動的に上に移動し、体をもち上げ、天上を抜けていくというのはブラッドベリの原作にもあるのだが）は使われていた！

もちろん、『華氏451』の場合は、この円柱《ポール》には別の意味合いがある。モンターグは、初めてこっそりと本を読んでしまってからはもう、いままでどおりに無邪気に円柱《ポール》につかまって昇っていくことができず、らせん階段を一段ずつ昇っていくのだが、そのために同僚たちから怪しまれることになるのである。

『華氏451』のフランス語の台本には、せりふのなかにこんなちょっとした言葉遊びがある。クラリスという娘がモンターグに、書物を一冊ずつ暗記することを決心した人間たちのことを話し、「書物人間《オム・リーヴル》（hommes-livres）」と言うと、モンターグが聞き違えて、「自由人間《オム・リーブル》（hommes-libres）?」と言う。「ちがうわ、自由人間《オム・リーブル》じゃなく、書物人間《オム・リーヴル》よ」とクラリスは言うのだが、こんな語呂合わせは、英語に翻訳しても何の意味もなくなるだろうから、残念ながら使えないものと観念していた。英語台詞の監

消防署の昇降柱……フランソワ・トリュフォー監督とオスカー・ウェルナー

修にはヘレン・スコット女史にデイヴィッド・ラドキンという若い詩人が協力しているのだが（英訳にあたっては、かたやアメリカ的表現に凝り、かたやイギリス的表現に凝るというコンビだった）、このイギリスの若い詩人がこんな英語のダジャレを考えだして、わたしをよろこばせてくれた――それは、「書物人間《ブック・ピープル》（book people）」と「善良人間《グッド・ピープル》（good people）」である。というわけで、「書物人間《オム・リーヴル》」と「自由人間《オム・リーブル》」は「書物人間《ブック・ピープル》」と「善良人間《グッド・ピープル》」としてイキることになったのである。

　ジャン・ルノワールの『ゲームの規則』が一九三九年に公開されたときに一週間足らずで打ち切られ、しかも一日ごとに――とくにウサギ狩りのシーンが――カットされていって短縮版になってしまったことは周知のとおりだ。ジャン・ルノワール自身が、劇場側からの要請に屈して、彼の編集女史にカットさせたのである。それでも、〔第一次世界大戦開戦間近の〕戦意昂揚の時代に反した不道徳な映画として結局は公開禁止になり、戦後、短縮版が再公開されたが、やはりまったく当たらなかった。同じような運命をたどったジャン・ヴィゴの『アタラント号』（一九三四）とともに、その後『ゲームの規則』はシネクラブの古典的名作となり、今日ではあらゆる映画狂《シネフィル》が神殿に祈りを捧げに行くように、くりかえし、くりかえし見に行く名作になっている。わたし自身もそうだが、二十回、三十回と見たファンもまれではない。なかには、猟銃で射たれたウサギが四肢をピクピクと痙攣させて悶死する有名なカットをふくむ完全オリジナル版をついに発見して見たという者も何人かいたくらいである！　ところが、そんなフランスの映画狂をしのぐ映画ファンがイギリスに出現したのである。きょうの新聞で話題になっている一人のイギリス婦人である。この婦人はロバート・ワイズ監督の『サウンド・オブ・ミュージック』（一九六五）を半年間に三百三十回も見た。月曜日から土曜日までは毎日二回ずつ、日曜日は一回、見た。同じ映画館でだ。四十回目のとき、館主に声をかけられ、それからは毎日顔パスで入れてもらえるようになった。映画が劇場の看板から消える日にそなえて、彼女は、毎日、家に帰ってから、シーンごとにすべてのせりふを思いだして書き取った。グラスゴーであった本当の話である。

きょうはへとへとだ。また、あした——。

一月十九日（水）

二人のジャーナリストから、この映画の製作過程を本に書きたいという申し出があったが、ことわってしまった。この撮影日記を見て、もしかしたら彼らはことわられた理由をわたし自身が書きたかったからなのだと思うかもしれないが、そうではない。原作のある映画の場合はいつもそうなのだが、原作者に対してある種の責任を感じるということなのである。

わたしはイギリス映画を撮っている。あまりにもイギリス的すぎてイギリス人も気づかないようなイギリス的特徴というものがあるけれども、それだけはできるだけ避けようとしてきた。そんなわけで、「赤レンガの壁だけはやめてくれ」と言ってあったのだが、そうしたら、なんと、黄色のレンガが運ばれてきた。問題はレンガだというのに！

出演者も、できるだけアメリカ的な、あるいはむしろアメリカ映画的な容貌、つまり顔の左右の均斉がとれた、整った顔立ちの俳優たちをえらんだ。それでも、ときとして、小さな役でわたし自身がえらぶことのできなかった俳優が出てきたり、あるいはわたしのえらんだ俳優がいざというときに出られなくなって急きょ代わりの俳優を使わざるを得なくなったときなどに突如、大英帝国がぬっと顔をだすのである。

テーマの類似によるせいか、『華氏451』のある種のシーンは、一九六一年のジョゼフ・ロージー監督のSF映画『呪われた者たち』（この監督の作品としてはかならずしもわたしの好きなものではないのだが）に似ているかもしれない。断崖の洞窟のなかに隔離され、収容された宇宙からの侵入者――光る眼の呪われた者たち――のように『華氏451』の「書物人間《ブック・ピープル》」も人里離れた森のなかに閉じこもって生きるという共通点があるからなのかもしれない。

イギリスで撮影することは、うれしいおどろきでいっぱいだ。パインウッドはじつに快適で最高の設備が整った完璧な撮影所なのである。たしかに、組合の規約は厳しい。たとえば、二台のキャメラで撮る場合、撮影スタッフだけで処理することはできない。つまり、一台は当然撮影技師《キャメラマン》のアレックス・トンプソンが回すとして、あと一台を撮影監督のニック・ローグが回すことができるかといえば、それは許されないのである。そのかわり、すぐ一台でも二台でも追加のキャメラを要求できるし、すると即座にキャメラマンおよび助手ぐるみで用意してくれるのだ——いつもそういう予備のスタッフがいるのか、あるいは他の作品に雇われたスタッフをまわしてくれるのか、わからないけれども。

毎朝、パインウッドまで電車に乗って四十五分。定期便のように、二日に一度は、鉄橋の下を通過するときに、二台の電車が交叉する。もし英語で書くことができたら、わたしはこの四十五分の道のりを台詞の最終的な手直しの時間にあてるだろう。演出プランがはっきり頭のなかにあれば、一日分の台詞を書くには四十五分というのはちょうどいい時間なのである。

一月二十日（木）

長いあいだ、わたしは、追いつめられて進退きわまった男が気を失って倒れるところを撮りたいと思い描いてきた。『柔らかい肌』（一九六三）のときにも、主人公のジャン・ドサイが愛人のフランソワーズ・ドルレアックをひそかに伴ってランスというフランスの地方の町に講演旅行に出かけるが、愛人をホテルに待たせたまま歓迎レセプションにひきずりこまれて身動きできなくなり、突然失神する、というところを撮ろうと考えたのだが、観客が「ああ、疲労で倒れたんだな」とか「病気なんだな」と思うかもしれないとおそれて、結局はやめてしまった。男が失神するというイメージは、十五年前にＴＮＰ（国立民衆劇場）でジェラール・フィリップが夢遊病の主人公を演じたクライストの「公子ホンブルク」の舞台を観たとき以来の夢だったのである。その後、何かの本で、クライスト自身も心を寄せていた女性の前に立たされたときに気を失って倒れたということを読んだ。というわけで、きょうは、オスカー・ウェルナーを失神させることにした。

『華氏４５１』の後半で、主人公のモンターグは書物を焼くという消防隊員の仕事に嫌気がさして辞職しようと決心する。しかし、最後にもう一度だけ消防署に行って、その前夜に逮捕されたクラリスと彼女の伯父の消息をつかもうと思い、こっそり消防隊長の部屋に忍びこむ。そして身許調査表のファイルが詰めこまれたひきだしを調べているときに、隊長が帰って来て、不意をつかれる。「どうやって入った？」という隊長の質問にモンターグは最初はなんとかうまくやりすごすのだが、最後にまた隊長に「それにしても、どうやってここに入った？」と問いつめられて、思わず床にくず

モンターグ(オスカー・ウェルナー)は隊長(シリル・キューサック)に問い詰められて失神する

おれるように倒れるのである。このシーン全体を三台のキャメラでいっきょに撮った。いい気分だった。

一月二十一日（金）

嘘をつく人物たちが登場する映画というのは、正直な人間しか出てこない映画よりもずっと撮りにくい。少くとも、嘘のシーンを撮るには、ふつうのシーンの倍以上のカットが必要だ。たとえば、純真無垢な少女が母親に「ママ、あたし結婚します」と言ったとする。心やさしく愛にみちた母親は「まあ、それはよかったこと！」と答える。このシーンを、母親と娘を一つの画面《フレーム》におさめてワンカットで撮ってはまずいという理由はどこにもない。しかし、これが、母親の情夫を素知らぬふりをして奪って結婚しようとするあばずれ娘の場合だったり、あるいはまた、清純そのものの白雪姫とその継母の邪悪な女王との関係だったりしたら、どうだろう。映画の人物たちがおたがいに知ってはならないことを観客にそっと知らせてやるために、シーンを五つも六つものカットに割らなければならない。言い換えれば、撮るべきシチュエーションが、そこには、一つではなく、二つあるのである。これが三人の人物をかかえたシーンになると、さらに緊迫した複雑なシチュエーションになる。ヒッチコックの映画はそんなシーンにあふれかえっている。絶妙のうまさだ。その点ではヒッチコックこそ最高の映画の師である。

どんな映画でも撮影に入ると思いがけない支障をきたしたり面倒な問題がいろいろ起こってくるものだが、『華氏451』にもすでにいくつか問題が起こってきた。そもそも登場人物があまり現実的でなく強烈な存在感に欠けるということがあるのだが、これはSFというシチュエーションの特殊な性格上やむを得ないのだと自分に言い聞かせる。とはいえ、SFというのはすべてが「仮想」の論理に基づいていて、しかもそれは証明できないけれども明白な絶対の公理であり、そのために何もかも抽象化されてしまうおそれがあることもたしかだ。それにさからって、なんとかスクリーンに生命を吹きこまなければならない。

撮影に入ってから気がついたことは、消防隊がまるで軍隊みたいに見えてきたことだ。まったく考えてもみなかったことで、これには頭をかかえる。制服、制帽、長靴《ブーツ》のいでたちの消防隊員は、みな若い美男子で規律正しく行動し、一語一語はっきりと叫ぶように言葉を発するのである。まさに軍隊のような硬さが出てきて困っているが、もはやどうしようもない。『ピアニストを撃て』のときには、結局わたしにはギャングを撮ることができないことを痛感したものだったが、同じように、こんどは、制服の男たちを撮ることがわたしにはできないことがわかったのである。これからは制服の人間たちだけは絶対に避けるようにしなければならない。この一週間ずっと男ばかりの消防署の詰所ですごしてきたので、ジュリー・クリスティの出番が待ち遠しい。女なき映画の果てしなき寂しさ。

この数日間、『華氏451』のシナリオそのものに何か一つ、映画のなかにそれとなく散りばめられているディテールによって視覚的に表現されうるちょっとしたアイデアが欠けていることを感じていた。それがナルシシズムだということに思い至る。というわけで、急いで、消防隊長のシリル・キューサックの首の石膏像をつくってもらい、隊長の事務所の机のわきに置くことにした。隊長は自分の「肖像」に凝っていて、モンターグに「わたしの肖像入りのメダルを一個きみにもあげようと思っている。わたしの肖像がとてもよくできているからね」と言う。また、別のシーンでは、他の消防隊員に同じせりふを言うと、その若い隊員は「ハッ、以前に一個いただきました」と答えるのである。

モノレールの車内では、乗客たちがまるで眠りにつこうとしている小さな女の子みたいに自分の手首を頰にあててうっとりしているかと思えば、車窓に映る自分の顔に頰をすり寄せてキスをしたりしているところを見せることにしよう。モンターグの妻のリンダは浴室の鏡の前で、自分の乳房を手でまさぐり愛撫する。

しかしながら、こうしたナルシシズムのイメージは、その場かぎりのものでなく、映画全体をとおして具体的に作用しなければならないものなので、アイデアはあるが、

リンダ（ジュリー・クリスティ）は浴室の鏡の前で…

どれが効果的か、選択に困るばかりだ。

ハリウッド在住のユニヴァーサルの顧問弁護士たちから、ウィリアム・フォークナー、ジャン＝ポール・サルトル、ジャン・ジュネ、マルセル・プルースト、J・D・サリンジャー、ジャック・オーディベルティといった有名な作家たちの本は焼かないようにと言ってきた。「焼くのは著作権がすでに消滅してだれもが自由に使えるPD（公有）《パブリック・ドメイン》のものだけにとどめてほしい」というのだ。裁判沙汰になることをおそれているのだが、ばかげた話だ。ロンドンのある弁護士に相談したところ、何の問題もありません。どんな著者でも、どんな著書でも、お好きなように「引用」してよろしいとのこと。『華氏451』は、ジャン＝リュック・ゴダールのこれまでの十一本の映画を全部集めてもかなわないくらいの引用集になるだろう。

一月二十二日（土）

休みなので、けさは六時に起きる必要なし。明日の日曜日も。

土曜、日曜と毎週二日つづけてたっぷりと休めるので、とても助かる。パリよりもずっと仕事がきついのである——とくにわたしのような英語を話せない外国人《よそもの》にとっては。

といっても、ここでイギリス人のことをわるく言うつもりはない。かつて、批評家時代にはしょっちゅうイギリス映画をこきおろしていたわたしだが、それがいまは、パインウッド撮影所で、わたしのために全力をつくして働いてくれる、このうえなく献身的なすぐれたスタッフに囲まれて、イギリス映画を撮っているのである。みんなが、このあわれな「フランス総督」(植民地時代の名残りのようにイギリス人の撮影スタッフは「監督《ディレクター》」とよばずに「総督《ガヴァナー》」とよぶのである!)になんとか最後まで任期を務め上げさせようと手助けしてくれているのだ。

一月二十三日(日)

明日から三日半の予定で、書物とともに焼け死んでいく老婦人《オールド・レディ》のシーンの撮影がはじまる。

一階の広間と二階の廊下の手すりのところ、そして図書館のように本棚がならぶ屋根裏部屋。戸棚のガラスが打ち破られ、隠された書物がひきずりだされ、かき集められ、床に投げだされ、石油が注がれ、そして躊躇する消防隊員たちの眼前で老婦人がみずからマッチの火をつける。彼女はどうしても自分の家から出ようとせず、愛する書物とともに炎に包まれて死んでいくのである。

ついで、そのあと二週間かけてモンタージュとリンダの家。夫婦のシーンはすべてこの家のセットのなかで撮ることになるので、その期間になんとか、現在までの二日の遅れを取り戻すことができるのではないかと思う。

一月二十四日（月）

七人の消防隊員が老婦人《オールド・レディ》の家に侵入する。彼らは渡り鳥のように一階の広間に整列するのだが、突然、このシーンがニコラス・レイの『大砂塵』に似通っていることに気がつく。たぶん、黒っぽい服を着た男たちが女をこらしめにやってくるのに対して女が階段の上から挑戦的に男たちを見おろすように迎えるという共通点のせいにちがいない。

一室のなかに男ばかりが七人。それも消防隊の黒い制服を着て、なんともうっとうしい。それでなくても、七人もの人間がいるところを撮るのは至難の業だ。『華氏451』はわたしの五本目の長篇映画だというのに、まるできょう初めて映画を撮るような気分だ。これまで少しずつうまくなってきたはずなのに、一本一本新しい主題に取り組むのでそうは思えずに苦しむのだと自分で自分を慰める。

シナリオの段階では、すべてが前向きで、希望にみちている。これから生まれてくる映画を、作品を、約束してくれる――それがシナリオだ。それはほとんど小説のようなものだ。ところが、撮影に入った初日から、映画はまるで難破船のようなものになる。救助しなければならない。舵を取っていればいいのではなく、たえず舵を起こしつづけなければならないのだ。船は横倒しになっており、放っておけばそのまま沈没してしまうことが目に見えているからだ。考えがまとまらないうちに時間がどんどん過ぎ去っていくという意味では、映画の撮影は、まるで全速力で疾走する列車のようなもので、駅という駅の名を読み取る間もなくノン・ストップで通過していってしまうのだ。

尺数《フィート》をこなし、秒数をこなし、カット数をこなしていく。ただひたすら緊張と忍耐だけのこんな仕事からは、どうあろうと、傑作など生まれ出るはずがない。なぜなら、傑作とは、何よりもまず、作品のすべての素材をコントロールして完璧に仕上げることを絶対的な前提条件にしているからである。しかし、映画というのは、いかに不完全でバラバラでも、いや、だからこそ、うまくいけば、なまなましく、いきいきとしたものにもなりうるのだ。

ユニヴァーサルとの契約のなかには、『華氏451』を画面比率が1×1・85という、シネマスコープ（1×2・35）ほど細長ではないが、ワイド・スクリーンのサイズで撮り（これはアメリカをはじめ、世界のほとんどの映画館が大型ワイド・スクリーン・システムになっているからである）、しかも1×1・33のスタンダード・サイズで（これは、テレビ放映の可能性も考慮に入れて、ということである）、画面《フレーム》の天地をマスクで隠さずに撮るべきことを規定した一項がある。このくだらない契約のために、画面から切れていいものまでうつさなければならず、照明機具をふつうよりも高いところに据える必要が出てきて、一日に一時間は無駄な時間を食うことになる。さらに天井とか梁とかセットのいくつかの要素をあらたに付け足さなければならないということもある。そうしなければ、テレビ放映用のスタンダード・サイズの画面《フレーム》におさまらないからである。『伯爵夫人』のチャップリンはこんな条件を当然ながらはなから受け入れず、テレビ放映版など無視し、画面の天地をマスクで隠して劇場公開版のサイズ一本で撮っていることを知ったので、今夜、わたしも、プロデューサーのルイス・M・アレンにこの制約から解放してもらえるようにユニヴァーサルにかけあってほしいと伝えた。

一月二十五日（火）

老婦人《オールド・レディ》の家のシーンのつづき。消防隊員たちが侵入してくるのを二階から見た老婦人はあざけるような笑みを浮かべ、つぎのような言葉を口ずさみながら、ゆっくりとおりてくる――「男らしく、ふるまいましょう、リドリー教授。きょうこの日、神さまのおめぐみによって……聖なるろうそくをともすことになります。二度と、火の消えることのないろうそくを！」。

　ブラッドベリの原作では、このあと、隊長のせりふで、「ラティマーという男がいっていることばさ。ニコラス・リドリーという男が、オックスフォードで、生きながら火刑になったそうだ。異端の罪で、一五五五年の十月十六日のことと聞いている」という説明が入る。

消防隊員たちは老婦人を押しのけ、二階へ駆け上がって、ドアを打ち破り、書物を見つけだしてきて手すりごしに投げ捨てる。いろいろなものを壊してしまうので、ここは何度も撮り直しがきかない。で、四台のキャメラでいっぺんに撮ることにする。Aキャメラはクレーンに固定し、二階の手すりの高さから全景を撮る。Bキャメラはもっと低いところに据えて、書物がレンズに向かって落下してくるのをとらえる。Cキャメラは、階段の上に置かれ、消防隊員のフェビアン（アントン・ディフリング）の動きを追って、彼が戸棚のガラスを割って本をつかみだすところをとらえる。Dキャメラは、「一冊残らず投げおろせ！」と叫んで上機嫌の隊長にねらいを定める。撮影は四十五秒だったが、フィルムはキャメラ四台分回したことになる。編集では六十秒から六十五秒くらいのシーンにするつもりだ。

『華氏４５１』の撮影にはリチャードソンという名の小型クレーンを使っているが、その流線型のシルエットがじつに美しいので、これを映画のなかでも小道具として使いたいと思い、三週間後に、クレーン・ショットをすべて終えてから、このクレーンそのものを撮影する許可をとってもらうことにした。消防自動車と同じ色の赤に塗りかえれば、まるでパレード用の山車《だし》のように見栄えのあるものになるだろう。その上に、キャメラのかわりに、火炎放射器を持った消防隊員を乗せ、そのまわりにはブルーのシャツを着た消防練習生を四、五人配してみよう。

そして、クレーンを動かしながら、同時に、火炎放射器から放たれた黄色い炎が壁に沿って石綿板をなめるところを撮ろう。こういったイメージやアイデアを、わたしはまず最初にシュザンヌ・シフマンに話してみる。彼女はわたしの話を聞いて、それが単なる思いつきのまま消えてしまわないように、わたしをはげましてくれ、書き取ってくれる。それでわたしは安心し、またあらたに映画を撮る歓びにみたされる――たとえ今夜のように製作サイドからそんなアイデアは突飛すぎると言われようとも。

一月二十六日（水）

きょうも、老婦人《オールド・レディ》の家のシーンのつづき。消防隊員はみな二階に駆け上がり、老婦人とモンタージュだけが一階に残る。二階から、消防隊員の投げる書物が雨あられと降ってくる。モンタージュは何気なくその一冊をひろって読む――「むかし、むかし、あるところに……」。

それから隊長によばれて、本を捨て、屋根裏部屋の図書室に入っていく。

書物への愛に殉じていく老婦人の役には、小柄でずんぐりした、どちらかというと愉快な感じの女優（ビー・ダッフェル）をえらんだ。こういった役はきまって、いかにも信念をつらぬく感じの、毅然とした、威厳のある雰囲気を持ち、頰のこけた美しい顔の女優が演《や》るものなのだが、そんな型にはまった通念の逆をいってみたのである。

スクリーン・サイズの問題は、こちら側の勝ちで決着。最初からマスクで画面《フレーム》の天地をつめて1×1・85のワイド・スクリーンのサイズでのみ撮り、テレビに流用する版はのちにテレビ放映時に画面の左右を切ってもらうことになった。

一月二十七日（木）

老婦人《オールド・レディ》の屋根裏部屋の秘密の図書室で、消防隊長が書物がいかにむだなものであり、くだらないものであるかをえんえんと語るシーンの撮影。

「見ろ、これは小説だ。ありもしない人間のこと、空想、妄想の断片のつづりあわせだ。こんなものは人間を不幸にするだけだ。読んだ者に、もっとちがった人生を送りたいと思わせる厄介な代物さ。

ここにあるのは哲学書だが、小説よりもたちのわるい書物だ。思想家、哲学者の言うことときたら、要するに正しいのは自分だけで他の者はみな間違っているということだ。ある時代には、彼らは、人間の運命は最初から決まっていると言い、別の時代になると、人間には選択の自由があると言う。流行と同じなんだよ、哲学なんてもの

隊長（シリル・キューサック）のお説教の間にモンターグ（オスカー・ウェルナー）はそっと１冊の本（「カスパール・ハウザー」）を抜き取る

は。今年はショートスカート、来年はミディ丈かロングスカートといったようなものだ。それから、ほら、ここにあるのは全部、死んだ人間の物語だ。伝記などとよばれているものだ。

人間がみんな幸福になるためには、みんなが平等にならなければならない。だから、本を焼かなければならないんだ……」。

ここはオスカー・ウェルナーにとってはやりづらい、、、シーンだ。隊長のシリル・キューサックが一方的にしゃべるのに対して、彼は、あいづちも打たず、かといって反論もせず、ただじっと聞いているだけのシーンだからである（その間にそっと手をうしろにまわして本を盗み、カバンのなかに入れるという程度の芝居しかない）。

ここでまた、わたしはわがアンチ・ヒーローの問題にぶつかる。映画がはじまってから三十分後には、モンターグは本を読み、読書の歓びを知るのだが、にもかかわらず、毎日、消防署にかよって、忌むべき焚書作業をつづけるのである。彼はまるでレジスタンスに共鳴しながら平気でレジスタンスの闘士を逮捕して拷問する仕事をつづけているゲシュタポの党員のような立場にあり、そのことによって彼の人生が破綻をきたすようなこともない。わたしの映画の主人公は、いつも、そんな卑劣であいまいな人間ばかりだ。

ヒロイズムとか何事もおそれぬ人間の勇気といったものに、わたしはどうしても興味が持てないし、映画にも撮れそうにない。勇気とかヒロイズムは、機転とか狡猾さといったものとは対照的に、過大評価されすぎている美徳のように思える。ベン・バルカ事件の立役者、あの、国際法を無視してベン・バルカ（モロッコの国王と対立して外国に逃れていた人民派の政治家）を暗殺して死体をパリからヘリコプターで運ばせたという秘密警察の長官であり内相兼国防相であるウフキル将軍など、たしかに大胆でヒロイックな男ではあろうが、機転とか狡猾さにかけては大した人間ではなかろうと思うのだ。

『華氏451』という映画は多少わたしの真のねらいから遠ざかってしまったような気がしているのだが、それはSFというテーマの抽象性と心理的なロジックのないプロットのせいかもしれない。リアリズムを根底とした映画を撮る場合なら、わたしは俳優たちにシナリオと同じ地点に立って物語のシチュエーションやせりふと同じように真実であることを期待し、したがって彼らに対するわたしの要求も厳しくなる。しかし、『ピアニストを撃て』や『華氏451』のように設定そのものが非現実的な（というよりも、むしろ架空の）物語である場合には、当然ながらシナリオそのものに論理的に辻褄が合わない面が出てくるし、現実の人生に具体的に対応するものは何もないこともはっきりわかっているので、俳優たちに要求することはずっと少く、むしろ、自分のなかではまだ手ごたえがないのだけれども好きでえらんで映画に撮りたいと思った物語に俳優たちが少しでも真実を導入してくれることに感謝するのである。そんなわけで、わたしは、毎日、オスカー・ウェルナーがワンカットごとに、まるで口移しで肺に空気を送って乳児の蘇生をおこなうように、この映画に文字どおり生命を吹きこんでくれるのを見とどけるのだ。ジュリー・クリスティにも大いに期待していることは言うまでもない。

一月二十八日（金）

消防隊長の役は、シリル・キューサックという善良そのもの、やさしさそのものといった人間味あふれる俳優の性格を反映して、大きく変わった。変わらざるを得なかった。これほどいろいろな感情の揺れ動く俳優には出会ったことがない。おそらく、あらゆるシーンを何通りかに演じ分けることのできる俳優だ。はげしく大げさに感情を爆発させることもできれば、ぐっと陰にこもった演技もできるだろうし、抒情的にソフトに流すこともできよう。しかし、彼は恐怖をあたえるグロテスクな人物にだけはならないだろう。それだけは、たしかだ。そして、それだけでもよかったと思う。

ある役に俳優が決まると、それが希望していた配役であっても、しばしば、役から何かが失われてしまう感じがあるものだが、こんどの場合は――たしかに当初のイメージからは程遠いキャラクターにはなってしまったが――むしろ俳優の存在感が役にもたらしてくれたもののほうが多いという感じがするのである。書物を呪い、唾棄するこの隊長はスクリーンではすごく感じのいい人間になるはずだ。単なる悪役よりも、そのほうが人間的な陰翳があって、ずっといい。そのために（いや、そのおかげで）メロドラマから遠ざかって、役そのものもずっといきいきとしてくるだろう。英語がろくにできもしないくせに生意気なことを言うようだが、イギリスの俳優たちの硬くてニュアンスのない発音が耳障りでしかたがなかったわたしには、シリル・キューサックのアイルランド訛りが、ほとんどオスカー・ウェルナーのオーストリア訛りと同じくらい、耳に快く聞こえる。そんなわけで、ここ何日かは、この映画がイギリス色に染まることをおそれていたわたしの気持ちもだいぶおさまった。

一月二十九日（土）

メインのキャスト以外の俳優たちの二役のふりあてのために、シュザンヌ・シフマンと打ち合わせ。舞台で、たとえば十人の俳優しかいない劇団が二十人以上もの人物が出てくる芝居をこなさなければならないというようなときと同じように、映画の最初のほうでチラッと出てきた俳優が、あとでまた別の役で出てくるという仕掛けだ。もちろん、ちょっと見ではわからないように、それとなく目立たせずにやるつもりではあるけれども。

一月三十一日（月）

老婦人《オールド・レディ》の家で、かき集められた書物の山に石油をかけて燃やすシーン。まず、石油のかけかたが問題だ。ふつうの水をホースからいきおいよく吹きかけるか、それとも、石油まがいの色のついた水をあまりいきおいをつけずに注ぐか。どちらが映像的に強烈な効果が出るか。

ここで、ちょっとした「実験」にとりかかる。炎とともに一陣の烈風が起こり、窓ガラスが破れ、サルバドール・ダリの画集のページが風でパラパラとめくられ、ダリの絵がつぎつぎに現われる（ここはうまくいった）。それから、書物の山に石油をかける。もう一つ、書物の束が音もなく落ちてくるところをスローモーションでとらえるという「幻想的」なカットがあるのだが、ねらいどおりの画《え》が撮れるまでにはどうしても二日はかかるだろう。「幻想」の最後として、背景に何もないセットのなかで、一冊の本がカモメのように飛んでいくのを撮ることにした。このイメージはモンタージュが夜、眠っていてうなされる悪夢のなかにインサートされることになる。結果はまあまあといったところ。それでも、このワンカットに半日がかりだった。

きょうはジュリー・クリスティの初日である。老婦人《オールド・レディ》と同じ衣裳で、彼女は書物の山のなかに立ち、マッチをすり、炎のなかにくずおれるように倒れていく。これもスローモーションでモンタージュの悪夢に現われるカットになる。ジュリー・クリステ

老婦人（ビー・ダッフェル）は燃え上がる炎とともに…

イはかなり緊張して硬くなっていたが、さすがに見事に切り抜ける。

二月一日（火）

燃え上がる書物とともに死んでいく老婦人《オールド・レディ》のシーン。書物の下に見えないようにセットした数台のガスバーナーで炎を増幅し、持続させ、その本物の炎に囲まれながらのむずかしい撮影だ。二時間かかり、その間に六回も、炎に包まれて手をバタバタさせながら、微笑をくずさずに、ガスバーナーからわずか一メートル五十センチのところに倒れてみせたこの老婦人の勇気にスタッフ全員が感嘆。

ついで、七人の消防隊員のカットをいくつか切り返しで撮る。隊長が老婦人に書物から離れるように勧告するが、彼女は断固として動かない。隊長は火炎放射器を構えて脅かすが、老婦人はたじろがず、先んじてみずからマッチ箱を取りだし、石油にひたされた書物の山に火を放って、ベトナムの僧侶のように焼身自殺するというシーンである。

「俺のうしろで火炎放射器をむやみにふりまわすな。あぶないじゃないか！」とオスカー・ウェルナーがシリル・キューサックにすごい権幕で食ってかかって口論になり、そのため、五分間撮影が中断。この日記は撮影が終わる前に発表されるので、すべてを語るわけにはいかない。だが、つい最近読んだばかりのジョゼフ・フォン・スタンバーグの苦渋にみちた自伝「中国人のドタバタ」に語られているエミール・ヤニングス（『嘆きの天使』一九三〇）やチャールズ・ロートン（『われはクラウディウス』）のむずかしさにくらべたら、オスカー・ウェルナーはまだまだ仕事のやりやすい俳優なのだということを認めねばなるまい！

二月二日（水）

炎に包まれた書物、ついで燃える家の全景。書物の山の中央には、老婦人《オールド・レディ》と同じ恰好の人形を立たせる。セットの奥には、七人の消防隊員が立ち、家が燃えだすと同時に外へとびだそうとしている。モンターグは老婦人が燃える本のなかで倒れる姿をじっと見て、それから、あとずさりして出る。ここは、三台のキャメラでいくことにする。Aキャメラは床と同じ高さで、書物の山のうしろに。Bキャメラは同じ地点で、セットの上に。Cキャメラはモンターグをねらい、望遠レンズまではいかないが150ミリの長いタマを使って寄りのサイズで撮る。書物の山に、階段の手すりに、家具に、火がつき、燃えあがる。そして書物の下に隠されたガスバーナーも炎を放ちつづける。

もちろん、一回しか燃やすことができないから、ぶっつけ本番でいくしかない。なんとか、うまくいく。マッチで火がつけられるのを見て消防隊員たちが外へ逃げだすのがちょっと早すぎた感じもあるが、オスカー・ウェルナーは燃えあがる炎のまえで勇敢にも踏みとどまって、それからゆっくりとあとずさりして外に出ていく。

待機していた本物の消防士たちがすばやく火を消す。

ついで、モンターグの住居に移る。ここでモンターグとリンダの夫婦生活のシーンをすべて撮ることになるのだが、セットが想像していたものと全然ちがうので、がっくり。古いものと新しいものがまったく相反しながら共存しているセットを要求したのだが、出来上がったものは、モダンな、どちらかといえば豊かなブルジョアのごくありきたりの邸宅だ。ただ、そこに大きな壁テレビとわたしが指定したいくつかの小さなディテール——旧式の電話器が三台、自動開閉ドア、玄関の扉の大きな凸レンズのはめこまれたのぞき孔、ブルターニュ風コーヒーセット——があるだけ。

急きょ、家具類をとりかえたり、あまりにもこまごました物はとりのぞいたりして、できるだけ部屋の模様替えをおこなうが、それにも限度があり、セット全体をなおすには、もう手遅れ。映画づくりはスタッフどうしの全面的な信頼にもとづく仕事だが、ときにはうかつに信頼しないようにすることも知らなければならないようだ。

二月三日（木）

夫婦の住居の撮影のつづきである。移動によるキャメラの長回しを中心にしたこのセット撮影で、これまでの遅れを多少取り戻すことができるはずだ。少くとも、これ以上の遅れが出ることはあるまい。とはいうものの、この長回しのワンシーン＝ワンカットのなかには、壁テレビの画面の映像も入ってくるので、そうそう早く上げられるというものでもない。テレビ番組のはじまりと終わりに付け加えるイメージ・パターンとして万華鏡模様をフィルムに撮っておいてもらった（万華鏡模様は自分でえらんだ）。そのほうが、あとで模様だけを合成しなければならないといった手間がはぶけるからだ。スクリーン・プロセス用には二台の映写機が備えられ、一台の映写機がスクリーン＝壁テレビに番組の画像を映写し、もう一台の映写機がこれとうまく連動して万華鏡模様を映写できるように同調させてある。そして、その二つのテレビ画像がオーヴァラップするところをこちらのキャメラがとらえれば、一本の番組がつながって流れているように見えるわけである。二台の映写機は同時にスタートしなければならないので、フィルムには映写のスタートのきっかけを示すリーダーを付けておかなければならないことがわかっていたはずなのに、テクニカラー社の連中はそんなこともきちんとやってくれていない。しかたがないので、撮影所の編集室でスプライサーを使ってリーダーをつなぐ。ところが、そのつないだところが一方の映写機ではどうしてもひっかかってしまう……といったようなばかばかしいトラブルで、二時間の損失《ロス》だ。

燃えあがる炎のシーンのラッシュはすばらしくいい。あまりに強烈なので、このシーンのあと、消防隊員たちが老婦人《オールド・レディ》の家から出て消防車に乗りこみ、そこで隊長が老婦人の焼身自殺について一席ぶつところは、せっかく張りつめた画面の調子を落とすおそれがあるので、撮らないことにする。燃えあがる炎と老婦人の焼身自殺のあとは、すぐ、モンターグの家の壁テレビで女性アナウンサーが「みなさん、友だちの友だちはみな友だちです。きょうはすべての人々に寛容であるようにしてください……」と語りかけているカットがつづくことになる。

二月四日（金）

モンターグとリンダが壁テレビを見るシーン。リンダは番組のクイズ・ゲームに参加する。画面から司会者が家庭の視聴者に直接問いかけてみせるという番組である。このシーンはすでに撮影初日に撮ってあったものだが、ラッシュを見たときには大げさな感じが強すぎたので、かなりカットして、部分的にテレビ画面におさめ、それをドラマのシーンに断片的にインサートして、やっとなんとか抵抗なく見られるようになった。

ジュリー・クリスティはじつにすばらしい女優で、ジャンヌ・モローやフランソワーズ・ドルレアックと同じように協力的で、仕事がやりやすい。監督を信頼してくれ、けっしてグズグズ文句を言ったりしないし、たとえば「この人物がこう言ったときの心理状態は？」とかなんとかいったたぐいの抽象的な質問で監督を悩ませたりはしない。

わたしは、彼女の演じる二役のうち、長い髪のリンダの役には彼女の横顔を中心に撮るようにし、正面はできるだけショートカットのクラリスの役のためにとっておこうと思う。ジュリー・クリスティの横顔は美しく、ジャン・コクトーの描くデッサンのようだ。まっすぐに伸びた幻想的な鼻、そして、めくれあがった上唇。大きな口、吸血鬼のように大きく裂けた口。

二月七日（月）

またも、壁テレビの映写がごたついて、ほとんど午前中いっぱいつぶしてしまう。寝室のほうに移って、ベッドのなかの夫婦の就眠前の情景を撮る。リンダはベッドのすぐ脇に小さなポータブル・テレビを置いて見ている。モンタージュは、文章も見出しも、およそ文字という文字がまったくない絵入り新聞をひろげて見る。

ふつう、本番カットはＯＫの出たものをすべて現像して編集段階で最終的な取捨選択をおこなうのだが、今回は最初から、本番カットそれぞれ一発《ワン・テイク》にしぼって現像し、編集担当のトム・ノーブルにその日のうちにラッシュのあらつなぎをすませてもらっ

絵入り新聞を読むモンターグ（オスカー・ウェルナー）とマニキュアに余念のない妻リンダ（ジュリー・クリスティ）

ている。セットで照明を変えるのに手間取るようなことがあると、その間、わたしは編集室に行って仕事をするようにし、編集も撮影と同時進行させている。これからもこのやりかたでやっていくつもりだが、こうすれば、クランクアップとほぼ同時にオールラッシュができて、そのあと編集期間に予定されていた一か月半を「冷却期間」にあてて、それからダビングにかかることができる。

二月八日（火）

きょうは、たった二カットだけ。しかし、撮影チームにとってはどちらも非常にむずかしい撮影だ。第一のカットは、帰宅したモンタージュが玄関で手袋、帽子、ベルトをとり、居間を見るが、室内は暗く、スイッチがつけられたままの壁テレビの画面が真っ白になっていて、だれもいないので、リンダの名を呼び、台所に入っていき、また出てきて、浴室のなかに気を失って倒れているリンダを見つける。ここで、キャメラをすばやくリンダにパンしてズーム・アップ。モンタージュがふたたびフレーム・インし、リンダの身体を抱き起こし、ベッドまで運ぶ。

ここまで、キャメラのポジションを十一回変え、五十秒つづくワンカット撮影である。エレマークというイタリア製の移動車を使っての撮影だが、移動車というよりはむしろ一種の足場《やぐら》で、小さな垂直のギアで自由自在に方向を変えられる四つの車輪の上にこの足場《やぐら》をのっけてある。車輪は一つ一つが向きを変えられるようになっていて、しかも車輪を取り付けてある枠組も折りたたみができて角度を変えられるようになっているので、どんな狭いドアのあいだもとおり抜けることができるのである。撮影技師《キャメラマン》とフォーカス送り担当のキャメラ助手と特機（特殊機材＝撮影効果）部のスタッフがこの移動する足場《やぐら》とともに横にならんだり前後になったりして柔軟に動いていかなければならないチーム・ワーク・プレイである。みんなの呼吸が合っていなければできないことだ。移動車と手持ちキャメラの見事な二人三脚である。

第二のカットは、これにつづくカットで、モンタージュがリンダの身体をベッドに横たえ、顔にかかった髪の毛をはらってやり、胸のファスナーをあけて楽にしてやってから、玄関のところにある第一の電話器をとって病院を呼びだし、受話器を置いて、あわてて壁テレビのスイッチを切ってから、こんどは浴室にある第二の電話器をとって、リンダがあやまってのみすぎた薬の名を調べて病院に報告し、それからまた寝室に戻って、第三の電話器をとって病院からの指示を聞く。キャメラは最後に、まだ意識を失ったままのリンダへ。ここまで、キャメラのポジションを十六回変え、一分四十秒におよぶワンカット撮影である。移動車と手持ちキャメラの三人は壁にぶつかり、横すべりしながら大奮闘。一度は壁テレビを消し忘れてやり直し、本番を五回つづけて回して、やっとＯＫになる。わたしたちはこの堅固なる撮影チームをアンソニー・

マン監督の『テレマークの要塞』（原題は『テレマークの英雄たち《ヒーロー》』）にひっかけて「エレマークの要塞《ヒーローたち》」と名づけたが、まさにその名に値する英雄的《ヒロイック》な仕事ぶりだった。

二月九日（水）

モンタージュの電話を受けた病院から白衣の救護員が二人やって来て、リンダの胃を洗浄し、輸血をおこなう。救護員の役にはプロレスラーを想わせる体格の男たちをあえて起用したのだが、声はあとで吹き替えたほうがよさそうだ。これまで五本の映画を撮ってきて、わたしなりに確信を得たことがあるとしたら、それは、軽みを身上とする俳優に重い役を演《や》らせることは可能でも、本来軽みを欠いた人間に軽みをつけることだけは絶対に不可能だということである。

二月十日（木）

輸血の翌日、リンダはもう何もかも忘れてしまって、食欲も旺盛、性欲も旺盛である。

彼女はモンタージュに背後から歓声をあげてとびかかり、柔道の一手を使ってベッドに彼を横倒しにするや、彼のガウンをぬがせ、せめていく。このシーンはだんだんスローモーションになっていくように段階的、漸進的にハイスピード撮影をおこなった

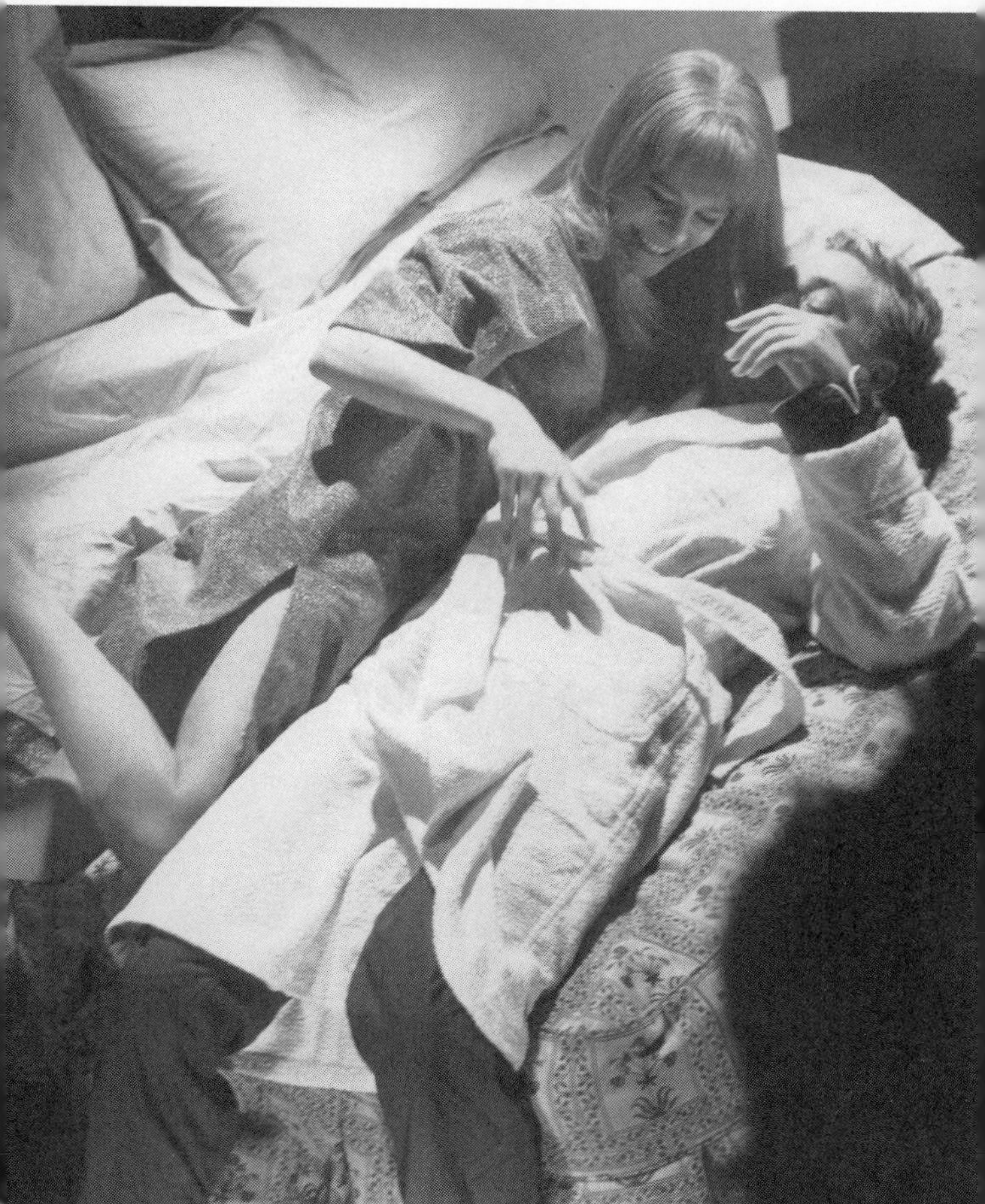

リンダはモンターグに襲いかかる…

ウェブスターの辞書をめくりながら…

――最初は一秒三十コマのスピードで、ついで三十六コマ、それから四十八コマ、といった具合に。

オスカー・ウェルナーはここ数日、とても協力的になった。そんなわけで、今晩はいっしょにナショナル・フィルム・シアターにジャン・ルノワールの『ゲームの規則』を見に行った。オスカーはこの映画を見るのがはじめてで、そのすばらしさに驚嘆させられたようだ。ジャン・ルノワールは戦争と革命をテーマにしたオムニバス映画を準備中で、オスカー・ウェルナーはその一篇に出ることをひきうけたばかりなのである。

『華氏４５１』の音楽を作曲してくれることになったバーナード・ハーマンから、ハリウッド時代のジャン・ルノワールについてこんな話を聞いた。二十五年前、ルノワールは『スワンプ・ウォーター』（一九四一）という映画を一本撮っただけで二十世紀フォックスとの最初にして最後の契約を終了したとき、ハリウッドの巨頭《タイクーン》の一人である大プロデューサーのダリル・F・ザナック所長に向かって、「ごきげんよう、ミスター・ザナック、十八世紀フォックスのために仕事ができて、とても光栄でしあわせでした」と流暢な英語で丁重に挨拶したというのだ――まるでわたしたちがヌーヴェル・ヴァーグ以前の古くさい撮影所システムを皮肉っぽく「シネマ・ド・パパ」とよんだみたいに。

二月十一日（金）

夜、モンタージュが、台所で、白のナイトガウンを着て（ちょっと中世の僧侶を想わせる姿である）、ウェブスター英語辞典をたよりに本を読んでいるというシーン。

このあと、そっと起きてきた妻のリンダが隣の浴室に入り、モンタージュが隠しておいた何冊かの本を見つけだすシーンがつづくことになるが、そこは後日まわし。

一週間後に、ここEステージにはチャップリンの『伯爵夫人』の大がかりなセットの建て込みがはじまるので、来週の金曜日にはモンタージュの家のセット撮影を仕上げてしまわなければならない。それまでに予定のシーンをすべて消化できるかどうか、心配だ。チャップリンの映画も四、五日遅れているようだが、「巨匠」はすぐ遅れを取り戻す自信があるとのこと。いずれにせよ、わたしたちは明日、はじめて、土曜の休日を返上して撮影をつづけることになる。来週も残業の日がふえそうだ。

二月十二日（土）

モンタージュが浴室に隠しておいた何冊もの本を妻のリンダが見つけだし、夫婦が言いあらそうシーン。一日がかりの撮影になる。

換気装置のふたをあけると、本が落ちてくる——ここは、じつはきょう、はじめて気づいたことなのだが、単に本がフレーム・アウトしていくだけでは、どうも本が落ちるのが描き切れないのである。床に落ちるところまで追ってとらえなければならない。書物はここでは単なる書物、単なる物ではなく、生きた人間なのだ。落ちていく姿を途中でカットしてしまうことは、いわば俳優の首から上を切ってしまうのと同じことになる。この映画のいくつかのカットが最初からどうも生きていないと感じていた理由が、やっとわかったような気がする。

二月十三日（日）

シュザンヌ・シフマンと打ち合わせ。モンターグの家のシーンの残りをドラマの進行どおり順撮りしないで、同一のセットを中心に中抜きやまとめ撮りをしたら時間がかせげないものかどうか、検討してみる。撮影で最も時間を食うのは照明《ライティング》なので、ときにはこのように同じアングルで撮れるカットはすべていっぺんに撮ってしまうほうが効率よく、時間をかせげることがあるからである。しかし、結論は同じ。どうにもならない。

とにかく、最後に撮るシーンだけは決まっている——モンターグが妻のリンダと寝てきたダブルベッドを焼き払い、妻の生活の中心だった壁テレビを焼き捨て、隊長の命令で自分の蔵書を燃やしたあと、隊長に火炎放射器を向けて火を放ち、火だるまになった隊長を見殺しにして逃亡するシーンだ。ここまでを今週の金曜日までに仕上げなければならないのだが、うまくいくかどうか。

二月十四日（月）

モンタークの家のセット撮影がどうやっても金曜日までには終わらないことがわかって、チャップリンの映画のセットデザイナーは「すっかり予定が狂った」と叫び、絶望のあまり髪の毛をかきむしる。申し訳ないのだが、これだけはどうしようもない。セットデザイナーは、やむを得ず、このあと『伯爵夫人』のセットをつくるのにそなえてステージ全体の容量《キャパ》をデータ採りしていく。

わたしたちはこのEステージのほんの一画しか使っていないのだから、空いているところからチャップリンの映画のセットをつくりはじめればいいのにと思ったが、『伯爵夫人』のセットはそう簡単なものではなく、豪華客船のなかの巨大なダンスホールのセットなのでステージいっぱいに床をはるという大がかりなものになるらしい。

土曜日にはわたしたちの撮影を終えることを約束したので、わたしたちはこれから毎日、夕方五時半撮影終了のところを夜九時まで時間延長してがんばることにする。チャップリンの映画とわたしの映画を二本いっぺんにかかえているユニヴァーサルにとっては、残業手当の支払いだけでもたいへんなものになろう。

リンダと三人の女友だちが壁テレビの前でおしゃべりをしているところへモンター

グが帰ってくるシーン。きょうは、わりとカット数をこなすことができた。明日はこのシーンのつづきで、モンタ－グが女たちに対して無作法にふるまい、「あなたがたは生ける屍《しかばね》だ。あなたがたは生きているのではない。時間をつぶしているだけだ」と毒づき、それからディケンズの「デイヴィッド・コパフィールド」の一節を読んで聞かせることになる。

ラッシュを見て、ジュリー・クリスティのすばらしさにあらためて心打たれる。表情をおさえた目つきがとくにすばらしく、本当に何でもこなせる女優にちがいない。リンダの役は大して重い役ではなく、この女優の才能のほんの一部しか使えないのが残念だ。

二月十五日（火）

朝八時半から夜九時まで撮影。台本で七ページ分、時間にして六分相当をこなす。本日の撮影は、質よりも量で勝負といったところ。リンダと三人の女友だちを追い立てるようにせかして、演技リハーサルもそこそこに数カットをさっさと撮ってしまう。キャメラマンのラウル・クタールがよく「心残りの手抜きカット」（plans de la mauvaise conscience）などと呼んでいた撮影の連続だったが、こうしてせっぱつまったときの早撮りが映画ではかならずしも最悪の結果にはならないのである！

妻の女友だちが壁テレビを見ながらおしゃべりしているところへ……

モンターグは寝室で小型ポータブル・テレビを見ている。書物を隠している「不穏分子」の告発運動のニュースを女性アナウンサーが告げている。同じ番組が放映されている居間の壁テレビのところへモンターグがやってくる——ここは同一カットのなかでモンターグを寝室から居間へ歩かせたまま移動撮影。さりげないカットだが、うまくいく。

ついでモンターグが女たちに毒づき、そして「デイヴィッド・コパフィールド」の一節を強引に読んで聞かせるのである。

リンダの女友だちになる三人の若い女性は急きょえらばれた女優たちで、ぶっつけ本番にしては、とてもよかった。こうした即興の芝居は男性の最も不得手なところだ。男性には即興の演技の才能がないというのではないが、準備なしに即座にキャメラの前に立たされてもすぐ雰囲気にとけこみ、リラックスして役を演じるのをたのしむことにかけては、女性のほうが圧倒的にすぐれた柔軟性を持っている。男性にはせいぜい十人中一人にしかない素質だ。手袋が十人中九人までの女性に似合うように、演じることは、いわば、女性の天分なのである。

二月十六日（水）

またも量で勝負。今夜も九時まで撮影。

前日撮影したシーンよりも前のシーン——モンタージュが生まれて最初《はじめて》の本を読むシーンで、その最初の本がチャールズ・ディケンズの「デイヴィッド・コパフィールド」なのである。夜、モンタージュは夫婦のベッドから抜け出て、浴室にいく。換気装置のなかに隠しておいた本のなかから一冊を抜き取って、居間の壁テレビにスイッチをいれ、そのあかりで読みはじめる。わたし自身、初めて自分ひとりで本を読んだときがそうであったが、表紙の題名から、著者の名前、出版社、印刷所の住所、等々に至るまで、まるでやっと字が読めるようになったばかりの幼い子供のように一所懸命、丹念に、一字一句指で追ってたしかめながら、たどたどしく、小さな声をだして読む。そしてページをめくり、指先で字をたどりながら読みつづける——「第一章……出生……私自身の伝記ともいうべきこの物語で、果して私が主人公ということになるか、それともその位置は、誰かほかの人間によって取って代られるか、それは以下を読んでもらえればわかるはずだ。ところで、まず出生というところから始めるに当り、ここではただ私は（といっても、勿論《もちろん》他人から聞いて信じているにすぎないが）、ある金曜日の夜中十二時に生れた、ということだけを記しておく。つまり、時計が十二時を打ち始めると同時に、私は産声《うぶごえ》をあげたのだそうである……」。

リンダ役のジュリー・クリスティの出演場面の撮影はほぼ終了。リンダは、ミケランジェロ・アントニオーニの映画なら、さしあたり「疎外された人妻」ということになろうが、ジャン＝ルイ・リシャールとわたしは、シナリオを書くにあたって、この役をブラッドベリの原作のミルドレッドよりも共感の持てる、より人間味のある人物にしたつもりだ。ジュリー・クリスティがこれをさらに感じのいいキャラクターにしてくれたし、それにひきかえオスカー・ウェルナーが、妻に理解してもらえないので女そのものを嫌悪する男のように、いやらしく、あらっぽく演じすぎる夫のモンタークの役とは対照的になった。こうしたことはすべて、撮影に入ってみなければわからない事柄で、シナリオの段階ではとても考えられなかった微妙な、そして危険な面も合わせ持っている問題なのである。

二月十七日（木）

モンターグ、隊長、そして消防隊員たちが焚書のために一軒の家に踏みこむのだが、思いがけず、そこはモンターグの家である（妻のリンダがモンターグを密告したのである）。

モンターグは隠し場所をみずからあばいて自分の書物を取りだし、床にほうり投げる。隊長は彼にそれらの書物を自分で焼却するように、火炎放射器を渡してやる。すると、モンタージュは寝室にかけこみ、まず彼とリンダの夫婦のベッドを焼き払う。ここは最終的に四カットの展開にしたいのだが、そのためにはどうしてもその倍の八カットは撮っておかなければならない。映画というのはとにかく手間ひまを食う仕事だ。しかし、どんなことがあっても、今週中にこのセット撮影を上げなくてはならないのだ。こんどの土曜日は休みにし、日曜日に出てくることになった。ということは、あと二日間で、モンタージュが壁テレビを焼き払い、書物を燃やし、隊長を焼き殺して逃亡するシーンを撮り上げなければならないのである。

リンダ役のジュリー・クリスティの出番の最終ラッシュはかなり良好。

二月十八日（金）

壁テレビと書物が燃えるシーンをできるだけ早く撮り終えるために、ここは三台のキャメラを使って長回しのワンカットでいくことにする。

オスカー・ウェルナーには、このシーンで彼が使う火炎放射器は本物でなく、まったく危険がないこと、しかも彼が完全にフレームの外に出てから本物の火炎放射器を使って撮影することを説明したのだが、耳を貸さず、演技リハーサルに立ち会うことも拒否して、さっさと控室に閉じこもってしまった。プロデューサーのルイス・M・アレンに電話で事情を説明して、現場に来てもらったのだが、組合の規約により、

モンターグ（オスカー・ウェルナーの代役）は隊長を焼き殺す

㈠俳優は危険なシーンに出演することを拒否する権利がある。
㈡危険なシーンか否かは俳優の判断で決定できる。

ということで、どうしようもないことがわかり、やむを得ず、ここは代役を使って撮ることになった。ジョン・ケッタリンハムという名の好青年で、シリル・キューサック——つまらないことにおびえたり文句を言ったりしない隊長である——を相手に熱演。じつにすばらしい代役で、これからはできるだけ代役を使って撮ることにしようと心に決める。この代役を使ったシーンのあと、オスカー・ウェルナーに出て来てもらい、隊長を焼き殺す前のアップ気味の数カットを撮影。

二月十九日（土）

ヘレン・スコット、シュザンヌ・シフマンとともに、ナショナル・フィルム・シアターで、ジャン・ルノワールがアメリカで撮った『自由への戦い』（一九四三）を見る。『華氏451』のシナリオは絶えずナチ占領時代のレジスタンスを頭に置いて書かれたので、いやが応でもこのルノワールの「レジスタンス映画」に似たところがたくさんある。すべてのジャン・ルノワールの映画と同じように、この作品も文句なしにすばらしい。主演のチャールズ・ロートンも絶妙のすばらしさだが、この名優と仕事をするのがむずかしくなかったかどうか、知りたいところだ。

二年前、『華氏４５１』は、まだシナリオの段階で、道徳的で生硬な観念的テーマがストレートに表面に出ていて、きまじめで、どちらかと言えば重厚な映画になる様相を帯びていた。それだけに、撮影に入るや、わたしは逆に軽妙な感じがほしいと思い、そのために、この物語をちょっと遠くから、距離を置いて描いてみようと思ったのである。『突然炎のごとく』では過去をふりかえってみたように、こんどは未来をふりかえってみる——そういった感じをそれとなく、無理強いせずに、観客に伝えたいと思ったのである。もしこの映画をゼロからはじめることができるとしたら、わたしは美術監督や衣裳デザイナーやキャメラマンに、いろいろな指示をあたえるかわりに、ただこう言うだけにするだろう——子供たちの眼に映るような人生を素直に映画にしようじゃないか。消防隊員は鉛の兵隊だ。消防署は大きなオモチャの家だ。わたしは『華氏４５１』を東欧圏の「抵抗映画」にもアメリカの進歩的知識人の「メッセージ映画」にも似せたくはない。主題は一見大作ふうだが、ささやかな、つつましやかな、ただ単純に人間の心にふれる映画をつくりたいと思うのだ。

　映画監督をやっていて最も気分のいいことは、自分が何でもないふりをすることができること、白痴みたいなふりをすることができること、まるで知らぬ間に、美しいものを映画に撮ってしまったようにみせかけることができることだ。だが、今回だけは何でもないふりなどできそうにない。知らぬ間に美しいものを映画に撮ってしまったなどということもあり得ないだろうからだ。

二月二十日（日）

日曜日のスタッフは別班だが、元気いっぱい働いてくれた。たのしい一日だった。オスカー・ウェルナーが火炎放射器（もちろん本物ではない）を隊長に向けて構える。その背後には、夫婦のベッドがまだ燃えている。四、五カット撮る。ついで、隊長が火だるまになるところは、隊長の前にあらかじめ耐熱ガラスが置かれてあり、そこへ炎を吹きかける。ガラスの向こうで隊長は炎に包まれて倒れていくように見える。こうして、勇気ある隊長の出番は終了。老婦人《オールド・レディ》の家が燃えるシーンと同じように、モンターグの家全体が燃え上がるところは三台のキャメラでいく。すべていい感じで撮れたが、ラッシュ試写でがっかりしないことを祈ろう。

明日はEステージをチャップリンに引き渡し、Hステージに移る。Hステージには、すでに、クラリスの家の地下室、クラリスが教師をやっている小学校の廊下、カフェの地下の電話ボックス、クラリスの寝室、等々、クラリス役のジュリー・クリスティの出番を中心にした新しいセットが六杯から七杯建て込まれていて、わたしたちは各セットの撮影をそれぞれ二日以内で上げていく予定だ。というわけで、ジュリーはこんどはショートカットで登場し、モンターグは夫婦喧嘩《コリーダ》からロマンスに身を投ずることになる。

『華氏４５１』は撮影六週目に入ることになる。まだやっと半分近くを消化《こな》した程度だ。撮影が中盤にさしかかると、わたしはきまって、こんな自問自答をして、自分を責めさいなむ――ずいぶんいいかげんな仕事ぶりではないか。こんなことでいいのか。もっと身をいれてやるべきではないのか。前半はもう取り返しがつかない。これから、後半で盛り返すのだ。ずるずる落ちこんでいかずに、一気に調子を上げるのだ。映画を救うには、それしかないぞ。

二月二十一日（月）

新しいセット――クラリスの家の地下室。クラリスの伯父が逮捕されたあと、クラリスはモンタージュを連れて地下室におり、伯父の友人たちの住所録をさがしだして、その場で焼却する。わずか一分間のシーンなのに撮影がさっぱり進まず、だらけた一日だった。明日はもっとしめてかからなければならない。

モンタージュの家が燃え上がるシーンのラッシュは、
㈠火だるまになって死ぬ隊長の人形のでっぱった尻が目立ちすぎること、
㈡壁をなめるようにして燃え上がる炎が早く消えすぎること、
という二点がやや気にはなるが、全体的にはいい出来だった。

るることにする。

二月二十二日（火）

クラリスの家の地下室のシーンのつづき。このシーンはきょういっぱいで撮り上げることにする。

オスカー・ウェルナーにまたも手こずる。これ見よがしにクラリスの腕をとったり、肩に手をやったりして、シーンを台無しにしてしまう。センチメンタルなロマンスはここでは禁物だ。モンタージュは無理解な妻に捨てられて孤独のなかでクラリスという若い娘のやさしさにふれるというような話ではないからである。さらに、オスカー・ウェルナーは自分のせりふを言ったあと、ジュリー・クリスティに彼を見つめるようになどと言ったりする。困ったものだ。オスカー・ウェルナーと数分間もめたあと、わたしは彼に言った――「四月末まではおたがいにがまんしよう。これはきみの映画でもない、わたしの映画でもない。ふたりの中間にできる宙ぶらりんの映画だ。それはそれで、しかたがない。とにかく、このシーンはわたしの撮りかたでいく。それが気に食わないなら、控室にひっこんでいてくれ。わたしはきみなしで、さもなくば代役を使って、撮ることにする」。

彼は何も言わなかった。たぶんわたしが彼に口をひらく余裕をあたえなかったからだろう。結局、彼はわたしの言うとおりにシーンを撮り終えてくれたが、最後のせりふだけはいかにもなげやりなので、もう一度やりなおすのはやめ、そこは編集のときにカットすることにしよう。

実際、オスカー・ウェルナーの出しゃばりには、ほとほと手を焼く。それに対していちいち文句を言っていたらキリがないので、そこはほどほどにして、だいたいは彼の思いどおりにやらせておいて、編集段階でなんとか処理することにしようとは思っているものの、わたしがちょっとでも眼をそらしたり背を向けたりすると、そのすきに相手役につまらない入れ知恵をしたりするので、まったくがまんがならない。

二月二十三日（水）

消防署前のカフェの地下に、モンターグとクラリスが降りてくる。クラリスはモンターグの妻になりすまして隊長に電話をかける。――「夫が具合わるくて起き上がれないものですから、きょうは休ませていただきたいのです」。

ここは、『大人は判ってくれない』（一九五九）で母親の筆跡をまねながら病気欠席届けの手紙を書いて学校をズル休みしようとするアントワーヌ・ドワネルそっくりそのままの子供っぽいシーンだ。単純で日常的な風景だが、ＳＦという文脈のなかでは意外性があって、わたしとしては好きなシーンなのである。

実際のところ、『華氏４５１』は、いわゆる「怪奇幻想《ファンタスティック》」もののファンを失望させるだろう。というのも、これは『シェルブールの雨傘』（ジャック・ドゥミ監督、一

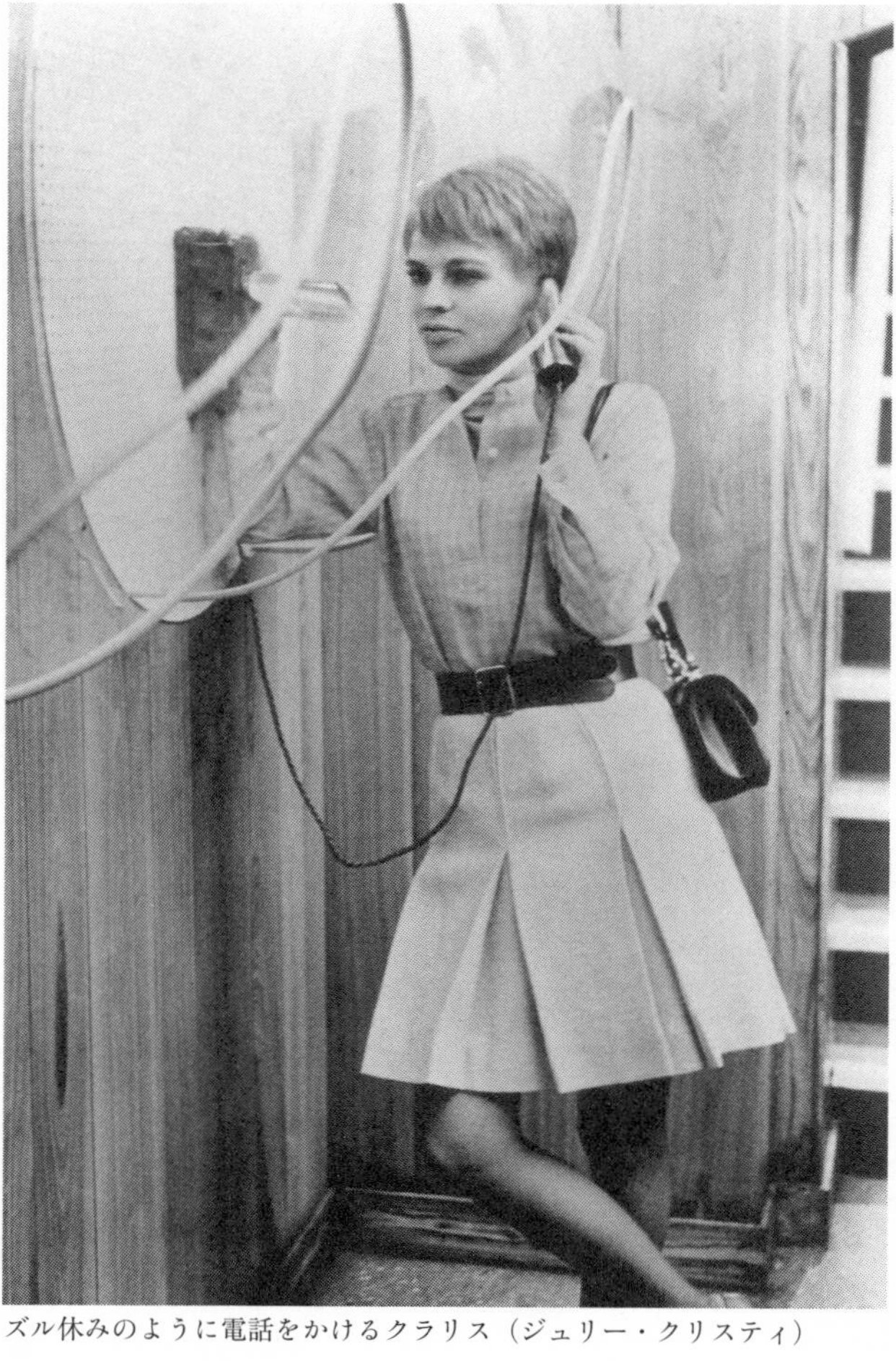

ズル休みのように電話をかけるクラリス（ジュリー・クリスティ）

九六四）式のＳＦなのだ。ミュージカル・コメディーやシネ・オペレッタというのではもちろんない。ごく正常な物語のなかで、人々がふつうに話すかわりに歌っているというのが、『シェルブールの雨傘』なのである。

同じ原理にもとづいて、『華氏４５１』も、ごく正常な物語のなかでただ一つ異常なことは読書が禁じられているというだけのＳＦ映画なのだ。それは「おはようございます《ボンジュール》」という挨拶のように簡単で単純なものだ。しかし「おはようございます《ボンジュール》」という挨拶は本当にそれほど簡単で単純なものだろうか？

事実、オスカー・ウェルナーは、もう、わたしに「おはようございます《ボンジュール》」とも「おつかれさま《ボンソワール》」とも挨拶しなくなった。しかし、それでけっこうだ。わたしは彼のポジションだけを指示し、彼が質問すれば、必要なだけの言葉で答えてやる。そのほうが面倒が起こらずにうまくいく。クラリスが電話をかけるシーンを、彼は正確にきちんと見つめて演じた。このシーン全体が、ジュリー・クリスティの深みのあるハスキーな声と相俟って、すごくいい雰囲気だった。

二月二十四日（木）

小学校の廊下。モンタージュとクラリスがエレベーターから出てくる。女教師のクラリスが解雇されたばかりの小学校にモンタージュが彼女を連れ戻すシーン。小さな男の

『シェルブールの雨傘』カトリーヌ・ドヌーヴ

子が一人、廊下を歩いてくる。クラリスの教え子の一人だ。男の子は彼女を見ると、急にくるりと背を向けて走り去る。クラリスは一瞬びっくりするが、たぶんモンターグの制服が男の子をこわがらせたのにちがいないと考える。そこで、モンターグは廊下の曲がり角に身を隠す。もう一人の男の子が廊下の向こうからやってくる。そして、やはり、クラリスを避けるようにして走り去る。クラリスは泣きだし、モンターグが彼女を抱きかかえるようにして慰めながらエレベーターのほうに連れ去るというシーンである。

子供たちとまたいっしょに仕事ができて、じつにたのしい。いつもながら、子供たちは何をやっても現実的で具体的で、おもしろおかしく、びっくりさせてくれると同時に満足させてくれる。

ディケンズ以後、あるいはむしろディケンズのおかげで、と言ってもいいかもしれない、イギリスの子供たちは社会の成員として重んじられ、最良の環境で育てられるように配慮がなされており、児童保護は完璧と言っていいくらいだ。少くとも、映画に児童を使う場合の労働条件は完璧そのものだ。以下が、製作部からわたしに渡された注意事項である。

㈠児童を撮影所にとどめておく時間は一日七時間半を限度とする。その場合、撮影には三時間、食事時間として一時間半、勉強時間として三時間を予定する。

㈡児童を午前九時以前の労働には一切つかせてはならない。あくまでも教育を主眼とし、撮影と同じように断続的に勉強時間をとるのではなく、まとめて一時間半を勉強時間の最低単位とすること。
㈢児童に対しては撮影終了から翌日のセット入りまで十六時間半の余裕をみること。したがって、午後五時半に仕事から解放された児童が翌朝十時前にセット入りさせられることがあってはならない。

二月二十五日（金）

だれもいない廊下だけ、数カット撮る。そのうちの一カットはモンタージュの悪夢のなかに使われるもので、遠近感を狂わすためにキャメラを前進移動させながら同時に逆にズーム・バックして撮る。ヒッチコックはこの手法を『めまい』で屋根や階段から下をのぞくジェームズ・スチュアートのめまいの感覚を表現するために効果的に使っているが、わたし自身もすでに、『突然炎のごとく』でジュールとジムがジャンヌ・モローに似た女神像を発見する瞬間のめまいのような感動の効果をだすためにこの手法を使ったことがある。

ついで、屋根裏のクラリスの寝室。ディズニー映画の一コマを想わせるような童話的ムードで、快適なワンシーン・ワンカットを撮影だ。クラリスが外のサイレンの音で目をさます。起き上がって、枕元の電灯をつけ、窓ぎわに行き、カーテンをあける。スクリーン・プロセスで、向かい側の家の窓の小さなカーテンが動き、人影が見える（ここは人形を使った）。消防自動車のくるくる旋回しながら点滅する青色灯の光がクラリスの顔に照り映える。

向かいの窓の人影が消えてカーテンが閉じられる。クラリスは枕元のスタンドを消し、部屋の片隅に身を縮める。ドアをノックする音が聞こえる。クラリスはとび起きて行き、ドアを小さくあけてみる。彼女の伯父である。「早く！　逃げるんだ！」。クラリスは急いで着る物をまとめて棚の上に投げ上げ、ベッドの上に台を置き、その上にのぼって天窓を押し上げ、棚の上から着る物をとって屋根にほうり投げ、自分もよじのぼって脱出する。パジャマ姿のクラリスが屋根づたいに逃げ、星空に向かって二本の煙突のあいだを通り抜けて行くのをキャメラが追いつづける。

アニメーション映画を撮るような気分だった。チェコのポヤールの作品、とくにあのすばらしい『飲みすぎた一杯』（一九五三）がずっと念頭にあった。

ここは反SF的な、そして軽快なタッチの、しかし身に危険の迫った子供が一所懸命に逃げるという感じのスリリングなシーンだ。ジュリー・クリスティは、黄色と白の縞柄のパジャマを着て、まるで小さな男の子みたいにいたずらっぽく、感動的に演じて、すばらしかった。

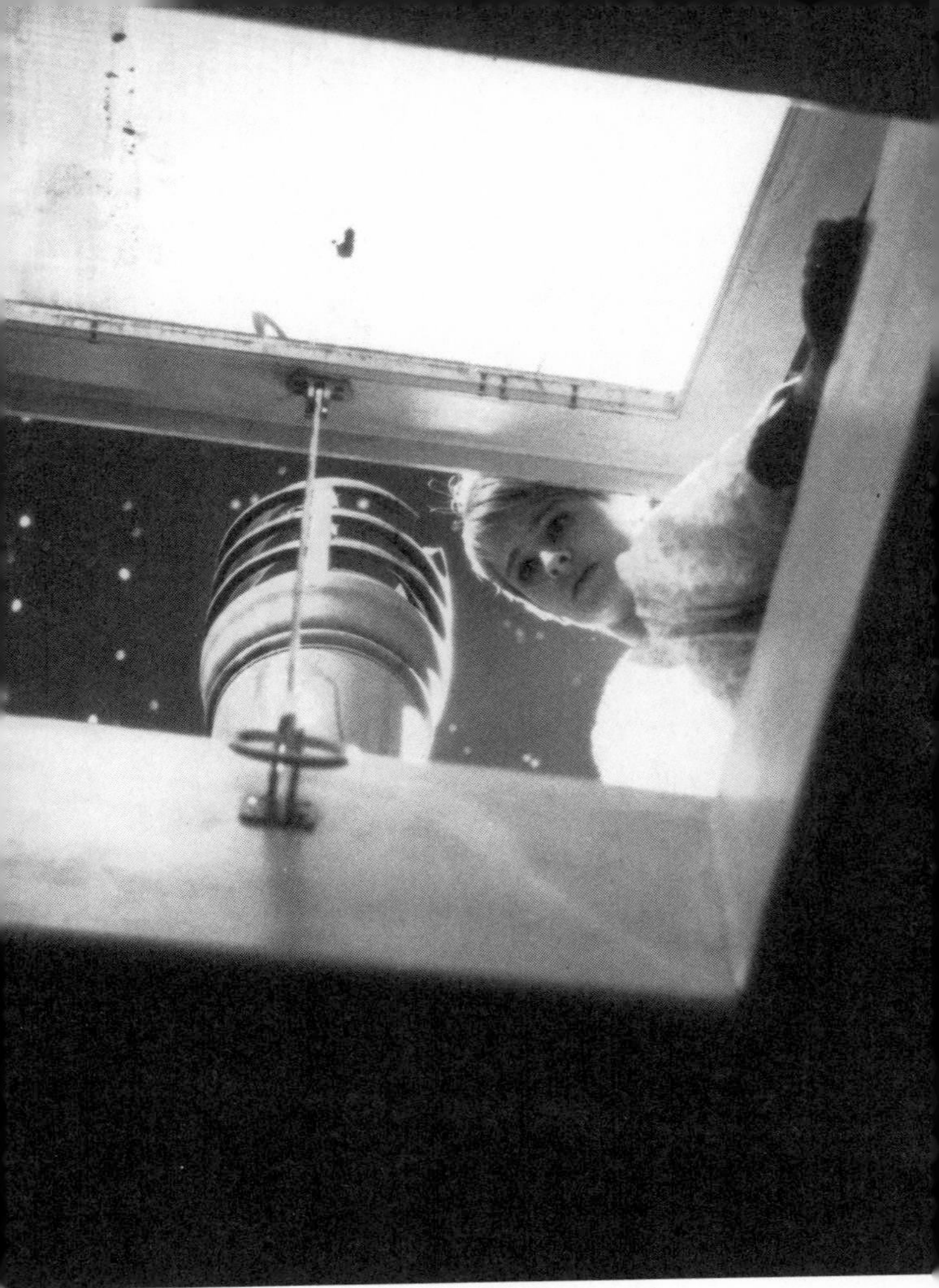

クラリス（ジュリー・クリスティ）は星空に向かって…

二月二十六日（土）

休み。ナショナル・フィルム・シアターでジャン・ルノワール版の『小間使の日記』（一九四六）を見る。逆説を弄するわけではないのだが、このアメリカ時代のルノワール作品は、その狂暴さゆえに、ルイス・ブニュエル監督の『小間使の日記』（一九六四）よりもブニュエルに近い。ブニュエル版のほうはといえば、ちょっとのんびりしていて、おおらかで屈託のない感じが、まるで戦前のジャン・ルノワール風なのである。

二月二十八日（月）

映画のトップ・シーンを撮る――アパートのなかで、電話が鳴り、男が立ち上がって受話器をとる。「逃げるのよ、早く！　逃げて！」という女（クラリス）の声が電話の奥から聞こえてくる。逃げたこの男（ジェレミー・スペンサー）はラストの森のシーンで「書物人間《ブック・ピープル》」にまじってふたたび出てくることになる。

男がアパートからとびだして逃げた直後に消防隊が到着し、家宅捜索をして、あちこちに隠された書物をつぎつぎに発見していく。モンタージュは、いかにもその道の専門家らしく、怪しい箇所をてきぱきと捜索、手ぎわよく処理する。テレビ受像機にみせかけたボックスをあけ（スイッチを入れるとテレビ画面に書物の影が浮かび上がる）、なかにぎっしり詰まった本をとりだす。同僚の隊員のフェビアン（アントン・ディフリング）が食卓に残されたりんごをとってかじりかけると、モンターグがすかさずその口もとからりんごをたたき落とす。怒りをこらえるフェビアン。こうして、このあとずっと映画のなかでつづくことになる二人の男の対立感情を最初からきわだたせておく。

三月一日（火）

モノレールのなか——モンターグは毎日このモノレールに乗って出勤する。このモノレールのなかで、彼はクラリスという娘にずばり「ひっかけられる」のである。わたしは、じつは、シナリオの段階からずっと、クラリスよりもリンダのほうが、充たされない人妻という型にはまった役ではあるけれども、いじらしく、心にふれるところがあって、好きなのである。型にはまった役という点では、むしろクラリスのほうがいかにも詩的な人物にみせかけているぶんだけ通俗的でありきたりのパターンと言えるだろう。では、なぜ、両方とも類型的であることがわかっていながらそのまま撮るのか、と問う人がいるにちがいない。それに対しては、こう答えるしかない——どんなシナリオにも、ここは強味だが、ここは難だというところが出てくるものだ、と。いや、むしろ、だからこそ、何かを思いきって切り捨ててしまわなければならないのだ。すべての要素をバランスよくまとめて物語をつくるのではなく、むしろ何かを犠牲にしても映画のコースを一本にしぼることが、シナリオづくりの基本なのだとすら言っていいのである。SFというコースをたどるときには、当然ながら、現実味や心理といった要素を切り捨てて進んでいかなければならない。そこで映画のトーンとして失われるものを逆に虚構の真実やリリシズムのかたちで取り返せればいいのだ。映画を列車にたとえるならば、映画を走らせる前に、まず、どのレールの上を運行させていくかを決めなければならないということだ。これだけは、どんなことがあっても、きちんと決めておく必要があり、そして、いったん映画が走りはじめたら、もはや途中でレールを変えることはできないのである。

クラリスという娘を中性的な、あるいはむしろ性をまったく感じさせない役にしたのも、彼女とモンターグの関係をあっさりと姦通のシチュエーションにおちいらせないようにするためだった。姦通のドラマが生きてくるのは、いずれにせよ、SF以外の次元であろうことはまちがいない。情婦でもない、ガールフレンドでもない、恋人でもない。クラリスは、モンターグが彼の人生の途中で偶然出会った理屈っぽくてせんさく好きな一少女にすぎない。ただ、それがきっかけになって、彼はそれまでの人生の道から外れて生きていくことになるというだけのことなのである。そんなクラリスの役に、ジュリー・クリスティが必要なリアリティを吹きこんでくれるだろう。その点についてはまったく心配がない。

ジュリー・クリスティはじつに奇妙な女優だ。キャメラから解放されて何もしていないときの彼女の顔はたちまち痛々しいくらい悲劇的に沈む。ところが、ちょっと笑うだけで、大きな口がさらに大きくなり、オオカミのような切れ長の眼がさらに切れ長になって、たちまち表情が大きくふくらむのである。彼女はつねに的確な表現のしかたを知っている女優なので、わたしの役目は、ただ、彼女の動きが過剰になりすぎたり控え目になりすぎたりしないように注意するというだけ――彼女の演技をできるだけくずして長びかせ、そのテンポをゆるやかにするということになる。小さな二つの動きのかわりに一つだけ大きくゆったりとした動きをさせるとか、視線の送りかたを三段階にわけさせるとか、あえてほほえんだりする必要がなくても表情をやわらげる身振りをさせるとかいった具合に。

ジュリー・クリスティは自分の身体が頭のてっぺんから足の爪先まで気に入らず、彼女の考えでは胸は小さすぎるし、脚は細すぎるし、どこをとってもいいところがないと言うのである。そんなわけで、たとえば脚に関して彼女は本能的にこんな手を思いついた――身体の他の部分に目を向けさせてまぎらわそうとしたりせずに、逆にこれ見よがしに強調し、超ミニのドレスやスカートでうんと露出してみせることにしたのである。

撮影を待つあいだも不安で落ち着かない彼女は、控室にひっこまないで、つぎのシーンの準備のために、スタッフが立ち働く喧騒のさなかに身を置いて自分を集中させつづける。特機や照明の人たちがはげしく行き来するなかで、彼女はそんなあわただしさに気をとられることなく、くちびるを動かしてせりふを暗誦しながら歩きまわって、絶え間なく、みずからつぎのシーンを演じている。だからこそ、本番のときに、成上がりのスターとは一味ちがう本物の女優の底力が出る。

『ダーリング』（ジョン・シュレシンジャー監督、一九六五）で注目され、大作『ドクトル・ジバゴ』（デイヴィッド・リーン監督、一九六五）のヒロイン役にも抜擢されて以来、大騒ぎされるようになった女優だが、それにはそれだけの理由があるのであり、これからもどんどん力をつけていって長つづきのする真の女優であることは疑う余地がない。

ジュリー・クリスティは現実の彼女よりもスクリーンに現われるときのほうが女らしさや謎めいた魅力を持っている女優だ。フィルムに感光された彼女の女っぽさと実生活の彼女の、なんともあっけらかんとした、いわば男の子になりそこないのような、さっぱりした感じとは、まるでちがう。女神あつかいされたハリウッドのスター女優の時代が終わったいま、彼女はいわば「仲間《コパン》」世代の女優なのだ。この世代の強さも、もろさも、裏表のない明るさも、彼女にはある。

新世代の女優ジュリー・クリスティ

三月二日（水）

モノレールのなかのシーンはすべて、地下鉄の車輛そっくりに設計されたセットで撮影。窓外に流れる風景は、のちにフランスで撮影する予定だ。何灯ものアーク灯で強烈に照らされたブルーのスクリーンにその実景が合成ではめこまれることになるのだが、当然ながら、このはめこみのためにはブルーのスクリーンがつねにキャメラに向かって真正面でなければならないので、カットごとにセットを動かして歪みをなくさなければならない。トラヴェリング・マットとよばれる合成画面のつくりかただ。今月末にはオスカー・ウェルナーとジュリー・クリスティがモノレールから降りて外に出るシーンをフランスに行って撮ることになっているので、本物のモノレールを使って車内のシーンを撮ることも考えたのだが、映画全体がつくりものになっているので、これだけを本物で撮らなければならないという積極的な理由もなく、あえてそこまではやらないことにした。

エキストラに不慣れなことを急にやらせるのは失敗する危険が多いのだが、きょうは「ナルシシズム」を象徴する数カットを撮り、わりとうまくいく。モノレールの車窓に映る自分の顔にうっとり見入り、窓ガラスに口を近づけて悩ましげに自分の影にキスをする若い女、自分の手首にそっとくちびるをあてる若者、毛皮のコートの襟で自分の顔をいとおしげに撫でさする婦人、等々。

三月三日（木）

消防署の一階の車庫と表——ということはつまり撮影所の内と外を一連のものとして撮影することになる。消防署の正面の入口のドアが、そのまま、赤銅箔を一面に張りつめたHステージの入口のドアになっているのである。外側の壁全体が強烈な赤で、あちこちに火トカゲのマークと451の数字が見られる。わたしのねらいの一つであるオモチャの世界がもう間近である。消防自動車はちょっと失敗だ。重々しい感じが強すぎる。しかし、撮るアングルを工夫すれば、なんとか、おとぎの国の馬車を想わせる効果は出よう。

消防署を出ると、地下道へ入るトンネルの入口が見え、そこから地下の高速道路が市内まで通じていることがわかる。トンネルの上方には小さな歩道橋。石段、そして石段を下るとカフェがあり、そういったすべてがまあまあの出来だ。

きょうは、撮影および照明のためのいろいろな機材の運搬に手間取り、ほとんど仕事にならなかったが、それでも、モンタージュがいつものように消防署の昇降柱《ポール》をつたって難なく昇っていくことができずに脇の階段を歩いて昇るというシーンだけは撮ることができた。

三月四日（金）

消防自動車が出たり入ったりするシーンの撮影は、俳優たちをはじめとして、全員をすっかり子供っぽい気分にしてしまったようだ。天気もよく、みんな、元気いっぱい、上機嫌だ。撮影のたのしい気分がちょっと出てきた。

セットの建て込みなどの順番もあって、映画は撮影台本《コンテ》の順序どおりには撮っていないので、撮り残しもずいぶんあるのだが、それでもこれで全体の三分の二は消化したことになる。パズルの形もしだいに出来上がってきて、残りの空いたところを埋めるのも、もうそんなにむずかしくはないと思う。消防署の車庫のシーンを撮る場合にも、その前後のシーンがすでに撮影ずみで頭のなかにあるから、イメージがうまくつながるはずだ。

映画のトーンそのものがスタッフ全員にもやっと伝わってきたようだ。この映画の企画を三年間もかかえてきたわたしとしては、この物語のすべてを知りつくしていたつもりだったが、それでも本当にわたし自身がこの物語になじむまでには撮影に入ってから三、四週間かかった。そしてスタッフ、キャスト全員に映画になじんでもらうまでには、それからさらに四週間もかかったのである。わたしたちの映画が、立派なテーマやメッセージのある荘重な作品ではなく、単なるお伽噺であり、むかしばなしであり、何かしら子供っぽいいたずらのようなものなのだということが、やっとみんなの心に伝わってきたような気がする。

三月五日（土）

ナショナル・フィルム・シアターで、イタリア語版の『黄金の馬車』（ジャン・ルノワール監督、一九五二）を見る。これぞ、映画のなかの映画だ。ジャン・ルノワールはいつも恋愛物語を描くのに成功してきたが、それというのも、ルノワールは、一九二四年の処女作『水の娘』以来、それ以前にはだれも考えなかったこと、すなわち、つねに女一人に男三人、もしくは男一人に女三人という原理にもとづいて恋愛物語を描くことによって、ありきたりの三角関係におちいる愚を避けることができたからにちがいない。

三月六日（日）

日曜日なので撮影はない。「シネマ・クラシック」というロンドン郊外の映画館で上映中のオーソン・ウェルズの『市民ケーン』（一九四一）を見に行く。これぞ、映

『市民ケーン』オーソン・ウェルズ

画のなかの映画だ！　おそらく、世界じゅうの多くの映画作家たちにこれほどやる気を起こさせた作品もあるまい。
撮影中に、すぐれた映画を見ることは大きな刺激になる。が、つまらない作品やどうでもいいような作品を見せられると逆に意気沮喪してしまう。

三月七日（月）

消防署。出動ベル。車庫のドアがひらき、消防自動車が出ていく。一日じゅう、そのくりかえしばかりで、特筆すべきこととなし。早くからセット入りしてもらったジュリー・クリスティには結局——彼女の出番をワンカットも撮れず——無駄足を踏ませてしまった。
夕方、オスカー・ウェルナーがスタッフ全員を招いて食前酒《アペリチフ》をふるまう。人気取りのためである。わたしたちは二週間ぶりに握手をし、挨拶をした。

三月八日（火）

好天に恵まれる。クラリスが消防署の近くまで来て、モンタージュを遠くから見ている。それから彼のほうへ急いで近づいて行き、歩道橋の上で偶然すれちがうようなふりをする。二人は挨拶を交わす。クラリスが何か話したいことがあるらしいので、モ

クラリス（ジュリー・クリスティ）と
モンターグ（オスカー・ウェルナー）

ンターグは彼女といっしょに階段を下りて消防署のわきにあるカフェに向かう。キャメラが二人に寄り添うかたちで、一分間ワンカットのクレーン撮影。そのあと、カフェの入口を撮るが、ここで二人が入っていくのを消防隊員のフェビアンに目撃される。カフェのなかのシーンは後日まわし。

三月九日（水）

昨晩ラッシュを見て、気にかかっていたこと——消防署の周辺のカットはキャメラの動かしすぎだ。そのために、せっかくのきれいなセットが目につかないし、キャメラのパンのために街路やトンネルが狭苦しくみえ、消防自動車も生きてこない、等々。そこで、午前中は消防自動車が車庫から出たり入ったり、ターンしたりするカットを、18・5ミリの広角レンズを使って、キャメラをできるだけ固定したまま撮り直すのについやす。広角レンズで撮ると、何もかも（人間も車も）一足飛びにキャメラに向かってくるような不思議なスピード感が生まれる。画面の奥のほうまで鮮明にうつしだされるので、キャメラに向かってくる人間が、まるで動く歩道の上を一気にすべってくるような感じで、たちまち近づいて大きくなる。オーソン・ウェルズの『黒い罠』（一九五八）はこうした非現実的な効果を生みだす広角レンズ（18・5ミリ）をほとんど全篇にわたって多用しているので、まるで幻想的なおとぎの国に迷いこんだような気分を観客にあたえる。

けさの私は相当暗い顔でセット入りしたらしく、いったい何があったのかとみんなが心配してたずねてくれた。午前中の撮り直し《リテイク》を終えてすっかり明るい顔に戻ったわたしを見て、みんながよろこんでくれた。こんなに一所懸命気をつかってくれるスタッフと仕事をするのは初めてのことだ。英語はからきしだめなわたしだが、すっかり英国びいきになる。

映画の主題はスタッフに影響する。『突然炎のごとく』の撮影中は、みんながドミノ・

ゲームをやりはじめた。『柔らかい肌』の撮影中は、だれもかれもが妻を（あるいは夫を）裏切り（?!）、『華氏451』の撮影がはじまってからというものは、みんなが読書に熱中しはじめた。なにしろ、セットのなかにはほとんどいつも数百冊の本が置いてあり、だれもが自分の好きな一冊を手にとって読むことができるのである。ときとして、セットじゅうがしーんとなってページをめくる音しか聞こえないということすらあるくらいだ。

三月十日（木）

消防隊員を辞職する決意をして来たモンターグが隊長に説得されて最後の出動に加わるという重要なシーン。その最後の出動とは、モンターグ自身の蔵書を焼く任務なのである。この出動場面はワンカットで撮りたかったのだが、オスカー・ウェルナーとシリル・キューサックのからみの演出に手こずり、結局ものにならなかった。カットを割ってしまっては緊迫感が薄らいで状況の不自然さが目立ってしまうのだが、やむを得ない。まあ、なんとかなるだろう。

そのあと、天候不順のため、消防自動車が出動していくシーンの撮影をあきらめ、セットに戻って、モンターグがベッドのなかで悪夢にうなされるシーンを撮る。モンターグの姿を、そのわきで妻のリンダが眠れずに、ひややかに見つめている。モンターグの悪夢の最後のカットは、クラリスが消防自動車のサイレンの音にハッと目がさめてベッドから起き上がるカットにオーヴァラップすることになる。このオーヴァラップは眼から眼につながるように、二つのカットの眼の位置がぴったり合うようにする。おもしろい撮影だった。

三月十一日（金）

カフェのなか。モンターグとクラリスが入って来てすわる。窓ごしに、一人の男が消防署のわきの歩道を行ったり来たりして赤い「通報ポスト」のまわりをうろうろしているのが見える。本を隠し持っている人間の写真をこのポストに入れて「通報」することができる。「密告者ね」とクラリスが言うと、「いや、通報者だよ」とモンターグが言うのである。「通報者」は、興奮剤を口に投げこんで意気をふるい立たせ、密告の写真をポストに投げこみ、遠ざかって行く。

一人二役というと、きまって、正反対のイメージの二役を演じるという暗黙の了解のようなものがあるけれども、そうした型にはまった通念にさからうためにも、わたしは、ジュリー・クリスティにリンダ（モンターグの妻）とクラリス（隣近所の少女）という二役をまったく別々に演じ分けたりしないようにたのんだ。同じように、モンターグも二人の女に対して単純に飾りっ気なく演じるだけでいいのだ。だが、何より

クラリス役のジュリー・クリスティとフランソワ・トリュフォー監督

もまず演劇人であるオスカー・ウェルナーは納得せず、まるで絵に描いたような対比《コントラスト》の芝居を誇示しようとする。リンダに対してはわがままで横暴な夫を演じ、クラリスに対しては心やさしい恋する男を演じてみせようというのだ。そんなことは、要するに、家のなかでは本ばかり読んでいて愛のことなど口にもださないくせに、外に出ると若い娘にべたべたするといった愚劣な男のイメージをあたえることになりかねないということがわからないのだ。

しかし、いずれにせよ、わたしを窮地におとしいれようとするこの悪意ある陰険なたたかいに彼が勝利を収めることはあるまいと思う。編集のときに、わたしは、彼のあまりにもなげやりな芝居、あまりにも思わせぶりな微笑、あまりにも大仰な身振りなどはどんどんつまんでカットし、かわりにジュリー・クリスティ（クラリス役にせよ、リンダ役にせよ）のカットをつなぐようにして、すべてうまくかたづけてやるつもりだ。

三月十二日（土）

ナショナル・フィルム・シアターで『フレンチ・カンカン』（一九五五）を見る。やはりジャン・ルノワールならではのすばらしい映画だ。『黄金の馬車』（一九五二）が無疵の完成品だとしたら、これはボロボロの穴だらけの映画である。画調も、構図も、美術も、音楽も、フランスとイタリアの配役も、金銭の面も、破綻だらけの映画である。しかし、それらはルノワールという作家《オートゥール》の内面的なものではなく、すべて外面的な要素ばかりだ。ルノワール自身に属するもの、すなわちシナリオ、台詞、ディテールのアイデア、演出は、天才的な見事さだ。これぞ「作家主義」の真の証しである。ミュージック・ホールへのオマージュである『フレンチ・カンカン』は、コメディア・デラルテへのオマージュである『黄金の馬車』と同じテーマ――舞台芸術《ショービジネス》への情熱――をあつかった映画だが、しかし『黄金の馬車』は精神の映画であり、『フレンチ・カンカン』は肉体の映画なのである。そう、ヘレン・スコット女史がこの映画の真の主題をたった一と言で定義してみせたものだ――「あの娘たちのカンカン踊りを見てたら、あたしまでお尻が痛くなっちまったよ！」。これを聞いたら、ルノワールもきっと大よろこびしたことだろう。

三月十三日（日）

またまた、ルノワールである。ガリマール書店から出版された彼の初の小説「ジョルジュ大尉の手帖」を読む。映画と同じように、そしてジャン・ルノワールそのひとと同じように、単純で、いきいきとしていて、おかしくて、感動的で、はつらつとした小説だ。

三月十四日（月）

きょうから九週目に入る。ロンドンから車で三十分ほどのローハンプトンにロケーション。フランスの団地（ＨＬＭ）風の建物の外で、映画のトップ・シーンになるところの撮影である。消防隊が到着し、建物を包囲する。その直前にクラリスから電話で知らせをうけた男がアパートから逃げだし、そのすぐあとに消防隊が踏みこんで来て、隠し場所を漁って書物をかき出すのだが、そこはすでに半月前にセットで撮影ずみである。消防隊員が男のアパートからかき集めた書物を詰めこんだナイロンの袋を虚空に放り投げる。団地の下では、金網状の焼却台が設置され、書物を焼き払う準備がはじまる。その間に、モンターグが出て来て、ヘルメットをとり、手袋をぬぐ。そして、まるで高貴な女性か司教のように二人の消防隊員の手を借りて白の防火服と防火マスクと防火手袋を身にまとう。それから火炎放射器を手渡される。いつの間にか、物見高い人々が集まり、この光景を見守っている、等々。

家にしろ書物にしろ何かが燃えるシーンを撮るのは、子供っぽい興奮にあふれた快感がある。学校帰りの子供たちが大勢集まって来て、なごやかな、たのしい雰囲気の一日だった。

三月十五日（火）

きょうもローハンプトン・ロケ。ただし、昨日とは別のシーンで、映画のラストに近いワンシーンだ。小さな立方形の住宅《バンガロー》の林立する人影のない小路をラウドスピーカーを付けた真っ赤なジャガーが徐行しながら、裏切者――消防隊長を殺害して逃走した消防隊員――のモンタージュの逮捕に協力するように、住民に向かって、よびかける。ラウドスピーカーの車が画面を横切って行ったあと、家々のドアがあき、住民たちが出て来て、表に立つ。キャメラがなめるようにパンしていき、屋根の上から壁ぞいに鉄梯子を伝って懸命に逃げようとしているモンターグをとらえる。このカットの最後は、撮影所のステージに便利箱とよばれる真四角の箱を積んで、その上にロケーションのつづきと思わせる大道具の部分を置いて人物がらみのアップを撮ることになる。壁に沿って降りるところは、すでに予定してあるパインウッド撮影所のなかの大きな壁を使って全景を撮り、それらすべてを連続のカットとしてつなぐことにするが、なんとかうまくいきそうだ。映画の遅れもあり、経費のこともあり、オスカー・ウェルナーが体を使うアクションをすべて拒否したのでいちいち「代役」で撮らなければならないということもあり、それに最近はやたらと追跡シーンのあるアクション映画が多くなってきたこともあって、わたしは『華氏451』の後半、逃げるモンタージュを追う「マン・ハント」のシーンをできるだけ短く単純にし、どうしても必要ないくつかのイメージだけに限定することにした。

三月十六日（水）

きょうもロケーション撮影。消防隊員をやめる決意をしながら「最後の任務」を果たすために消防自動車に乗りこんだモンタージュだが（ここまではすでに撮影ずみである）、消防隊の出動先は、なんと、彼自身の家である。「ここはわたしの家です！」とモンタージュは叫ぶ。隊長が「そのとおり」と言って、うなずく。それを見て、同僚のフェビアンがせせら笑うように会心の笑みを浮かべる。モンタージュは妻のリンダが身仕度をして家から出て行くところに出くわす。

初めてモンタージュが自分の家に着いたときも、家から出て来たときも、クラリスに「尾《つ》けられた」ときも、そして消防自動車が彼の家の前にとまったときも、モンタージュは思わず「ここはわたしの家です！」と叫ぶ。

わずか十二カットとはいえ、日没まえに撮らなければならないということもあって（なにしろ午後四時にはもう暗すぎて仕事にならないのだ）、まるで『市民ケーン』のピクニックのシーンなみの大がかりな車の長蛇の列になった。三十人のエキストラを乗せたバスが一台（わたしとしてはエキストラなんかいらないと言ったのだが）、画面にうつっては困る風景を隠すために用意された人工植物を積んだトラックが一台、三メートル四方の土に植えられた本物の植物を積んだトラックが一台、それに、録音車あり、移動車を積んだトラックあり、食堂用トラックあり、照明機材用トラックあ

モンターグは妻のリンダが家から出て行くところに出くわす

り、撮影機材用トラックあり、さらに劇用の消防自動車を積んで運搬するトラックもあり、リンダ、モンターグ、隊長、フェビアンの四人の主役を一人一人乗せた車のほかに、一人一人の代役（それも、照明の具合をみるときに立ってもらうだけの代役である）を乗せた車、一人一人のためのメーキャップ用のトレーラーもある、といったすさまじさだ！

総勢六十五人。じつはキャメラをとりまく人間たちがいつもこれぐらいはいるのだ。おどろくべき人数と言わねばならない。撮影所のなかではこうした人間たちのことを忘れてしまっているのだが、その存在を突然意識することになった。その人数のすごさを思うと、つい、わたしが撮った最初の映画『あこがれ』（一九五七）の撮影のときが懐かしくなる。あのときは、キャメラマンのジャン・マリージュとわたしの最も親しい仲間のクロード・ド・ジヴレーとロベール・ラシュネーが助手としてついてくれただけ。

だが、『華氏451』はハリウッド式の大プロダクションのシステムのなかに入ってしまった作品なのだ（製作費が約百五十万ドル、ほぼ七億五千万〔旧〕フランである）。大金が飛び交っているが、それはまったくスクリーンに具体的に出てくるものとは別の次元に、形になることなく、消費される。重要なディテールになる小道具やセットにしても、アイデアは二十も三十もだしてあったのだが、ほとんど実現されなかった。スタッフが多すぎて、アイデアも金もまるで伝わらず、何一つきちんとつくられてこないのだ。

三月十七日（木）

パインウッドに戻り、公園のシーンの撮影。『007／危機一発（ロシアより愛をこめて）』（テレンス・ヤング監督、一九六三）の冒頭の部分が撮影されたのも、この公園だ。わたしとしてはここは子供たちが遊ぶ小さな遊園地の一画といった雰囲気にしたい。そこへ一斉捜査よろしく消防隊が一帯をしらみつぶしに捜索し、老人から乳母から、だれかれ構わずつかまえては身体検査をする。編み物をしている婦人の籠をあけてなかの毛糸やら何やらを手荒くひっかきまわす、妊婦のふくらんだ腹にさわって本を隠して偽装しているのではないかどうか調べてみる、等々。モンタージュは通りがかりの老人の身体を検査し、コートの下に本を隠し持っているのを感じるが、黙って見逃がしてやる。遊園地を去りがけに、隊長は冗談半分に乳母車のなかの一歳の赤ん坊の身体を調べてみて、産衣《うぶぎ》のポケットのなかから「中国の思想」といった類の豆本を見つけだし、没収する。赤ん坊を撮るのは初めてなので緊張する。ものすごく辛抱強く待たなければならない。ところが、突如、びっくりするような反応をするので、撮りそこねないように気をつけなければならない……。子供を撮るのは本当に気が気

乳母車の赤ん坊から赤い豆本を没収する

でない。もうだめかと思った瞬間にチャンスが訪れるので、一瞬も油断ができないのである。そして、なんとかうまくとらえてみると、それはつねに期待以上のすばらしさなのだ。

午後、撮影所の廊下で、タキシード姿の五人の消防隊員とすれちがう。見まちがえたのかとびっくり。午前中の遊園地のシーンの撮影を終えて『華氏４５１』のほうは御用ずみになったので、こんどはチャップリンの『伯爵夫人』の豪華客船の大ホールの舞踏会にダンサーとして出演することになったとのことであった。

三月十八日（金）

撮り残しのシーンを撮って空きを埋めていく作業を続行――パズルの形もはっきりしてきた。クラリスとモンタージュで、エレベーターのシーン――これはすでに撮影ずみの小学校の廊下のシーンのあとに入る。教え子たちにまるで見知らぬ人間のように見られて泣きだすクラリスをエレベーターのなかで、モンターグが慰め、つぎのような言葉で終えるシーンだ――「きみはこのあいだ、わたしに聞いたね。本を焼いてばかりいるけど、読んだことはあるのかって。そう、きのうの夜、初めて読んだよ」。

ついで、サイズの異なる五台のテレビ受像機が陳列されたショーウィンドーのカット。逃走中のモンターグがその前をとおりかかったときに画面に彼の手配写真がうつっているのが見える。大小五つの画面に写真が同時に出るので、いっきょに五倍にふくらんで迫ってくる。

アパートで、夜、モンタークがひそかに「デイヴィッド・コパフィールド」をひらいて読みはじめるところはワンカットで撮ってあった。きょうは、そのつづきで、キャメラは彼の肩ごしに、ひらかれた本の一ページをとらえるのだが、文章がはっきり読めないので、そこで、数カット、だんだん寄っていって、最後は「……私は産声《うぶごえ》をあげた」という第一ページの書きだしをクローズアップでとらえることにした。しかし、オスカー・ウェルナーがしっかりと本を手に持っていることができず、フォーカスがぐらついてしまうので、ここはもう一度、本が動かないように固定させる方式と特殊な接写用のレンズを使って撮り直さなければならない。

三月十九日（土）

シリル・キューサックのアフレコに立ち会う。録音車と四人の録音技師がついていたにもかかわらず、せりふはほとんど全部録《と》り直さなければならない。ステージ内で撮ったところさえ、長回しの撮影が多いので、キャメラを追うスタッフの足音など、雑音が入ってしまって、同時録音の部分がほとんど使えないのだ。

アフレコを面倒くさがる監督もいるが、わたしはむしろ、素材をよりよく知るチャンスになり、思いもかけないような編集の解決策を発見することもあって、アフレコはきらいではない。アフレコのときになって、せりふの言いまちがいやおかしな語調を直すこともできるし、ときにはせりふそのものを部分的に変えたり、あらたに付け加えたりすることもできるので、仕事をしっかりと固めていくという気分になるのである。

シリル・キューサックは芝居も声もとてもいい。おだやかさ、やさしさ、謙虚さが画面に横溢し、消防隊長の役柄にぐっと人間味が出た。そのために、この隊長を焼き殺すモンタージュは当然ながらヒーローではなく悪党《サロー》に見えてくるのだが、いずれにせよわたしはヒーローというのはきらいなので、これでいいのだ。

シリル・キューサックはすべての出番を終え、わたしたちのもとを去る。別れは感無量だ。このあと、彼はローマに飛んで、エリザベス・テイラーとリチャード・バートン主演の『じゃじゃ馬ならし』（フランコ・ゼフィレッリの第一回監督作品である）に出演する。

三月二十日（日）

シュザンヌ・シフマンといっしょに映画館で『偉大なるアンバーソン家の人々』（オーソン・ウェルズ監督、一九四二）を見る。フローベールは小説を書くために一年に一回はセルバンテスの「ドン・キホーテ」を読み返していたという。とすれば、わたしたちは映画をつくるためにオーソン・ウェルズのこの偉大なる映画を機会あるごとに見なおして学ぶ必要がある。この映画のカット数は、二十五年間にわたる物語を語るのに二百カットにも充たない。その単純な語り口は『市民ケーン』の饒舌な語り口とは対照的だ。オーソン・ウェルズのこの第二作は、その一年前につくられた自分の処女作をあらあらしく否定し、根底からくつがえした作品だ。それはまるで『市民ケーン』を毛嫌いした別の映画作家が謙虚さの模範を示してみせたような作品だ。オーソン・ウェルズは偉大な芸術家であると同時に偉大な批評家でもあるという相克する二面をそなえた映画作家なのである。彼はしばしば無限に高く舞い上がるが、同時に、その高揚ぶりをみずからこのうえなく厳しく裁き、抑えこむのである。

三月二十一日（月）

クラリスの家の前。道を歩いて来たモンタージュが、家の窓という窓に板がぶっちがいに打ちつけられているのを見て、立ちどまり、戸口まで行って呼鈴を鳴らすが返事がないので、隣の家の女性にクラリスと彼女の伯父の消息をたずねてみる。そこで、彼は、消防隊が来てクラリスの伯父を連行していったことを知らされる。ここまで三シーンあるのだが、製作部はすべて二日間で撮り上げてほしいと言ってきた。ところが、午後二時半になって、わたしは製作部とこんな問答を交わす始末だ——「隣の女性は？」「隣の女性って何です？」「隣の女性を演じる女優のことですよ」「ああ、その女優なら、明日くることになっています」「それじゃ、きょうは何を撮るのです？」。

結局、とても明日までは待てないので、チャップリンの映画に動員された百五十人のエキストラの女性のなかから一人、急きょ引き抜くということになった。『伯爵夫人』の舞踏会のシーンのエキストラなので、美しいドレスを来て、美しい化粧をして、パンプスをはいているというスタイルの女性だったが、せりふをきちんと言えるので、そのままの恰好で使うことにし、片手にジョウロを持たせ、クラリスの家の隣の庭から柵ごしにモンタージュと話を交わすシーンを撮った。

四時半には撮影終了。しかも、予定より一日早く上げたことになる。あまった時間を利用して編集にとりかかる。ジュリー・クリスティとオスカー・ウェルナーのからみのシーンで奇妙なことに気がつく。ジュリーの顔はとても小さくかわいらしいのだが、オスカーの顔は妙に大きすぎて、二人が同一画面《フレーム》に入るとその差がひどく気にかかるのである。あきらかに、オスカー・ウェルナーがジュリーを押しのけて巧妙にキャメラに近づこうとしているためだとわかる。撮影に入ってからふとって顔がふくらんできたということもあるようだ。それでなくても、オスカー・ウェルナーは映画の最初から大きな顔をしっぱなしなのだ。だからこそ、できるかぎり二人を別々にして、ジュリーのクローズアップのほうがオスカーのクローズアップよりも大きめになるように寄って撮って、うまく調整したつもりだった。そうすれば、最後に二人をいっしょの画面におさめても、バランスがとれてうまくいくはずだった。ところが、原理どおりにはいかず、それだけに二人の顔のサイズのアンバランスのひどさには仰天せざるを得なかった。

三月二十二日（火）

撮影所内の一画の壁を使って、逃げるモンタージュを追う数カット。ここは代役《スタンドイン》で充分に間に合うのだが、オスカー・ウェルナーは自分でやると言ってがんばる。わたしが彼の代役のジョン・ケッタリンハムのほうを使いたがっていることを知って以来、急に代役を押しのけて自分でやると言いだしたのである。きょうは、大きな黄色の壁づたいに高い鉄梯子を降りることさえいとわなかった。この数カットは、先日ローハンプトン・ロケで家々から道に出てくる住民たちをなめながら壁ぎわまで撮ったカットにつなぐ。

防空壕《トンネル》のなかの逃走、追跡。さらに、ジュリーが街角を曲がるカット、モンタージュの指が「デイヴィッド・コパフィールド」の第一ページの活字を追って読んでいくカットなど、撮りこぼし部分を消化。

三月二十三日（水）

ロンドンから二時間ばかり行った田園地帯の川のほとりで撮影。

そこはテムズ河の支流の一つらしい――というのはだれかが冗談で言ったことかもしれない。逃走中のモンターグが川べりに浮かんでいた小舟にとびのり、とも綱を解き、櫂を取って漕ぎだそうとするが、警報が鳴るのを聞いて、あわてて舟のなかの防水布の下に身を隠す。

ついで、田園地帯を地面すれすれにかすめ、川を横切ってバックしながらのヘリコプター撮影による大移動のカットをつなぐ。そこに「飛行人間」たち（モンターグの同僚の消防隊員たちである）が地上一メートルくらいの高さをまるで宇宙飛行士さながらすべるように飛んでくるカットを合成処理《トラヴェリング・マット》ではめこむつもりだ。「飛行人間」は半ば消防士、半ば『アレクサンドル・ネフスキー』（セルゲイ・M・エイゼンシュテイン監督、一九三八）の兵士といったいでたちである。

ヘリコプター撮影の部分は、残念ながらわたしの望むスピードで自由にバックできる撮影用のヘリコプターが準備できなかったので、他のシーン（逃亡したモンターグの替え玉を見せしめのために空中パトロールのヘリコプターが追いつめて射殺するシーン）で使う劇用の小型ヘリコプター（真っ赤に塗ってある）で間に合わせることにしたものの、思いどおりのカットが撮れず、しかたがないので、ふつうの前進移動撮影をおこない、現像段階で逆方向に焼いてもらって後退移動の効果をだすことにする。

あれやこれやで、だいぶ時間をつぶす。オスカー・ウェルナーの走りかたは女の子みたいで、やや迫力にかけるが、小舟にとびのって逃げるシーンはかなりうまくこなしてくれた。小舟から小舟へ漕ぎつないで、対岸に着き、岸に上がって、ふたたび逃走をつづけていくモンタージュをしっかりとキャメラにおさめる。

田園地帯の川のほとりにロケーション

撮影所に戻って、モンターグの家の表の撮り残し部分のうち、モンターグの見た目で、リンダがスーツケースを持って家を出て行くカットを急きょ撮影。

三月二十四日（木）

一日じゅう、撮影所の中庭の消防署の出口で、天気待ち。雪が降ったかと思うと、日が照り、日がかげってくるやいなや暗雲がたちこめ、突風が吹き、それからまた急に太陽が出て、また雪になるという、信じられないような天候不順だ。

映画の撮影というのはきれぎれのやりかたでしか進まず、たとえばヘンリー・ミラーのような作家が机に向かっているときに熱に駆られて一気に何ページも書き上げてしまうことがあるにちがいない、そんな崇高な霊感に充ちた状況が映画の現場ではありえないのだ。

キャメラを地面に据えたまま、空中パトロールの真っ赤なヘリコプターが旋回しながら消防署の屋根すれすれまで急降下してきて機銃掃射でモンターグの替え玉を死に至らしめるまでのシーンを撮る。台本では、ここは袋小路にモンターグの替え玉を追いつめて射殺することになっていたのだが、製作部から経費のきりつめで三方の壁の建て込みができないと言われ、やむを得ず消防署の正面のセットだけで撮ることにした。しかし、そのために、かえって「社会の危険分子」たるモンターグの制裁と抹殺

擬装処刑はのちにモンターグが見るテレビで実況放送される

を人々に信じこませるために罪もない人間を替え玉＝犠牲にするという権力の卑劣な「演出」という側面が期せずして強調されることになった。この擬装処刑はテレビで実況放送され、「捜索は終了しました。モンターグは死亡。反社会的な凶悪犯罪はこのようにしてその報復をうけました」というアナウンサーの言葉で終わる。モンターグは森のなかに捨てられた古い貨物の車輛のなかで「書物人間《ブック・ピープル》」のグループといっしょにテレビを見て、自分の処刑と死に立ち会うことになる。と、こんなふうに書いても、わかりにくいかもしれないが、映画はずっと単純明快なものになるはずだ。

三月二十五日（金）

午後までに、二十五カット。最高記録である。いずれも、撮り残しや撮りこぼしのカットをひろったもの。書物の群れが落下してくる数カット——これは三つの異なるシーンに分けてインサートされる。赤の背景にブルーの照明の効果——これは非常警戒のモンタージュ・シーンに散りばめてイメージを豊かにするため。消防自動車のシーンのインサート・カットとして、乗車隊員が石油タンクの点検やクラッチの操作や火炎放射器の出し入れをするところ。ヘリコプターからの機銃掃射によって消防署の周辺のいろいろな小道具（電灯など）が破壊されるカット、等々。

これほど早く仕事がはかどったのは、イギリス人のスタッフ全員がこのあとフランスにロケーションに行けるのをたのしみにしていたからだということがわかった。夕方、出発。日曜日からは、パリから南へ百キロ余、オルレアン近郊のシャトーヌフ・シュル・ロワールにある懸垂式モノレールの周辺で重要な三シーンを撮ることになる。そこは一九六二年にすでにわたしがロケハンをすませた場所である。当時はもちろんフランスでこの映画を撮るつもりだった。このモノレールは、クラリスとモンターグの出会いの場となり、また、モンターグの家と職場をつなぐ場にもなる。懸垂式モノレールは、いまや、ゴムタイヤ車輪による跨座式モノレールに時代を先取りされた観があるものの、それでもこの映画では唯一の「未来的な」要素なので、あえてわたしとしてはこだわったのである。わずか三日間のフランス・ロケに二万ドル（一千万旧フラン）も経費がかかることになったが、これはわたしの責任ではない。というのも、モノレールの周辺の三シーンは、小編成のスタッフで、せいぜいイギリス人のスタッフが八人か十人、フランス人のスタッフが六人もいれば、撮れるのである。ところが、イギリスのスタッフが四十人、となると組合《ユニオン》の協定によってその半数つまり二十人のフランス人をスタッフに雇わなければならなくなり、またしても総勢六十人という驚異的な人数に達するのである。衣裳部、メーキャップ部、結髪部、小道具部、代役グループ、特機部、照明部、撮影班、それにもちろん主役の俳優たちのためのバス・トイレ付きのトレーラーもついてくる。こんな仰々しい仮装行列のようななかで真の映画ができるはずがない、死んだほうがましだ、恥を知れ、とわが敬愛するジャン・ヴィゴが墓のなかから叱咤する声が聞こえてくるようだ。

三月二十六日（土）

休み。パリで、久しぶりに家族とともに団欒。

三月二十七日（日）

撮影監督のニック（ニコラス）・ローグをパリでひろい、ロケ地のオルレアンに向かう。

突如、フランスではこの日記を書く意味がまったくないことに気がつく。パインウッド撮影所では、わたしはまるで亡命者のような孤独を感じていた。仕事を終えて仮住居に戻り、寝る前に、二十行なり三十行なり日記を書くことは、毎日、フランスのわたしの友人たち、ジャン゠ピエール・レオーやジャン゠リュック・ゴダールやクロード・ド・ジヴレーやジャン・オーレルやジャック・リヴェットやジャン゠ルイ・リシャールや、そして、もちろん、原作者のレイ・ブラッドベリに宛てて、手紙を書くようなものだったのだ。

ブラッドベリは彼の小説の映画化に心から興味を示してくれて（といっても、彼の

モノレールのあるオルレアンでのロケ撮影のためにニコラス・ローグとともに

小説の映画化はもちろんこれが初めてではないにもかかわらず）、生まれて初めて航空券まで買ってわたしたちの撮影を見にくるつもりだったのだが、飛行機恐怖症には勝てず、断念。そこで、わたしたちは、撮影現場を見ることのできないブラッドベリのために、五十枚ものスチール写真や撮影スナップを送った――「カイエ・デュ・シネマ」誌の編集部なみにたっぷりと写真解説を付けて。

三月二十八日（月）

シャトーヌフ・シュル・ロワール。イギリス人のスタッフはフランスではおおいにハメをはずそうなどと言っていたが、実際、この週末はおおいにハメをはずしたらしい。最初の大きなシーンの移動撮影用にレールを敷き、移動車にキャメラをセッティングしなければならず、そのためにはどうしても撮影効果のベテランとして知られるピエール・デュランの力が必要なのだが、やっと彼が現われたのが正午すぎ。それまで、しかたがないので、モノレールが左から右へ、ついで右から左へ走るところなど、どうでもいいようなカットを撮って時間をつぶさなければならなかった。わたしがピエール・デュランを知ったのは、一九五九年。ジャン・コクトーの『オルフェの遺言』の撮影中であった。移動車やクレーンを使う撮影のときの特機の仕事ばかりでなく、クローディーヌ・オージェが扮した死の女神が、去って行く詩人（ジャン・コクトー）の背にねらいを定めて槍を投げると、その槍が詩人の背中から胸を突き抜けてグサリと刺さるという有名なシーンのトリック撮影も担当した特撮のスペシャリストでもある。

イタリア、ベルギー、ドイツ、フランスの取材班を迎える。記者とカメラマンで三十人ばかり。フランス・ロケのときにかならず招待するという約束でここ二か月間イギリスでの撮影の取材を一切ことわってきたので、みんな勢いあまってなだれこんで来た感じだ。オスカー・ウェルナーに群らがる連中あり、ジュリー・クリスティに群らがる連中あり、二人いっしょの写真を撮ろうと欲張ってがんばる連中あり。まさに『8½』のフェリーニ的サーカスの情景だ。

その間をぬって、なんとか、モンタージュとクラリスがモノレールから降りて道を歩きはじめるところをキャメラが後退移動しながらとらえる三分半のカットを決めようとしたのだが、長回しのキャメラの動きのむずかしさにかてて加えて、取材のカメラマンたちが群らがって右往左往するので、主役の二人が気をとられて落ち着かず、せりふをつかえてばかり。フェリーニの『甘い生活』（一九六〇）そのままの傍若無人なパパラッチたちをどなりつけ、脅かし、ののしっては、なんとか撮影の邪魔にならないように遠ざけることに成功したものの、やっとこれで本番に入れる準備ができたところで、ものすごい雹が降りはじめた。すでに午後四時であり、雹のために停電になってモノレールも動かなくなり、天気も回復しそうにない。しかし、三分半のワンシーン＝ワンカットのテストは充分にできたので、明日はすぐ本番撮影にかかれそうだ。

三月二十九日（火）

オスカー・ウェルナーが片脚をひきずりながら現われる。昨夜トレーラーのトイレのなかで考え事をしていたら、急に閉じこめられたと錯覚し、ドアを蹴破ってあけようとして痛めたのだという。膝のあたりに繃帯を巻いている。

しかたがないので、ジュリー・クリスティとのからみのシーンをなるべくはしょり、モノレールから二人いっしょに降りてくるところは撮るのを断念。モンタージュはすでに先に下まで降りていてクラリスが降りてくるのを待っているということにし、本当はモンタージュが溝をひょいととびこえてからクラリスと肩をならべて歩きだすようにしたかったところもやむを得ずがまんして、その先から撮影をはじめることにする。

ついで、昨日テストをくりかえしたワンシーン＝ワンカットにとりかかる。わりとうまくいく。三分二十秒の予定が三分でおさまったが、長びくよりも短くしまったほうがうまくいった証拠だ。ふたりが歩く背後をモノレールがよぎっていくところも、うまく撮れた。ただ、気にかかるのは、なぜかロシア映画に似た雰囲気になってしまったことだ。オスカー・ウェルナーにはもっとそっけなく演じてほしかったのだが、相変わらずこちらの望みどおりにはやってくれない。いやに知的な目つきをしたり表情をつくったりするのである。クラリスよりも頭がわるそうに見られたくないということらしいのだが、ドラマのシチュエーションがそうなのだということがわかっていないのだ。きまって、余計な微笑を一つか二つ、巧妙に画面に入れてしまう。オスカー・ウェルナーがわたしの要求とは正反対の芝居をしようとする姿勢には、何よりも役の形象化をめざすという演劇人としての誇りもあるにはちがいない。

しかし、そのような見当はずれではあるけれども気高い理由とはまた別に、そこにはあきらかにハリウッドでこれから人気スターになろうという希望に結びついたいやしい目論見が垣間見える。『愚か者の船』（スタンリー・クレイマー監督、一九六五）で見せた彼のやさしい微笑に、シモーヌ・シニョレの伯爵夫人と交わした熱い接吻に、全米の女性観客が陶酔した。それに味をしめて、いまや、彼は年上の女たちの身も心もくすぐる愛らしい魅力を売りものにしようとしているのである。五年前、『突然炎のごとく』を撮っていたころの彼はまったくそうではなかった。自分の演じる役にひときわ目立つ特徴をだそうとしたりなどしなかったし、いわんや、メーキャップとかヘアスタイルとかを気にしたり、自分だけ楽をしようとしたりなどしなかった。誠心誠意をつくして自分にふさわしい仕事をした。いまの彼はもう『突然炎のごとく』の謙虚ですばらしかったジュールを演じることは絶対にできないだろうし、むしろ逆にジムとカトリーヌを押しのけて自分だけ目立つようにふるまうだけだろう。いや、もうそんなつまらない役など自分にはふさわしくないといって蹴ってしまうにちがいない。

三月三十日(水)

モノレール、そしてオスカー・ウェルナーの代役で身体を使うシーンを、それぞれ数カット。そして、午前中にパリに戻る。一時間ほどパリになじむと、もうロンドンには戻りたくなくなってしまう。いやいやながら寄宿学校に戻る生徒のような気持ちだ。ル・ブールジェの飛行場から、ロンドンへ。そして、パインウッドへ。ラッシュ試写、編集。編集室に入って、元気を取り戻す。ここですべてを創造し、補足し、修正し、建て直さなければならないという緊張感に身がひきしまる思い。

三月三十一日(木)

一日じゅう、ジュリー・クリスティとアフレコ。思っていたとおり、すべて順調にいく。リンダの役で出るシーンを数時間で終え、クラリスの役のほうにもかかることができた。ジュリー・クリスティの声はうっとりするくらいすばらしい。早口だが、けっして声がこもらず、一語一語はっきりと聞き取れる。ときとしてフランソワーズ・ドルレアックを想わせるハスキーな声の抑揚も魅力的だ。

四月一日（金）

パインウッド撮影所の隣のブラック・パークで、映画のラスト・シーン——「書物人間《ブック・ピープル》」の森のシーン——にとりかかる。

オスカー・ウェルナーが、こんどは髪を短く刈って、ほとんど坊主頭で現われた。床屋に行って眠ってしまい、気がついたときには手遅れだったというのだ。しかし、じつはこれは理屈に合わないばかげた話だ。というのも、オスカー・ウェルナーにはこの映画のためにバジルという専門の結髪とメーキャップの係が付いていて、撮影の初日から、つねに一定の髪型を保つように毎日細心に刈りこんでくれているはずなのである。だから、わざわざ外に出て床屋に行く理由はまったくないのである！　謎である。しかも、弁解などしなければいいのに、嘘をつく。頭を刈ってもひねってもわからない暗黒事件だ。わたしに対するいやがらせだと言う人もいた。そうかもしれない。いや、そうにちがいない。しかし、いずれにせよ、坊主刈りのオスカーは醜い。ハリウッド気取りの男性スターが自分のマイナスになるようなことしかできないのだから、もうどうしようもない。

四月二日（土）

ＢＦＩのジャン・ルノワール特集回顧上映の最終日は『コルドリエ博士の遺言』（一九五九）である。ジャン＝ルイ・バローがジキル博士とハイド氏を演じるのだが、この伝説的な二重人格をこれほど荒唐無稽な狂気にみちた人物に描いた映画はなかった。コルドリエ博士を裏返したハイド氏／オパールは、とてもジャン＝ルイ・バロー本人とは思えないおそろしい形相のメーキャップで、『素晴しき放浪者』（一九三二）のミシェル・シモンや『小間使の日記』のバージェス・メレディスさながらの、あの踊り狂ったような動きを見せて、街の通行人たちに襲いかかる。

自分の考えだした人物に生命を吹きこみ、ふつうの人間なみに歩かせずにすべるように走らせたり、想像を絶する身体の動きをさせたり、意味もなく人間を襲うといった気狂いじみた暴力をふるわせること――それこそ芸術家の夢であり、映画作家の夢だ。『コルドリエ博士』はこの無謀な夢を実現してみせてくれた映画だ。たとえば『草の上の昼食』（一九五九）がこんな（この推理には誓ってもいいくらい確信があるのだが）デタラメで単純な視覚的アイデアから生まれたにちがいないのと同じように――おや、ピクニックにやって来た女たちのスカートが突風でめくれて大騒ぎだ。こいつを映画に撮ったら、きっとおもしろいぞ！

四月三日（日）

いっしょに仕事をしている俳優が好きになると、監督はすべてを尽くして最高のものをひきだし、また最高のものをあたえたいと思う。結果としては、俳優の演じる人物を豊かにふくらませることになる。こうして、俳優も監督も得をし、映画も豊かなものになる。『華氏４５１』にもそんなふうに豊かにふくらんでいくものがあるはずだった。しかし、わたしがオスカー・ウェルナーに対する興味を一切失ってしまった以上、もはやその可能性はまったくなくなった。小さなディテールのふくらみのない映画になるだろうが、それはそれでしかたがない。たとえば、モンタージュが夜なかにこっそり起きて初めて本を読むシーンでは、こんなちょっとしたことも考えられよう——フランス装の本を一冊取って読もうとするが、ページごとに裁ち割られていないので、めくれない。なぜそんなふうになっているのか、彼にはまったくわからない。この小さなパントマイムに対する演出の指示としては、たとえば、猿が書類入れを見つけたとしたらどうだろう、というようなことだけでもいいだろう。気の合った俳優ならそれだけですばらしい身振りを生みだしてくれるにちがいない。しかし、この種の即興や思いつきはすべてあきらめることにしたのである。「なんのためにそんなことをやるのか？」とか、「どこにそれを置けばいいのか？」とか、「なぜ猿みたいなまねをしなければならないのか？」とか、「小説ではなくて詩集を読んではいけないのか？」

とか、そういったばかげた質問をされることがわかりきっているし、とてもいちいち答えてはいられないからだ。

四月四日（月）

一日じゅう、ブラック・パーク――「書物人間《ブック・ピープル》」の森である。木立の下に、古びて錆びついている線路と廃車になった列車の車輛。天気がわるく、車輛のなかの撮影だけ。

森のなかに逃げこんだモンターグを迎える「書物人間《ブック・マン》」は、スタンダールの「アンリ・ブリュラールの生涯」。この役には黒い髪の俳優をえらんだ。映画のなかに出てくる初めての黒い髪の男優だ。アレックス・スコットという俳優だが、ちょっとシャンソン歌手のジャン・フェラに似ており、『突然炎のごとく』でジムの役をやったアンリ・セールのようにたんたんと律儀に演じ、こころもち重い感じはあるものの、わるくはない。かなりあがっていたようだが、いい感じなので、これでいけると思う。オスカー・ウェルナーのほうは、金曜日以来ほとんど髪の毛が伸びていないので、クローズアップを避ける。

夕方、先週の金曜日に撮った分のラッシュを見る。「書物人間」の森の最初の撮影分だが、こんなはずではなかった。手抜きの撮影シーンでなかったはずだが、あまりのひどさに啞然とする。エキストラが多すぎて、森が混雑し、賑わっているようにみえるのだ。しかも、足取りも重く悲しげにうろつく老人とハンドバッグをしっかり持って手放そうとしない婦人ばかりが目立ちすぎる。このシーンの冒頭のところはすべて撮り直しが必要だ。

映画のラストなので、目をつむるには大事すぎるシーンなのである。

いくつか決定事項として覚え書きのように記してだすことにする。

㈠エキストラは木かげや葉かげに配するようにする。
㈡老人はなるべく遠くの目立たぬところに。
㈢女性にはハンドバッグを持たせない。
㈣近くにいる者には、のこぎりで木を挽くとか火をおこすとか、何らかの動きをつける。

非現実的なシーンにとりかかる場合はいつもそうするのだが、ここも否定的に消去法でいくことにする。すなわち、この「書物人間」の野営地は亡命者の隠れ場所を想起させてもならないし、「地中海クラブ」の観光客の集いになってもいけないし、工事現場みたいになってもならない。悲しい光景でもなく陽気な雰囲気でもなく、詩的な情景でもなく猥雑なムードでもない、等々。

四月五日（火）

オスカー・ウェルナーが風邪で寝こんでしまい、撮影ができない。髪を短く刈りすぎたせいで、風邪などひいたのである。なにしろ、このひどい寒さだ。セットで、本が燃えるアップのインサート・カットを撮る。この映画のなかで本を燃やすシーンは三回あり、そのたびにキャメラは燃え上がる本の何冊かに寄っていく。最後の焚書のシーン（モンターグの家を消防隊が襲い、モンターグがみずから自分の蔵書を焼く）では、ドストエフスキーの「カラマーゾフの兄弟」、ナボコフの「ロリータ」、ジェイムズ・ハドリー・チェイスの「ミス・ブランディッシの蘭」のページを大写しにし、キャメラが活字を追って見せていくところを炎がなめていくというようにした。ディドロの「修道女」も燃やしたかったのだが、残念ながら本が手に入らない。友人のジ友人のジャック・リヴェットがこの小説を映画化したが、公序良俗を害するという情報大臣の一と言で公開禁止になった。シュザンヌ・シフマンが映画『修道女』（一九六六）のアンナ・カリーナの写真が表紙になっている雑誌を見つけてきてくれたので、それを燃やすことにした。

その他、消防隊長の拳銃、モンターグの火炎放射器などのインサート・カットを撮る。昨日分のラッシュは良好。夜はわが令嬢ジュリーとアフレコのたのしいひととき。

四月六日（水）

ブラック・パーク。天気はやや回復。オスカー・ウェルナーは相変わらず風邪で、撮影準備が完全に整ってすぐ本番にかかれるときにだけ顔をだすという条件で撮影に応じてくれることになった。金曜日分の最悪のカット——モンタージュが「書物人間《ブック・ピープル》」の森に到着するところ——から撮り直しをはじめる。エキストラの数は思いきって少くした。「書物人間」の車輛のなかでテレビを見るのは息苦しい感じがするかもしれないと思ったが（ブラッドベリの原作では外で焚き火にあたりながらポータブル・テレビを見るのである）、これは物語の展開上必要なので、やむを得ない。この車輛のなかのシーンの終わりで、「書物人間」の「アンリ・ブリュラールの生涯」は消防隊員の制服のモンタージュに普段着を渡して言う——「さあ、その古い殻をぬぎ捨てたほうがいいでしょう」。

キャメラが窓のほうへパンすると、外では一人の男がトランシーバーを持って、湖水の対岸の女性からルイス・キャロルの詩の一篇を教わりながら復唱している——「お月さまはすねて照っていた……なぜってひるまが終わったあとで……お日さまにまだ仕事があろう……そんな道理《どうり》はなかったからな——……『あの人とっても失礼《しつれい》だわ……あたしのたのしみじゃまするなんて！』……」。

当然ながら、トランシーバーによる一対一のコミュニケーションのほうが、テレビをしのいで、「書物人間」を外界＝現代社会に結びつけるものでなければならないのである。

雨のため、何度も撮影が中断される。このぶんでは復活祭の前に、ということは明日の晩までに、全日程を終えられるかどうか、あやしくなってきた。

四月七日（木）

悪天候がつづく。どしゃ降りの雨で、ブラック・パークに行くことさえ無理だ。撮影所のセットのなかで、さらにいくつかのインサート・カットを撮る。火炎放射器から炎が放射されるカット、テレビ受像機が炎に包まれて爆発するカット（そのために必要な壁の一部を残してあった）、それからまた、本に石油を注いで燃やすところを数カット。これらはすべて念押しのカットで、天気がよかったら当然ロケーションに出かけていただろうから、あえて撮りはしなかっただろう。言ってみれば、気休めにしかすぎないのである。

明日は聖金曜日なので、来週の月曜日までは復活祭の休暇で、撮影は火曜日からになる。天気さえよければ撮影終了《クランクアップ》まであと二日、でなければどうしても来週いっぱいはかかりそうだ。

いずれにしても、オスカー・ウェルナーとジュリー・クリスティは一週間後の四月十五日にはハリウッドに向かうことになっている。オスカー・ウェルナーは『愚か者の船』で、ジュリー・クリスティは『ダーリング』で、それぞれアカデミー主演男優賞、主演女優賞にノミネートされているからである。二つのオスカーが待っているか、一つか、それともゼロか。

すでに、スタッフの何人かはこのあとすぐ撮影に入る他の映画、主としてガイ・ハミルトン監督『パーマーの危機脱出』（一九六六）のために、去って行った。残った連中はこれから仕事さがしで、ミケランジェロ・アントニオーニに紹介してほしいとたのんで来た者もいたが、それはわたしの力の範囲を超えている。『華氏451』の技術スタッフのなかでいちばんのインテリだったフォーカス送り担当の撮影助手のケヴィン・カヴァナーは、このあと、『怪人フーマンチュー連続美女誘拐事件』というイギリスお得意の怪奇映画の台詞を書くことになっている。撮影監督のニック（ニコラス・ローグ）もすでに彼自身がキャメラを担当したある映画のシナリオを書いたことがあり、その映画の台詞もケヴィン・カヴァナーが――撮影の進行と同時に、しかもキャメラ助手のセカンドをつとめながら――書いたということだった。わたしはきわめて創造的な撮影チームに恵まれたのである。ニック・ローグの映像は『華氏451』のなかでも最もプラス面の一つだ。ニックは来年はみずから監督として映画を一本つくる予定だ。

四月八日（金）／九日（土）／十日（日）
フランスで復活祭を迎える。撮影は休み。家でゆっくり骨休みをする。復活祭の休暇を終えて、ふたたびロンドンに向かう。飛行機のなかで、アラン・ボスケがサルバドール・ダリにインタビューした「ダリとの対話」というすばらしい本を読む。なかにこんなケッサクなやりとりがあった。

ボスケ　科学に関して何か付け加えることがありますか？
ダリ　サイバネティックスというやつがあるね。『アルファヴィル』という映画をつくったジャン＝リュック・ゴダールという監督なんかにとって、それは強迫観念になっているらしい。
ボスケ　ゴダールはたしかにある種の才能がある若者ですが、ばかげていますよ。
ダリ　マルセル・デュシャンが言うには、あれはここ数十年来の最も注目すべき映画だということだよ。
ボスケ　しかし、マルセル・デュシャンてのは……
ダリ　あんたの意見なんかより、デュシャンの意見のほうがわたしには興味があるね。
ボスケ　でしょうな。まあ、サイバネティックスの話をすることにしましょう。

四月十二日（火）

午前八時半、ブラック・パークに全員集合。曇天だが、雨の気配はない。モンターグを迎えた「アンリ・ブリュラールの生涯」が森のなかを案内するシーンの移動撮影。ここはすでに十二日前にテストを終えて準備してあったのだが、何度か本番に入ろうとしては、そのつど雨にたたられて撮りそこねていたシーンだ。

モンターグは何人かの「書物人間《ブック・ピープル》」に出会う。みな、同じように、書物の題名と作者名を言って自己紹介する。わたしはチャールズ・ディケンズの「ピクウィック・ペイパーズ」です、わたしはジャン＝ポール・サルトルの「ユダヤ人」です、わたしはレイ・ブラッドベリの「火星年代記」です、等々。ジェーン・オースティンの「高慢と偏見」には双生児《ふたご》の兄弟を起用した。兄弟は、ジェーン・オースティンの「高慢と偏見」ですと自己紹介する。そこでモンターグが「お二人とも同じ本なのですか」ときくと、二人は「兄が上巻、弟が下巻です」と答えるというギャグがあるのだが、じつはこの本をえらぶのにはかなり躊躇した。ジェーン・オースティンの小説が二分冊で出版されたためしはないことを指摘してあげつらう教養ある批評家がきっと出てきて、これはほんの冗談なのだから、などと言っても通用しないおそれがあったからだ。そこで、先手を打って、映画のなかでは、そのすぐあと「アンリ・ブリュラールの生涯」がモンターグにそっとこうささやくようにしてみたのである――「わたししたちは兄のほうを〝高慢〟、弟のほうを〝偏見〟とよんでいるのですよ。二人ともこの呼び名があまり気に入ってはいないようですけどね」。

たいしたシャレにもなっていないが、この程度のおふざけでもないと、この書物人間の森全体が深刻で重々しすぎるシーンになりかねない。

オスカーもジュリーも、土曜日にはハリウッドに出発しなければならないので（アカデミー賞の発表と授賞式が月曜日におこなわれるのだ）、撮影を早く終わらせたがっているのだが、天気のほうがままならず、ついに空一面真っ暗になってしまい、午後四時に撮影を中止せざるを得なかった。今週いっぱいでなんとか上げられると思う

兄は高慢、弟は偏見……うしろ姿は「アンリ・ブリュラールの生涯」とモンターグ

けれども、いずれにせよ、それは、いまや、至上命令になったのだ。最初から最後まで、この映画はこんな調子で、いつものっぴきならぬ状態で追い立てられるようにして撮影されてきた。ワンカットずつ撮り上げ、積み重ねてきたというよりは、むしろワンカットずつむしりとられてきたようなものだ。

四月十三日（水）

きょうも朝から暗雲が垂れこめていたが、午前十一時ごろになってやっと空が明るくなってきたところで、「アンリ・ブリュラールの生涯」がモンタージュを案内して「書物人間」の森のなかを歩くシーンをなんとか十一カット撮ることができた。いつかプラトンの「国家」を読んでみませんか、ときかれて、モンタージュは「ええ……certainly《もちろん》」と答える。「certainly《もちろん》」という快い返事を裏切るような気のない、あいまいな「ええ……」のニュアンス。一人の女性が、「わたしがプラトンの『国家』です。お望みのときにはいつでもそらんじてあげます」と言う。オスカー・ウェルナーはくそまじめに一本調子で演じ、かんじんの「ええ……」と言いよどむあいまいなニュアンスを発音できない。わたしはくりかえし、この「ええ……」の意味を説明した。ところが、つぎの本番《テイク》では、あっさり「ええ……」を飛ばして、誇らかに「certainly《もちろん》」とやる始末。首の骨でもへし折ってやるべきか。やむを得ず、プラトンの「国家」の女性の寄りのカットを撮る。これで、もしかしたらモンタージュの「certainly《もちろん》」をカットすることができるかもしれない。最も愚劣で素人臭い俳優にかぎって、やたらに自分を他人より利口に見せようとする。わたしの好きな俳優たちはみな好んでばかみたいな恰好をしてみせる。ミシェル・シモン、ジャン＝ポール・ベルモンド、アルベール・レミー、ジャン＝ピエール・レオー、ミシェル・ピッコリ、ジャン・ヤンヌ、そしてほとんどのイタリアの俳優たち、マルチェロ・マストロヤンニ、ヴィットリオ・ガスマン、アルベルト・ソルディ、ウーゴ・トニャッツィ……。彼らこそ真のプロの俳優だ。オスカー・ウェルナーのばかげたお利口さんぶりをできるだけ消し去って甘いハッピーエンドから映画を救うために、わたしは、この映画の最初の男（ジェレミー・スペンサー）とイヴならぬクラリスとの出会いをワンカット、即興でひねりだす。男がりんごをかじっているところへ、クラリスがやって来て、彼のりんごをとり、ひと口かじって返すのである。そして、クラリスとモンタージュが再会する瞬間をなるべく遅らせるために、多少間がのびても森のシーンの出来事の順序なども変えることにした。

ラスト・シーンでは、書物人間たちが各自、詩や小説や伝記などを暗誦しながら歩きまわる。わたしは、中国人（男）、スペイン人（女）、ドイツ人（女）、ギリシャ人（男）、日本人（男）、ロシア人（男）、ノルウェー人（男）、イタリア人（男）を各一名ずつ起用した。各自、それぞれの国語でいろいろな文章を読みながら歩きまわることになる。明日はこのシーンを撮り上げて、オスカー・ウェルナーとジュリー・クリスティを解放してやらなければならない。このラスト・シーンをどう撮るべきか、じつはまだ何のアイデアもない。今夜だけは神に祈りたい気持ちだ——明日は晴れてくれますように。そして朝までにいい考えが浮かびますように。

四月十四日（木）

朝、六時に起きてみると、ヒルトン・ホテルの二十五階の窓から、ロンドンじゅう

書物人間が各自、暗誦しながら行き交うラスト・シーン

に雪が降りしきっているのが見えた。深く積もり、なおしつこく降りつづけている。ブラック・パークも真っ白だった！　それでも撮影を決行することにし、雪に合わせてイメージを急きょ組み立てることにする。湖水のほとりに大きな板を敷いて足場をこしらえ、二、三か所に火をたき、正午には撮影にかかれる準備を整える。このラスト・シーンは長回しのワンカット撮影でいくことにした。静かな森のなかの湖水のほとりに雪が降りしきっている。クラリスが奥のほうから現われ、サン＝シモンの「回想録」の冒頭をフランス語で暗誦しながら歩いてきて、他の書物人間たちとすれちがう。さまざまな言語で、さまざまな書物をそらんじながら歩く人たち。ロシア語、ドイツ語、等々がいりまじる。モンタークとクラリスがいっしょになり、ならんで歩く。モンタークは一冊の本を手にして一所懸命暗誦している――「私がこれから語ろうとするのは、一つの恐怖にみちた物語である……」。

静かに平和に雪が降りしきる湖水のほとりを、何人もの書物人間が各々の書物をそらんじながら歩き、すれちがう。これが、なんとか雪に合わせて即興でひねりだしたこの映画のラスト・シーンだ。

どんな出来上がりになるか、早くラッシュが見たいと思う。このシーンのために急きょかき集めた外国人の何人かがこの雪のなかであまりにもみじめな様子をしているのがちょっと気にはかかるのだけれども――実際、「寒い、寒い」と身振り、手振りをしてみせる者もいた。

二十五人もの「書物人間」がキャメラの前を何度もとおりすぎる。それをキャメラが三百度パンで追いつづけるのだ。とても全員に注意してはいられない。

撮影終了後、パインウッド撮影所のわたしの控室《オフィス》で、ジュリー・クリスティの誕生日（二十六回目だった）と彼女の出番を終えての打ち上げを兼ねて、ささやかなお祝いの即席パーティー。オスカー・ウェルナーとは対照的に、ジュリーはスタッフのみんなから愛された。友だちも多く、しょっちゅう撮影見学にやって来た。そのつど、ジュリーはわたしに許可をたのみに来た。最後のとき、わたしは彼女に言った——「こんなにたくさんの友だちがいるなんて、すばらしいことだ」。

「それにしても……オスカーには全然友だちがこないのは奇妙だ」と言うと、「ここはオーストリアじゃないんですもの」とジュリーはやさしく微笑んで、オーストリア人のオスカー・ウェルナーに対するわたしの少々子供っぽい悪意にみちた嫌味をいさめてくれたものだった。

四月十五日（金）

雪がとけはじめ、ブラック・パークはぬかるみで撮影がまったく不可能になった。森のなかの「書物人間」にズーム・アップするカットがまだ五つ六つ残っているのだが、太陽が出ないと撮れないので、この一連のカットの撮影は後日まわしにする。

撮影所で、「飛行人間」が空を飛ぶところを撮影。ブルーの背景に四人の飛行人間が透明なピアノ線で天井から吊り下げられたまま、飛んでいく恰好をする。やっている本人たちはつらそうで気の毒だが、なんだか滑稽で見ていられない。いずれにせよ、あとは、ヘリコプターで撮った風景との合成で、これは専門の技術者にゆだねるしかない。

「飛行人間」が逃走中のモンタージュをさがす追跡シーンでは、小舟のなかで防水布をかぶって身を隠すオスカー・ウェルナーのアップが一つ欠けていたので、その撮影のためにステージに小舟を用意してもらい、照明の準備もできた。そこで、オスカー・ウェルナーをよびにやったところ、たまたまヘレン・スコット女史のがまん強い英語指導のもとにアフレコの最中だった。それを待って撮影すると言ったのだが、やれプロデューサーのルイス・M・アレンをよべ、今週分の小切手をすぐ持ってこなければ撮影に応じられないとオスカーは大声でどなったきり出てこないというのだ。やむを得ず、代役を使って顔はうつさずに、防水布をひっぱる手と頭だけのアップを撮る。オスカー・ウェルナーとの仕事はこんな無残なしめくくりで終わった。このあと彼がハリウッドに出発するまで会うことはないだろうし、こんないやな男にはもう二度と会いたくないと思う。

四月十六日（土）

映画は完全に終わったわけではないが、十三週の撮影期間を終えて、契約が切れたのでスタッフは解散。あとは必要な技術スタッフだけを一日ごとに雇ってやるしかない。来週の木曜、金曜、土曜の三日間でなんとかしなければならない。撮り残し分は以下のとおり。

㈠モンタージュの家の表の三カット。ここはモンタージュの主観と見た目で移動撮影。
㈡テレビ・アンテナ（このイメージは映画のなかの二箇所で別々に使う）。
㈢ハイウェイおよび緑に囲まれた郊外を消防自動車が疾走するところ。
㈣ブラック・パークで「書物人間」の何人かにズームで寄るカット。

昨日見た雪のなかのラスト・シーンのラッシュは可もなく不可もなしといったところ。このシーンは長回しのワンカット撮影で、本番を数回《テイク》撮ってあるので、各回《テイク》分からいいところをピックアップしてうまく全体を編集し直したいと思うが（ワンカット撮影の効果がねらいではないから、何カットになってもいい）、しかしなかなかいいアイデアが浮かばない。

「私がこれから語ろうとするのは、一つの恐怖にみちた物語である。もしこれが事実の記録よりも、感覚の記録でなかったら、やめてしまいたいところだ」——これはボードレール訳によるエドガー・アラン・ポオの「新不思議物語」のなかの一文で、映画のラスト・シーンで画面の手前を横切っていくときのオスカー・ウェルナーに読ませるために引用したのだが、どの英語版にもこれに相当する文章がないのである。フランス語版では「ベレニス」と題された物語の冒頭の第二節にあたる。ボードレールの翻訳はポオの加筆も削除も全部とり入れた独特の混合体で、その結果、ポオのどの原語版にもない文章が入っているということがわかった。というわけで、ここはエドガー・アラン・ポオの原文のかわりに、ボードレールのフランス語訳をヘレン・スコット女史がさらに英訳したものをモンタージュが読むことになった次第だ！

四月十九日（火）

アカデミー賞の結果が発表される。ジュリーは見事に『ダーリング』で主演女優賞を獲得。オスカーは、残念ながら、『キャット・バルー』（エリオット・シルヴァースタイン監督、一九六五）のリー・マーヴィンにオスカーをさらわれた。

四月二十日（水）

編集の手直しをするために、シュザンヌ・シフマンおよび編集担当のトム・ノーブルとともに、一日じゅう、映画の六巻分をチェック試写。編集ラッシュは撮影中からシーンを撮り終えるごとにカットをえらんでだいたいの編集をしておいたものだが、これからは最初のそうした無我夢中でつないだ段階を越えて本格的な編集の作業にかからなければならない。このままの状態では映画として見られないというほどではないにしても（もちろん自分の撮った映画をそんなふうには絶対思いたくない）、しかしこの映画のいくたの欠点がすでにわかりすぎるくらいわかっているので、手直しのできるところは部分的にでも手直しをして映画全体を救いたいのである。映画のなかでいちばんうまくいっているのは全体の構成だ。シーンのつながりはスムーズにいっているので、シーンそのものを動かすことはほとんど不可能だ。ただ、撮影前にカットしたワンシーンが思いのほか大きな穴になってしまい、その穴埋めのために、未使用のカットをあちこちからかき集めて、編集でワンシーンつくりださなければならなかった。

レイ・ブラッドベリは、『華氏４５１』の映画化にさいして、全権をわたしにゆだねてくれた。原作をどのように改変してもいいとすら言ってくれた。ブラッドベリ自身、この小説を舞台劇にしようとしたことがあり、脚色のむずかしさをよく知っていた。十週間から十二週間かけて、ジャン゠ルイ・リシャールとわたしは映画のためのプロットを構成した。一九六三年の初めに台本が出来上がったが、それから何度も手を入れ、できるだけ物語を圧縮して映画全体を一時間五十分の長さにおさめ、製作費の見積もりを低くおさえるように気をくばりながら手直しをつづけた。『華氏４５１』

はややまとまりのない映画にはなろうが（とくに英語版で撮らざるを得なかったので言葉のうえでの緊密さを欠いてしまったにちがいない）、それでも異常な物語という点ではそれなりにまとまりのあるものになっているだろうと思う。しかし、そうも安心してはいられないかもしれない。というのも、ルネ・クレマンが、ある雑誌のインタビューで「トリュフォーの映画は一作ごとに質が落ちてきている」と断じているからである。映画の主題をよくえらばずに何でも身のほど知らずに撮るからということらしい。では、『パリは燃えているか』（一九六六）を撮るべきだったというのだろうか。たしかに、わたしはプロデューサーのポール・グレッツから『パリは燃えているか』の演出を依頼されたけれども、ことわったのである。そのあとルネ・クレマンが演出をひきうけた。だからといって、わたしに対するあてこすりが正当なものとは思えない。正直言って、わたしは、アラン・ドロン参謀将校がジャン＝ポール・ベルモンド将軍にオーソン・ウェルズ軍曹と連絡をとるように電話し、ただちに食糧券を入手してゲシュタポ長官イヴ・モンタンの副官である独軍のパリ占領軍司令官ゲルト・フレーベの姪でありながら対独抵抗運動をつづける女闘士レスリー・キャロンにあたえるように指示する、等々といった、つぎつぎに大物スターが顔見せするというだけが売りもののばかばかしい冒険の数々を撮る気にはとてもなれなかったのである。

それから三か月もたたないうちに、わたしはある女性プロデューサーからプルーストの「失われた時を求めて」の映画化の話をもちかけられた。わたしは彼女に、プルーストは、レモンのようにしぼりさえすれば簡単に味も香りもいい汁が出るような代物ではないこと、それだけはどんな映画監督も知っていることであり、だからこの映画化はまず不可能であろうこと、それでもプルーストの映画化をひきうける監督がいたら、それは文学も映画も平然とぶった切る厚顔無恥な屠殺人だと言って、おことわりした。ところが、それから数週間後には、この女性プロデューサーは、信じがたいことに、このおそるべき厚顔無恥な屠殺人を見つけたのである！　ルネ・クレマンである。

『華氏４５１』では、プルーストは燃えているか？

答えは否だが、もうすぐ現実に、プルーストは焼き殺されてしまうだろう。

四月二十一日（木）

やっと太陽が出て、一日じゅう快晴。

ブラック・パークで、サルトルの「ユダヤ人」、バイロンの「海賊」、ジョン・バニヤンの「天路歴程」、ベケットの「ゴドーを待ちながら」、ルイス・キャロルの「不思議の国のアリス」らの「書物人間」に一人ずつズーム・アップするカットの撮影。湖水の向こう岸のテントでは、老いて死を迎えつつあるロバート・ルイス・スティーヴ

プルーストは燃えているか？　炎のなかにフランソワ・トリュフォー

ンソンの「バラントレイ家の世嗣」が、瀕死の床で、彼の後を継ぐ幼い甥に口伝えで教えている。

甥の少年はつかえ、つかえ、暗誦する。やがて少年は老人に代わって「バラントレイ家の世嗣」になるのだ。

このシーンは思いつきで撮ったのだが、少年がまるで教室で先生に暗誦をせまられた生徒のように何度もつかえてまちがえるという、子供ならではの真実を見せてくれたおかげで、いささかもお涙頂戴のメロドラマ調におちいらずにすんだ。このすぐあとに雪のラスト・シーンがくるので、ここは雪を暗示する言葉がほしいと思った。というわけで、またまた、にせのエドガー・アラン・ポオについで、ここもにせの「バラントレイ家の世嗣」の引用をすることになった――「父は他の何よりも死を恐れていました。そして、みずから感じていたとおりに、冬の初雪が降るころに、死んでいったのです……」。

これは、じつは、同じスティーヴンソンの未完の小説「ウィア・オヴ・ハーミストン」からの引用だ。ヘレン・スコット女史がこのくだりを見つけてくれたのである。

きょうは、十六カット。すべてうまくいったと思う。これまでの撮影で最高の日だった。小編成のスタッフ、リラックスした雰囲気、快晴、思いがけないすばらしさを秘めた俳優たち、何もかも最高だったと思う。

四月二十二日（金）

きょうはあまりついてなかった。パインウッド撮影所の屋根で撮ったテレビ・アンテナの三カットのみで、雨のため、撮影中止。走る消防自動車をタイトル・バックにするというアイデアもあったが、消防自動車は唐突に冒頭からださずに、ファースト・シーンのあとにもってくるようにした。そして、テレビ・アンテナにズーム・アップするカットを重ねて、そこにクレジット・タイトルを流すようにした。ただし、書物が禁じられたこの映画の世界には書かれた文字が一切公けには出てこないので、タイトルも文字ではなく、すべて読み上げられることになる。

このタイトル撮りはあとまわしにして、モンターグの家の表の撮り残しの三カットを急いで撮ることにしたが、またも雨のためにわずかワンカットしか撮れなかった。それでも、そのワンカットのために、消防自動車と七人の消防隊員を動員。もちろん消防隊員は顔が見えないように背中だけ。モンターグ役のオスカー・ウェルナーも、隊長役のシリル・キューサックも、フェビアン役のアントン・ディフリングも、もういないからである。

クランクアップ。別れ。こんどこそ、スタッフ全員が本当に散り散りになる。シュザンヌ・シフマンは彼女の子供たちに会いにパリに帰る。助監督という以上に真の補佐役として、彼女はわたしの力になってくれた。彼女の助けがなかったら、ここまでくることができたかどうかわからないくらいだ。きつい撮影だった。わたしがこれまで撮った三本の映画よりもずっとむずかしく、つらい仕事だった。しかし、それも、あとは、モンタージュの家の表のカットをいくつか撮ることとタイトル撮りを残すだけになった。タイトル撮りのほうは撮影所の屋根にしつらえたままのテレビ・アンテナをもう数カット撮るだけである。

四月二十八日（木）

控えのキャメラマンの手を借りて、モンタージュの家の表の数カットを急きょ撮影。消防自動車が到着して、消防隊員たちが降りるところの数カットである。このなかから二カットか三カット使えるだろう。ついで、撮影所の屋根で、二十五倍のズーム・レンズを使って、急速に、あるいはゆるやかに、テレビ・アンテナに寄っていくカットをかなりしつこく撮影し、メイン・タイトル撮りを終える。これで、やっと本当に、すべての撮影が終了したことになる。

四月二十九日（金）

映画全体を、初めて、通しで映写して見る。突如として、想像していたほど映画の構成がしっかりしていないように思えてきた。リンダが夫のモンタージュを密告する

――わたしはここで腕時計を見た。八時十分前。ここから一気に終局に向かわねばならない。ところが、映写が終わって試写室が明るくなったときは、八時十五分すぎだった！　終わりを予告するシチュエーションからエンド・マークが出るまでに、二十五分間もある。

思うに、この映画には二つの結末があるのだ。第一の結末は、モンタージュが隊長を焼き殺すところ。しかし、そこからまた、なんとなく――ということは切迫した感じがあまりない――追跡がはじまり、このうわべだけの追跡シーンのあと、「書物人間《あたま》」の森のシーンになる。この森のシーンを生かすために、追跡シーン全体を最初からバラし、ほんのつなぎの数カットだけを残して、あとは書物人間の森の車輌のなかで見るテレビの画面にうつるモンタージュの身代わりの処刑シーンにすべてを語らせることにしよう。

ともかく、全体の構成がややぎくしゃくしてはいるものの、最終的にこのままでいくことにし、シーンをまるまる捨てたり大幅に動かしたりしないことにした。ただ、一時間五十八分の長さを、部分的にカットを短くすることで、一時間五十分にまで縮めたいと思う――それがこれからの編集作業になる。友人のジャン・オーレルに映画を見てもらえないのが、本当に残念だ。『突然炎のごとく』のときも、『柔らかい肌』のときも、編集にはジャン・オーレルの手を借りたものだ。古いニュース・フィルムから構成した記録映画『14―18／第一次世界大戦秘話』（一九六三）でその見事な編集の手腕を見せたジャン・オーレルは、その仮借なき明晰さによって、まだ完成していない、ということはまだ手直しが可能な仕事に対する最良の批評家なのである。ほとんどの仕事は本当に苦しく、自信がなかったので、どうしてもジャン・オーレルに見てもらいたいと思い、映画が完全に仕上がるまでは他のだれにも見せないことにした。『アメリカの裏窓』（一九五九）や『かくも重き心』（一九六二）をつくったプロデューサーのピエール・ブロンベルジェと監督兼キャメラマンのフランソワ・レシャンバックは、まず三十人の人間に見せて、その一人一人の意見を聞き、それらの意見を多かれ少なかれヒントにして仕上げるというやりかたをしている。そしてそれが一般にいちばん効果的な編集の方法だと言われているが、わたしはそんな民主主義的なブロンベルジェ／レシャンバック方式には絶対反対なのである。

五月三日（火）

五月になった。パインウッド撮影所では、チャップリンが『伯爵夫人』の撮影を終えてダビング中（一九六六完成）。ジョン・ヒューストンが『007／カジノ・ロワイヤル』（一九六七完成）を撮っているが、ただしデヴィッド・ニヴンが出るシーンだけの演出である（そのためにだけヒューストンはこの映画によばれたらしいのだが、あとの部分の演出もケン・ヒューズ、ロバート・パリッシュら数人の監督が分担しているとのこと)。
映画が編集段階に入ると、のびのびと自由な気分を味わうことができる。もうスタッフや俳優たちにわずらわされることもない。映画が終わる前に主役が事故にでも遭ったらどうしようなどと心配する必要はないのだ。俳優たちが麻薬中毒になろうが、スキーに行って脚の骨を折ろうが、自殺しようが、もう知ったことじゃない。彼らの役目は終わり、わたしの手には彼らの存在を大きくふくらませてフィルムに定着した何百もの小さな映像が残されているのだ。これらの映像を、わたしはコツコツと自分の仕事にいそしむ職人のように静かに、心安らかに、切りきざみ、つなぎ合わせ、まとめ上げ、整理する。

これらの俳優たちはたぶん、すでに他の映画に出演しているか、あるいはゆっくり休みをとっていることだろう。いずれにせよ、もう『華氏451』の撮影のことなど彼らの頭のなかからは消え去ってしまっているであろうことだけは確かだ。だが、わたしの眼前では、編集機《ムビオラ》にスローモーションで、日々、撮影がまた甦ってくる。こうしてわたしはもう一度映画の撮影を体験することになる——おや、彼女、いやにはれぼったい顔をしているな……そうそう、あれは彼女が寝不足で出て来た日だった……トトのやつ、二日酔いで、せりふをつかえてばかりいるな……あ、公園のあの女は金歯をしてる……しまった、電話交換手がプラグを差しこむときブラジャーがのぞいて見えてるぞ……等々。

編集機《ムビオラ》ほど俳優たちの状態《コンディション》をよく伝えてくれるものはない。俳優たちがどんなに親しい相手に告白するよりもはっきりと真実を明かしてくれるのである。その日は幸福だったか不幸だったか、男と寝たかどうか、生理日だったか。

これまでわたしが見た三千本にあまる映画のなかで最も美しく感動的なカット──それは『雨に唄えば』のなかのワンカットだ。

映画のなかほどで、ジーン・ケリーとドナルド・オコナーとデビー・レイノルズは、彼らの映画の夢が挫折し、がっかりするのだが、やがてまた、いいアイデアが浮かび、生きる力を取り戻し、アパートのなかで歌い踊りまくる。「グッド・モーニング」のナンバーである。

最後は、三人が長椅子の上に跳び乗り、曲芸のような軽快な動きを見せて三人ならんで長椅子にすわりこむ。長椅子の上に跳び上がって、それからふわっと落ちるようにすわりこむとき、一瞬、デビー・レイノルズのかわいいピンク色のプリーツのスカートが膝の上でめくれ上がる。そのほんの一瞬、デビー・レイノルズの手が、すばやく、下着が見えないようにスカートの裾をしっかりひきおろすのである。それは目にもとまらぬすばやい手の動きだが、美しい。なぜなら、そこには、話をするかわりに

上／下：『雨に唄えば』左からドナルド・オコナー、デビー・レイノルズ、ジーン・ケリー

上／下：『雨に唄えば』左からドナルド・オコナー、デビー・レイノルズ、ジーン・ケリー

唄を歌い、歩くかわりに踊るという、ミュージカル・コメディーならではのきまりきった映画的な法則のきわみとともに、ひとりの若い娘がはしたなく下着などを見せてはならないという気遣いから見せた小さな動きが期せずして出ているという、真実のきわみが見られるからである。

そういったすべてが、ほんの一瞬、十五年前にただ一度起こったというだけのことである。その小さなすばやい手の動きは一秒にも充たないだろう。だが、それは、リュミエールによってとらえられたシオタ駅の列車の到着と同じように決定的にフィルムに焼き付けられているのである。『雨に唄えば』のなかのこのわずか十六コマの真実が、この、ほとんど目に見えない、デビー・レイノルズの美しい身振りが、編集機《ムビオラ》で読み取ることのできる映画の第二次元のアクションであり第二の生命なのである。

実際、俳優を本当に発見するのは編集台の上においてである。そこで初めて、俳優と親密に知り合い、どんな俳優かがわかるのである。だからこそ、好きな俳優と少くとも二本の映画を撮らなければならない。ジャンヌ・モローのためにも、どうしても二本目の映画をつくりたいと思った。しかし『突然炎のごとく』のカトリーヌの役が複雑で多様なイメージをふくんでいたこともあって、二番煎じにはならない新しい題材を見つけるために、ずいぶん長い時間がかかった。その新しい題材は、アメリカのミステリー作家コーネル・ウールリッチの長篇小説第一作として知られる「黒衣の花嫁」で、今年の末にはなんとか映画化にもちこめるだろう。

五月四日（水）

四月十三日の日記に、わたしは、オスカー・ウェルナーが「certainly《もちろん》」のせりふを何のユーモアもなく発音して困ったことを書いた。「certainly《もちろん》」の前にある「ええ……」というあいまいなニュアンスが全然なくなってしまったのだ。ところが、編集のトム・ノーブルがまったく別のシーンでオスカー・ウェルナーがせりふをうまく言えずに何度か「ええ……」と言いよどむのを見つけだしてきて、それをモンタージュの口に合わせて「certainly《もちろん》」のところにはめ換えてしまった！　びっくり仰天、だがこれはじつにうまくいった。

ヒッチコックは「俳優は家畜だ」と言ったが、なるほど、そのとおりなのかもしれない。なぜなら、俳優が「I love you」と言っているところにロバの鳴き声だろうと馬のいななきだろうと牛の鳴き声だろうと何だってはめ換えようと思えば簡単にはめ換えることができるだろうからだ！

五月五日（木）

作品の手直しを最初《あたま》からはじめていくと、だんだんプリントの仕上がりの期日が迫り、時間がなくなってくるにつれて、どうしても最後《しり》のほうの編集がぞんざいになってしまう。そこで、追いこみに入ると、わたしは逆の方法をとることにしている。最後《しり》の三分の一をまず手直しするところからはじめるのだ。こんどの場合は、映画全体が十二巻なので、全体をじっくり見たあと、まず最後の四巻を検討し、とことん満足がいくまで手直しをしたあと、最初《あたま》からの八巻分にかかるというやりかたでいくことにした。というわけで、毎朝、編集ラッシュの最後の四巻を一巻につき二度ずつ映写し、その間八回映写をストップして、編集《エディター》のトム・ノーブルと話し合い、チェックをする。

五月十日（火）

この日記をわたしは撮影の最終日に終えるつもりだったのだが、〔この日記の連載を依頼してきた〕「カイエ・デュ・シネマ」誌の編集長ジャン＝ルイ・コモリにダビングを終えて初号プリントが仕上がるまでつづけてくれと言われた。しかし、それはむずかしそうだった。撮影のときとちがって、生きた人間のドラマがもはやない編集段階では、抽象的な一般論を語る以外にないのではないかと思われた。わたしは、いま、わずか三秒分のカットを生かすために一日じゅうついやすという撮影時とは正反対に、一日じゅうたっぷりかけて三秒のカットだけをいじくりまわすという仕事の幸福に身をひたしている。毎日がこの調子だ。しかし、言うまでもないことだが、幸福ほど語りにくいものはない。もちろん、この映画については不満だらけだし、その点でわたしの不幸を語ったら、きりがない。だが、そんなことをくまなく列挙していったら、ただもう自虐的な悪趣味におちいるだけだろう。それでなくても、わたしは、毎日六時間もかけて、自分の映画の欠点を少しでも取り除こうとして躍起になっているのである。

だから、わたしとしては、できるかぎり率直に、編集がどう進展し、どう変わっていくか、音の作業がどのようにおこなわれていくか（録音技師は文句なしに信頼のできるノーマン・ウォンストールだ）、そしてとくに作曲家のバーナード・ハーマンの仕事ぶりを記していくつもりだ。

バーナード・ハーマンは、言うまでもなく、オーソン・ウェルズの『市民ケーン』『偉大なるアンバーソン家の人々』、ジョゼフ・L・マンキーウィッツの『幽霊と未亡人』（一九四七）『五本の指』（一九五二）、ヒッチコックの『ハリーの災難』（一九五五）『知りすぎていた男』（一九五六）『間違えられた男』（一九五六）『めまい』（一九五八）『北北西に進路を取れ』（一九五九）『サイコ』（一九六〇）等々の作曲家だ。わたしの考えでは最も偉大な映画音楽家——映画を最高度にひきたてる音楽の作曲家——なのである。

五月十八日（水）

パインウッド撮影所。最後の三分の一の編集を終え、トム・ノーブルとともに最初《あたま》から八巻分の検討にとりかかる。長さは一時間五十八分から一時間五十三分にまで縮まったが、めざす一時間五十分まで、あと三分ある。この三分を縮めるのがいちばんむずかしく、映画がしまるかしまらないかのカギになるだろう。せりふのシーンはできるだけつめることにする。プルーストの言う無意識的記憶に彩られた現実の感覚や印象を生み出す「特権的瞬間」、映画では当然ながら純粋に視覚的なシーン、つまり、消防自動車の出入りや出動のシーン、書物が燃えるシーン、その他いくつかの異常なシーンは一切縮めたりつまんだりしないという鉄則をみずからに課す。

通常 溶 暗《フェイドアウト》するところはすべてだんだん露光オーバーにしていき、画面の色がとんで真っ白になるようにして 溶 明《フェイドイン》のような効果をだす――そのほうがよりSF的な印象をあたえるのではないかと思ったからだが、何度もくりかえして見ているうちに、その真っ白になった画面にフィルムのコマとコマの境界の線がしだいにはっきり見えてくることが気になりだし、頭をかかえる。

ワイド・スクリーン（1×1・88）用にマスクをかけ、画面《フレーム》の天地をつめて撮影しているので、現像で色をとばして画面を真っ白にすると、マスクの部分も真っ白になり、フレームがひろがって、上下の黒いところに光の模様がどうしても見えてきてしまうのだ。たとえ映画館に映写のときにはフレームに気をつけるようにと注意事項をだしたとしてもまったく信用できないので（実際、世界じゅう、どこの映画館でも、映画の都ハリウッドがあるロサンゼルスの映画館ですら、画面《フレーム》は切られ、音はひどく、映写条件はめちゃくちゃなのだから）、初号試写までにこの問題をなんとか処理しなければならない。ジャック・リヴェットは『修道女』で、フェイド・イン、フェイド・アウト、オーヴァラップなどの現像処理によると画像がどうしてもきたなくなるので、そのかわりにフィルムの黒味をはさんでカット、カットでつなぐやりかたをしているという。そこで、わたしも、リヴェットにならって、つなぎ目に消防署の壁の赤とか燃え上がる炎の黄色とかを何コマ分かずつつなぎこむことにしようと思う。

五月二十日（金）

郵便物のなかに、レイ・ブラッドベリからの手紙があり、『華氏４５１』が雪のシーンで終わることを知って、大よろこびだ。

「予期せぬ雪が降るなんて、まるで神の贈り物でしょう。白のイメージにポエジーが感じられます。間違いなく最高のラスト・シーンになることを確信しています」と書かれていた。

ブラッドベリはやっと「火星年代記」を舞台用に脚色し、その台本を送ってきてくれた。

五月二十六日（木）

バーナード・ハーマンと第一回の音楽打ち合わせ。映画を一巻ずつ映写して見て、その合間に音楽について話し合う。けさは六巻分すなわち映画の半分を検討。ここに音楽を入れるという箇所についてはすべて意気投合。じつは撮影中からすでに音楽の配列が頭にあった（これからは、音楽をどこに入れるかを考えながらシナリオを書こうと思う）。

音楽のことにまったく無知な監督にとって、最もむずかしいことは、作曲家と通じ合える言葉をどうやって見つけるかということである。『ピアニストを撃て』から『柔らかい肌』までは、まったく問題がなかった。ジョルジュ・ドルリューという作曲家はものすごい映画狂だから、何も言わなくても、こちらがどんな意図で映画をつくったか、すぐわかってくれる。バーナード・ハーマンの場合は、わたしがまったく英語を話せないこともあって、ちょっと苦労したが、基本的には完全に意見が一致した――音楽はたっぷり入るがけっして饒舌にはならないようにすること、音楽は重要だがけっして意味ありげにはならないようにすること。音楽だけが先走ったりドラマチックに高揚したり、また音楽が映画を一方的にひっぱっていったりしてはならないこと。映画音楽がまずヒットして、そのために映画がヒットするという風潮があるが、『華氏451』の場合はそんなことはあり得ないだろう。音楽だけがいいというようなことにはならないだろうからだ。それはただシーンの異常さにさりげなく付き添うだけの音楽だ。モンタージュとクラリスのからみのシーンにはセンチメンタルな音楽は流れないし、隊長の出るシーンにも恐怖をよび起こすようなメロディーはまったくない。ことさらコミカルな効果も軽快なメロディーもなく、ただ単純に「おや、おもしろそうだぞ」と思わせるだけの音楽。焚書のシーンはあらあらしく素朴な音楽、本の話になるときは懐かしい感じの古くささと思いがけないような新しさが入りまじった音楽。SFというと、だれもがすぐミュージック・コンクレートとか電子音楽を使いたがるけれども、バーナード・ハーマンとわたしは、最初に会って話し合ったときから、その種の安易で月並なSF的要素をすべて捨て去ることにした。その手のきまりきったSF的パターンなら、アメリカであろうとヨーロッパであろうと、テレビのスイッチをひねりさえすれば、あふれ出てくるからだ。

バーナード・ハーマンはハープを使いたいとのことなので、その場合もけっしてセンチメンタルにならないように念を押す。『あこがれ』のとき、音楽を担当したモーリス・ルルーが八か月もの身重の女性ハープ奏者を使った。ふくらんだ腹部を苦しげにかばいながらハープをかかえこみ、懸命に腕を伸ばして絃を弾いている姿を見るのは、耐えられないほどつらかった。以来、わたしはハープそのものにまですっかり不信の念をいだくようになってしまったのである。

五月二十七日（金）

バーナード・ハーマンと二度目の音楽打ち合わせ。午後いっぱい彼は自作のオペラ「嵐が丘」の指揮をしているので、午前中しか使えない。映画の後半の六巻分を映写して見る。ついで要点を検討し、話し合う。三十七曲の音楽《スコア》が作曲される。全曲合わせて五十五分。ということは、映画の半分に音楽が流れることになる。しかも、音楽を入れるところはせりふのないシーンにのみ限定したので、映画の半分は完全に視覚的なシーンになるということだ。これはまったくわたしのねらいどおりだ。ほとんどの映画がそうだが、俳優が演じ、せりふをしゃべるシーンというのは、撮影のときに長くなる傾向がある。それにひきかえ、無声のシーン（アクション・シーンや暴力シーン、あるいはラヴ・シーンや視線をかわすシーン、等々）は、時間がなくなって予定のカットが全部撮りきれなくなってくるので、どうしても、けずられたり、とばされたりして、思いのほか少くなりがちなのである。わたしはここ二年来一九二〇年代のサイレント映画を徹底的に見て強い刺激をうけたせいもあって、映画の「特権的瞬間」である無声のシーンを絶対にはしょったりせずに徹底的に生かそうと決心したのである。もちろん、せりふがないシーンが多くなって退屈な映画になるおそれもあるが、もし観客が退屈するようなシーンがあるとしても、そこにはバーナード・ハーマンの音楽が入ることになるのだ。たとえ映像なしでも、『めまい』や『サイコ』の音楽《スコア》を聴いて退屈するひとはいないだろう。『市民ケーン』のサウンド・トラックを聴くたびに、わたしはこれこそハリウッドが生んだ最高の音楽映画、最高の音響《サウンド》映画だと確信するのである。

六月二日（木）

ジャン・オーレルが、多忙なスケジュールをさいて『華氏451』を見に来てくれることになった。オーレルは映画の構成力にすばらしく秀でており、ジャック・ベッケルのように（ベッケルの遺作になった一九六〇年の『穴』の脚本にはオーレルも協力している）、とことん明断さを追求するタイプだ。一切のあいまいさを彼は許さない。彼に映画を見てもらうことは、いわば、水道の配管工事をゆだねるとともに水もれがないかどうかをくまなく点検してもらうことなのだ。

オーレルが到着した。彼は映画を見ながら、試写室の暗闇のなかでメモをとった。それから、わたしたちは話し合った。「いい映画になったと思う」と彼は言ってくれた。シナリオを読んだときには映画そのものの基盤が弱くてあやうい感じがしたが、出来上がった映画は、話のつながりがうまくいっていて骨格のしっかりしたものになったと思う、と。それはこの映画の物語の中心が書物の側にあり、本を読むこと、本を隠すこと、本を焼くこと、すなわち、なぜわたしがこの映画をつくろうとしたかに物語のすべてが収斂しているからにちがいない、と彼は分析した。ただ一つ、彼は、漠然とではあるが、きびしい批評をした。映画が動きだすのがちょっと遅すぎるというのだ。それというのも、四巻目の終わりでモンタージュが初めて本を読むときになって、やっと何かがはじまる。シーンの一つ一つはわるくないのだが、最初の三十分は全体的にどこかうまくいっていない、と。

翌朝オーレルにもう一度最初の四巻を映写して見せた。彼が考えた編集の解決策は文句なしにすばらしかったので、そっくりそのまま採り入れることにした。それは、二つの長いシーンの順序を逆にして入れ換え、そうすることによって、モンタージュの妻リンダよりも少女クラリスのほうを先に画面に登場させるという方法である。ところが、これは、じつは、わたしがすっかり改変したと思っていた原作の構成そのままなのだった。レイ・ブラッドベリに脱帽だ！　手直しをおこなうために、編　集《エディター》のトム・ノーブルがフィルムを持って来た。昼食後、手直しをした最初の四巻を映写して見る。前と比較にならないくらいよくなっているし、順序を逆にして入れ換えた二つのシーンは、せりふといい、身振りといい、倍以上におもしろくなっている。ジャン・オーレルは、ほかに二箇所、五十秒の長さをカットすることを示唆して、また飛行機に乗ってパリに帰って行った——まるでハリウッドのスタントマンのグループが一日だけチネチッタに飛んで戦闘シーンの吹替えをやったかと思うと、その夜のうちに、さっさと身仕度をして、またハリウッドに戻っていくみたいに、ごく自然に、さっそうと。

六月六日（月）

パインウッド撮影所では、ピーター・ブルックがペーター・ヴァイスの戯曲による『マルキ・ド・サドの演出のもとにシャラントン精神病院患者によって演じられたジャン＝ポール・マラーの迫害と暗殺』の撮影に入った。ステージのドアには、ただ『マラー／サド』と記されている（完成は一九七二）。撮影は三週間の予定で、セットは一杯だけ。王立シェイクスピア劇団の四十一名の俳優を一堂に集め、二台のキャメラを同時に使って撮影するとのこと。他のステージでは、真にイギリス的なイギリス映画が、あの女好き、冒険好きの主人公ブルドッグ・ドラモンドの新しい活躍を描くラルフ・トーマス監督の『キッスは殺しのサイン』（一九六六）とともに息を吹き返しつつある。

ヴェネチア映画祭のルイジ・キアリーニ理事長から『華氏４５１』を見たい旨、知らせがあった。

六月八日（水）

バーナード・ハーマンがもう一度映画を見にくる。わたしもいっしょに見ながら編集のこまかいところを手直しするためにメモをとる。自分の作品とはいえ（いや、だからこそ）、欠点が目につきすぎる。断片的に見たり、三巻ずつ分けて見るぶんにはいいのだが、全篇つづけて、くまなく見るのは、つらい。もちろん、わたしはこの映画をもう何度も見て、すみからすみまで暗記しつくしているせいかもしれないし、自分が撮った作品を純粋に観客の眼で見ることは不可能にきまっている。それが可能になるのは、公開から一年も二年もあとのことである。公開中についまた見てしまったりすると、もうそれだけで判断が狂ってしまう。目下のところは、試写室のスクリーンに自分の好きなシーンがうつるのだけを待って見ている。きらいなカット、いやでいやでしかたがないカットがうつると、眼を閉じて見ないことにしている。こんどの映画では男と女がからみ合ってキスをしたり愛撫したりするシーンがなくてよかった。

試写のあと、バーナード・ハーマンがこんな話をしてくれた。

ハリウッドの大プロデューサーのデイヴィッド・O・セルズニックが、ストラヴィンスキーに映画の音楽を書いてほしいと必死になって口説いていた。

「よろこんで、書かせてもらいます」と大作曲家は言った――「二十五万ドルいただきますよ」。

「そんな、めっそうな。いかにすばらしくても、映画音楽にそんなに高い金は払えませんよ！」とセルズニックが言うと、ストラヴィンスキーはこう答えたという——「誤解しないでいただきたい。わたしの音楽はそんなに高価なものではありません。高くつくのは、わたしの名前ですよ」。

六月九日（木）

テレビの女性アナウンサーを演じるギリアン・ルイスの声の録音。彼女は『華氏451』の初めのほうにも、なかばにも、終わりのほうにも、かなりしょっちゅう出てくるのだが、彼女自身はこの映画のストーリーも主題も知らない。どんな俳優が出ているのかも知らないし、映画のワンカットすら見たことがない。それでも、彼女は見事に彼女の役を果たし、いろいろなアイデアをだしてくれさえした。映画を知らなくても、演じることの妨げにはならないのである。きょうの録音は、テレビの画面が出ていないときにそこからオフで聞こえてくる——ということはテレビ画面にうつっている映像の内容をわからせるために読む——アナウンサーの解説である。彼女の声がとても気に入ったので、映画の冒頭のクレジット・タイトルも読み上げてもらうことにした。すでに書いたように、この映画では、書物がすべて禁じられているので、主人公のモンターグが夜なかにこっそり起きて初めて本を読むときまで文字を画面にだすわけにはいかないのである。しかし、声だけのクレジット・タイトルだから、あまり長くだらだらと読み上げて観客をうんざりさせてはいけないので、スタッフの名前をかなりしぼることにした。

できれば本当によくやってくれたスタッフの名前だけにしたかったのだが、そうもいかない。たとえば小道具（装飾）のチーフ、ジョージ・ポールの創意と工夫のおかげで映画は一度ならず救われたものだが、彼の名は読み上げられず、それに反してトニー・ウォルトンの名前が契約によって、「プロダクション&衣裳《コスチューム》デザインコンサルタント」などという滑稽としか言いようのない仰々しい肩書きで紹介される。トニー・ウォルトンは、衣裳デザインのほかに、セット・デザインの三分の二と家具や小物のセッティングも担当したが、どれも完全な失敗だったのである。ジュリー・クリスティの二役の衣裳――人妻のリンダには『生きるべきか死ぬべきか』のキャロル・ロンバードのドレス、若い娘のクラリスには『雨に唄えば』のデビー・レイノルズのショートスカートというイメージを注文したのだが――など思いだすのも腹立たしく、ただもうがっかりしただけで、いまなお心残りだ。

六月十日（金）

ルイジ・キアリーニがロンドンに到着、『華氏451』を見る。ジャン・オーレルについで、わたしの映画をまったく別の新しい眼で見てくれる二人目の人間である。ヴェネチア映画祭でぜひ上映したいと言い、九月七日という上映日まで決めてくれた。これからはフランス語とイタリア語のスーパー字幕作成のために最終的な台詞の決定と検討を急がねばならない。パリから遠く離れて終始孤立感にさいなまれながらやってきた仕事だけに、この作品が映画祭に招待されたことは本当にうれしい。ヴェネチア映画祭特別招待作品として『華氏４５１』はヨーロッパ的な色彩を帯びることになるだろう。それに、イギリスという島で撮影された映画がヴェネチアのリド島で初公開されるというのも、一種の論理的帰結とみなすべきか。

六月十三日（月）

『華氏４５１』のなかに「引用」される書物には、
㈠画面に出るもの、
㈡朗読されるもの、
㈢せりふのなかに引用されるもの、
㈣焼却されるもの、
と四種類あるが、どんな本をどんな意味合いをこめてえらんだかといったようなことをせんさくしたり深読みしたりしてほしくないと思う。何百冊もの書物が必要だったが、これ見よがしの意図的な選択はほとんどしなかった。そのときどきによって、本の山をまとめたり動かしたり、複数のキャメラ、ツーキャメラやスリーキャメラを操作していくうちに、偶然、うつってしまった本も少くないのである。要は書物を単純な物としてとらえるということだったので、わたしの個人的な取捨選択はなるべく避けたつもりだ。ところが、書物にも個性があって、他の本よりもやけに燃えっぷりのいい本があり、美しい炎をあげて写真うつりがよかったり、あるいはまた、その他大勢組のなかでスタアの肩越しにうまく顔を突きだして目立ってみせる俳優がいるように、たくみに画面《フレーム》のなかにちゃっかり「割りこむ」術を心得ている本もあった。書物そのもの、本の造りそのものがある時代の思い出と重なるという、懐かしさや感傷かららえらんだ本もある。たとえばクロード・オータン＝ララが戦時中に映画化した「シフォンの結婚」の著者として知られる女流作家ジプ（Gyp）――有名な伯爵夫人のペンネームだった――とか、今世紀の初めごろの人気作家たちをふくむファヤール社から出版された木彫りの装幀の豪華本など、フランス人にとっては、ちょうどイギリス人にとって一九三五年版のペンギン・ブックスがそうであるように、戦前のよき時代の象徴なのである。わたしたちが子供だったころ、親たちの本棚にはかならずと言っていいくらい並んでいた蔵書だ。いまでも、古い家の屋根裏の物置きにしまってあるだろう。そんな古い時代のノスタルジックなにおいのある書物なのである。

六月十五日（水）

コマを刻んだり、つまんだり、付け足したりしては、カットを短くしたり長くしたりする作業がつづく。手直しできるところはすべて手直しし、これからは、もう絶望的としか思えない部分、すなわち撮影のときに失敗していて、もはや取り返しがつかない部分にとりかからなければならない。もう絶対にだめだと思いながらも、なんとかならないだろうかと思う――そして、いつだって、なんとかなるものなのだ！　いや、なんとかしなければならないのだ！　そのためには、全体的に、まず、カットをできるだけこまかく割るようにすることだ。たとえば二カットのところを五カットか六カットにするということだが、そのためには、同じカットをデュープして二重に使い、あらたに撮影後のカット割りをするか、もしくは、他のシーンのカットの最初《あたま》か最後《しり》を流用してつなぎこむという方法がある――たしか、あそこのシーンでジュリー・クリスティの超アップが一つあったはずだ、あそこは背景にフォーカスが合っていないからどこにでも使える、あのカットのなかから十六コマをここに使おう、そうすればオスカー・ウェルナーのカットを二つに割ることができる、そこで最初のほうには本番五回目のものを使い、あとのほうには七回目のもののほうがいいので、こちらを生かすことにしよう……等々。逆回転（ずばりアクションが逆になる）、裏焼き（右と左が逆になる）、スローモーション、コマ落とし、ストップモーションといったオプチカル処理もふくめて、ここに編集の秘かな愉しみがあることもたしかだ。たとえば、書物とともに焼き殺される老婦《オールド・レディ》人を見ながらモンタージュがあとずさりしていくカットを現像処理で逆回転にしてみた。その結果、他の消防隊員たちが逃げ去ったあとモンタージュがじわじわと火に近づいていくような感じになった。そこへ隊長の声がかぶさるようにした――「モンタージュ、戻れ……」。

これで本来のアイデアがなんとか救われたことになる。まあまあといったところ。

六月十七日（金）

映画づくりの一つ一つの段階が相互に対立関係にあるとみなすことが、映画づくりのうえで大事なことだとわたしは考える。つまり、シナリオに逆らうかたちで撮影し、撮影に逆らうかたちで編集し、そしてたぶんダビングも編集に逆らうかたちでするほうがいいということである。もちろん、これは職人的な手仕事というか、実際的な手順の問題であって、映画の精神はあくまでもすべての段階において首尾一貫したものを持たなければならない。どんなに曲がりくねっているようでも、一つの方向に向かって走るものでなければならない。その意味での緊密な構成をもった映画、そしてあくまでもその論理的一貫性に固執する映画こそ、美しい。オーソン・ウェルズの映画を評して人々はよく詩人の映画だと言うが、わたしはむしろ音楽家の映画だと言いたい。『オーソン・ウェルズのフォルスタッフ』（一九六六）にしても、オペラに最も近い。オーソン・ウェルズの作品は、いわば、散文が編集台の上で音楽と化したものである。露出狂によって撮影され、検閲官によって編集された映画――それがオーソン・ウェルズの映画だ。

六月二十日（月）

『華氏451』はわたしの最初のカラー映画なので、かなり気をくばったつもりではあったが、それでももっとカラーには注意すべきだった。思いがけないところでひどい目に遭わされた感じだ。というのも、カラーの映像では、余計なものが目をひきがちだ。ちょっとした赤とか黄色が画面のどこかにきわだっていると、どうしても観客はそっちのほうに気をとられてしまうので、さりげない小さなアクションをとらえる場合にはもっと寄ってアップで撮って目立たせなければならないのである。というわけで、モンタージュが公園で本を外套の下に隠し持っている男を見逃してやるところがどうもはっきりわからないおそれがあるので、ここは思いきって映像をいじることにし、現像処理でその部分だけを円形の枠《アイリス》で追って囲み、他の部分の画面を全部黒くつぶすか、できるだけさりげなく「移動マスク」を使って、そのアクションをきわだたせることにした。

ここ数週間、フィルムをカットばかりしてきたので、こんどは縮めすぎたいくつかの箇所をのばす方向にもっていこうと思う。ダリの画集が風でパラパラとめくれて、つぎつぎに絵が現われるところなど、それだけで本当に美しいので、カットしたコマを付け足して五、六秒長くすることにした（結局ここは撮った分を全部使った）。ただ、ページのめくれかたがずっと同じリズムなのが残念だが、やむを得ない。

六月二十一日（火）

ダビングを終えて初号プリントが仕上がるまでこの日記をつづける約束だったけれども、断念して、きょうでいちおうしめくくることにする。仕事は七月末までつづくけれども、あとは小さい、こまかな問題ばかりだし、それをいちいち、こまごまと記したところでしかたがないと思うからである。わたしの手帳に書かれた予定は、つぎのとおりだ。

七月六日および七日——音楽録《ど》り。

七月八日および九日——ダビング用のテープ編集（音とせりふのテープを一本にまとめる）。

七月十一日から二十二日まで——ダビング。

そのあと、撮影監督のニック・ローグといっしょにテクニカラー社へ行ってプリントの色調《ボリューム》を確かめなければならない。それから、パリで、シュザンヌ・シフマンの助けを借りて、フランス語のスーパー字幕および吹替えの仕事がある。そしてもちろん、ヴェネチア映画祭のためにいいプリントを二本つくって送らなければならない。それで、やっと一と仕事終えることになるわけだが、この数か月におよぶ冒険で得たことといえば、髪が薄くなって白髪もふえたことだった。わたしたちのように一気に、急激に一つの仕事をなしとげなければならない人間はみんな、七か月のあいだにたっぷり二年分はふけてしまうという、このコマ落としのように急激な老化現象を身にしみて知っている。年ごとにしだいに年をとるのではなく、作品ごとにいっきょに年をとるのだ！　やっと仕事を終えると、まるで頭に一発、もう再起不能の強打をうけたような感じで、ボーッとなる。

『華氏４５１』のシナリオは『柔らかい肌』の一年前に書かれていたせいか、二本の映画は、奇妙なことに、まったく似ていないようで似ているような気がする。モンターグの妻の名を、レイ・ブラッドベリの原作のようにミルドレッドではなく、リンダにしたのも、たぶん、『柔らかい肌』のシナリオのヒントになった、あの一九五〇年代のスイスのジュネーヴのブルジョワ社会をゆるがせた「ジャクー事件」がすでに脳裏にこびりついていたからだったのだろうと思う。「ジャクー事件」では、リンダは若い情婦の名だった。この事件とわたしの映画の唯一の共通点は、じつは女のほうではなく、男のほうだ――感情に流されやすく、偽善者で、気が小さくて心配症という男の性格だけである。そういった内面的なことをのぞけば、『華氏451』は、原作がアメリカ的な、あまりにアメリカ的な小説であるということで、やはり『ピアニストを撃て』に似た作品になるのだろうか。実際にはどんな映画になるのか、自分でもわからない。ただ、はっきりわかっていることは、この日記に書いてきたものとは似ても似つかぬとまでは言わずとも、そこからは程遠い作品になるだろうということである。なぜなら、言うまでもなく明らかなことだが、ここではわたしはその日その日に偶然に、あるいは不意に、身に起こったり心に思いついたことだけを語り、わたしたち、すなわちレイ・ブラッドベリとわたしの頭のなかに長いあいだ棲みついていた妄執のようなものについてはほとんど語らなかったからだ。しかるに、画面に出るのは間違いなくわたしたちの妄執のようなもの――ブラッドベリの狂気と、そしてもしわたしの狂気がブラッドベリの狂気とうまくまじり合っていればわたしの狂気もふくめて――なのだ。

多くの映画作家たちの作品がそうだが、わたしの映画も、「まぜ合わせ」のアイデアから――おや、こんなたぐいの話をふつうとちがったやりかたで語ったら、おもしろくなるぞ、といったような、既成の諸要素の新しい調合をしてみたいという欲望から――生まれる。

『華氏４５１』の場合で言えば、奇怪なシーンをごくあたりまえに、異常なシーンをごく日常的に、未来幻想を過去の出来事のように、語ることであった。その結果が狂気の人間によって撮られた正常な映画という印象をあたえるか、それとも正常な人間によって撮られた狂気の映画という印象をあたえるか、それはまだわからない。しかし、小説を書いたり映画をつくったりする人間が、正常な人々に必死になって話しかけようとしている異常な人間だということだけは確かだ。わたしたちの狂気は、人々にうけいれられることもあれば、うけいれられないこともある。ただ、それだけのことだ。そのことがわかってからというもの、自分の映画があたるか、あたらないかというようなことは、実際だんだんどうでもよくなってきたのである。『大人は判ってくれない』を撮っているときには、わたしの初めての長篇映画ということもあって、絶えずそのことが心配で、もし全然あたらなかったらどうしようかと恐怖と疑心暗鬼にさいなまれたものだった。

ジャン゠ポール・サルトルは、自分をこの世で必要不可欠の存在であると信じて疑わない人間を「人でなし《サロー》」とよんだ。それはまったくそのとおりだとは思う。そのことを認めたうえで、なお、わたしはやはりジャン・ルノワールのようにおおらかに考えたいのである――人間、だれしもかけがえのない存在なのだ、と。

わたしはこれまでまだ自分の企画の三分の一しか実現できず、一本の映画をつくる

撮影中のフランソワ・トリュフォー監督に背を向けたオスカー・ウェルナー

ために二本の企画を捨てなければならなかった。だが、まだまだ「まぜ合わせ」の可能性はあり、新しい配合や調合の実験の余地は残されているはずだ。

フランスの一映画作家としてわたしはこれから少くとも三十本の映画を撮らなければならない。あたる作品もあれば、あたらない作品もあるだろうけれども、そんなことはどっちでもいい――映画をつくることができさえすれば。

映画『華氏451』を見て

レイ・ブラッドベリ

自分の小説が映画化され、その試写がはじまるのを暗闇のなかで待つ瞬間というのは、待ち遠しいような、こわいような、とてつもなく長い時間だ。

フランソワ・トリュフォーがジュリー・クリスティとオスカー・ウェルナーを主演に撮った映画『華氏451』のプリントがロンドンから到着したとき、わたしはその経験をした。撮影所の試写室の席に着いたものの、神経がたかぶって落ち着かず、一所懸命冗談を言っては不安やおびえをかくそうとした。

これまで多くのSF小説が映画化されたが、どれもこれもまるでカツレツ用の仔牛の肉のように切りきざまれてハリウッドという名の冷凍室に投げこまれただけだったという原作者たちの怒りの叫びがわたしの耳に残っている。

わたしの「華氏四五一度」の場合は、どうか。一九五三年に書いたこの小説は、すでに何度か映画化の試みがなされたが実現せず、十三年後になって、やっとスクリーンに登場することになった。

わたしは映画を見た。そして、心から愛した。「ばかな！」《ナンセンス》と言うひとがいるかもしれない。「ブラッドベリのやつ、無理に好きだと言ってるんだ。自分の小説の映画化だし、SFはやつの得意とするところだからな」と。

そう、だからこそ、その点では最も厳しい批評家にもなりうるのだ、とわたしは答えたい。

しかし、実際のところは、もっと単純に、わたしはとても幸運《ラッキー》な原作者だったのだと言わなければならない。トリュフォーは、書かれた言葉を映画という視覚的な詩の形式に見事に移し変えてくれたからである。

彼は原作のすべてをスクリーンに描いてみせたか？　本質《エッセンス》だけというなら、イエスだ。一語一語忠実にというなら、ノーだ。

そして、それで本当によかったのだ。そのことに関しては、映画化の話があった当初から、トリュフォーとわたしのあいだで完璧な了解が成り立っていたのである。だから、わたしは、彼から送られてきた脚本も読まないことにした。ロンドンへ撮影を見に来てほしいと招待もされたが、行かなかった。わたしは正しかったと思う。

自分の子供を無事にこの世に取り上げてもらうために監督を絶対的に信頼することができないのなら、最初から彼に産婆の役をゆだねるべきではないのである。

もしわたしがロンドンまで行って撮影現場に立ち合ったらどんなことになっただろうか——思っただけでもぞっとする。つまらない些細なことで、原作のあれが欠けている、これがないと重箱の隅をほじくっては、監督にいちゃもんをつけ、演出の邪魔をしてしまったことだろう。原作者にしろ脚本家にしろ、ライターとは、えてして、そういうものだ。しかし、撮影に入ったら、監督は彼自身のイメージで映画をつくっていく。そこに踏み入って、演出を萎縮させてはならない。

そんなわけで、わたしは、脚色の段階から、自分の口を封じ、トリュフォーにわたしの原作を自由に解体し、その骨の髄をむきだしにし、映画化のために不用な夾雑物を洗い落とす許可《ライセンス》をあたえたのである。

まず、トリュフォーは、科学技術《テクノロジー》あるいはＳＦ＝空想科学《サイエンス・フイクション》（言うまでもなく、小説においてはテクノロジーとＳＦは同義語である）の仕掛けのいくつかを思いきって捨て去った。映画『華氏４５１』には、スカイ・ロケットも飛ばないし、機械製シェパードがうなり声を上げることもないし、四方の壁がテレビになるテレビ室もない。

一見無謀な削除かと思われようが、じつは、そこにこそトリュフォーならではの映画的なイメージの力《パワー》があるのだ。

言うまでもなく、映画はこれまで発明された最も強力な映像媒体《メディア》である。書物の場合は、読者が抽象的な言葉からイメージをつくりあげる。したがって、一杯の水を飲むコップが単なるコップではなく、特別な意味を持つコップであることを読者に納得させるには、多くのページをついやさなければならない。これが舞台《ステージ》の場合なら、この小さなコップの重要な意味を言葉で、長いせりふで一気に語ることもできよう。映画《スクリーン》では、同じようなコップをスターが持っているだけで、そこにクローズアップが一つあれば、それは最も詩的なシンボルとなり、実物よりも十五倍も三十倍も大きなイメージとなるだろう。こうして、コップ一杯の水がナイアガラ瀑布にも匹敵する強烈なイメージたりうるのだから、もっとドラマチックな工夫のある小道具や仕掛けでスクリーンを圧することもできよう――映画ではすべてが可能なのだ！

多くの映画監督がこうした映像の誇張の魔力に抗しきれず、ひきずられた。クラシックなスポーツカー、スタッツ・ベアーキャットの一九九九年型を考案するとか、液体酸素を燃やしてロケットを発射させるとかいった映像のトリックに夢中になって、そのために、出来上がった作品ではイメージのすさまじさ、特撮のおもしろさばかりがきわだち、俳優の、人間の、かげが薄くなってしまうことが多い。

こうした仕掛けや工夫は、そのイメージや価値が読者一人一人の想像力にゆだねられている小説ではきわめて有効だ。読者一人一人が自分なりの想像力の範囲で「怪奇幻想」のイメージをたのしみ、それ以上のものを求めはしないからである。

スクリーンはそうした個人体験としての想像力を超えてしまうのだ。スクリーンにうつされたイメージは文句なしにリアルなので、すぐさまそのリアリティを押しつけてくる。イメージの強烈さとともに、その形とか大きさを否応なしにきめつけて迫ってくる。スクリーンに最初から何も見せなければ問題はない。だが、いったん見せた以上、たちまち色や形や効果が決定的なものになる。そこに映像の力があると同時に危険性もある。

　トリュフォーはその危険性をよく知っていた。だから、彼はわたしの小説の音響と色彩のみなぎる四方の壁に囲まれた巨大な「テレビ室」を、客間の中心の壁にはめこまれたほどよい大きさの「壁テレビ」に変えた。わたしの小説の機械製シェパードは犬小舎の奥に完全に閉じこめられた――うっかりスクリーンに解き放たれたら、せいぜいジェームズ・ボンド氏のコンピューター操作による新兵器の一つのようなものになるのがオチだったろう。『華氏451』が回転木馬のように同じアクションとギャグとトリックがめぐりめぐる『007』シリーズの一篇に堕さずに、しっかりしたドラマになり得たのは、トリュフォーの力の証明にほかならない。

　それは愛の映画になったのだ。愛する者と愛されるものの物語だ。だが、奇妙なことに、それは男と女の物語ではない。まったく予期せぬことだったが、すばらしいことに、それは本を読む人間と読まれる本の愛の物語になったのである。人間は愛する者であり、愛されるものは本なのだ。

それは、トリュフォーも言ってくれたように、すでにわたしの原作のなかにあったものではあるにちがいないのだが、わたし自身はあまりにも近づきすぎていて、その真実がわたしには見えなかったのである。

トリュフォーの映画はわたしに正常な視力を取り戻させてくれた。まるで不意打ちのように、わたしに単純に正しく物事を見る力を回復させてくれ、わたし自身をふたたび「発見」させてくれたのである。すばらしいことだった。

トリュフォーは彼の映画日記に書いている。

「画面に出るのは間違いなくわたしたちの妄執のようなもの──ブラッドベリの狂気と、そしてもしわたしの狂気がブラッドベリの狂気とうまくまじり合っていればわたしの狂気もふくめて──なのだ」。

さらに、彼はわたしの容器のなかのものをちょっと捨てて、そこへ単純《シンプル》という名の美徳を注ぎこんでくれた。

かつて、わたしは自分の小説の目的をこう書いたことがある──異常なものが正常に見え、そして正常なものが異常に見えるように描いてみせることだ、と。トリュフォーもまた同じ考えを述べていることを発見して、わたしは快哉を叫んだ。映画日記のなかで、彼はこう書いている。

「『華氏451』の場合で言えば、奇怪なシーンをごくあたりまえに、異常なシーンをごく日常的に、未来幻想を過去の出来事のように、語ることであった。その結果が狂気の人間によって撮られた正常な映画という印象をあたえるか、それとも正常な人間によって撮られた狂気の映画という印象をあたえるか、それはまだわからない。しかし、小説を書いたり映画をつくったりする人間が、正常な人々に必死になって話しかけようとしている異常な人間だということだけは確かだ」。

単純《シンプル》であることの美しさは、ジュリー・クリスティとオスカー・ウェルナーの演技にも完璧に証明されている。『ダーリング』のジュリー・クリスティの活発な動き、はなやかな演技、そして、それほどではないにしても『愚か者の船』のオスカー・ウェルナーのやはりすばらしく豊かな演技力を見せつけられたあとでは、だれもが熱っぽくボルテージの上がった演技合戦を期待したことだろう。ところが、『華氏451』には、映画のなかのいろいろなアイデアの息抜きになるような、さりげない控え目な身振り《パフォーマンス》があるだけだ。

そのことは、とくにジュリー・クリスティによって演じられた二役にはっきり示されている。人妻と若い娘という二役を一人の女優が演じ分けるという点に、トリュフォーはあえて注意を引き寄せない。ここにおもしろさがあるのさ、どうだね、いいアイデアだろう？――などといったことを仰々しく誇示して、観客に媚びるウィンクをしたりしないのである。彼はただ、ミス・クリスティに彼女なりに自然に二役を演じるように求めているだけだ。ミス・クリスティは肩肘張らずに彼女のいきいきとしたイメージをだすことに成功している。じつに清楚で、さわやかな演技だ。

　バーナード・ハーマンの音楽もまたオーバーではなく、押しつけがましくもなく、うるさくもない。単純《シンプル》で、美しく、そしてセンチメンタルではなく、さらに、ありがたいことに、電子音楽《エレクトロニック・サウンド》ではないのだ。ハーマンもまた、トリュフォーと同じように、あまりにも未来的なサウンドで安易にショックをあたえるのを好まない。音楽はただドラマの方向をさし示し、観客をその方向にみちびくだけでいいのだというのが、彼の考えかたなのだ。

　ラスト・シーンに至って、わたしたちはさらにもう一つのトリュフォーのすぐれた映画的才能を発見することになる。

　撮影期間中に突然の大雪に見舞われるというハプニングが起きた。天候が回復するのを待つ余裕もなかった。そこで、トリュフォーは雪のシーンを映画のなかに書きこんだ。こうして、奇跡とも言える美しいラスト・シーンが出来上がったのである。

　トリュフォーは、その柔軟で鋭い映画的感性によって、神の手にあやつられた自然の不意打ちにも見事に同調する術を知っていたのだ。

　寒空の下、降りそそぐ雪の白さにささやくように夢を語り、詩をうたう人間たち――それが大雪という予期せぬ不幸な天候異変を神の幸福な贈りものに変えたトリュフォーの映画のラストをしめくくる感動的な情景である。

まさにトリュフォーの狂気とわたしの狂気が見事にまじり合ったという確信を持って、わたしは試写室から出た。たしかに、わたしたちは、おたがいにばかみたいに狂って、そのおかげで、美の特権的瞬間に遭遇することができたのだとわたしは言いたい。

しかし、何にもまして、わたしは、まったく別々の平行線上にあったわたしたちの愛が、映画という光学的なイリュージョンによって、未来の地平線に結ばれたすばらしい幸運におどろかずにはいられないのである。

これからもずっと、わたしはこの映画化に心から感謝しつづけることだろう。

追記　のちに（一九九七年）、ＰＢ（「プレイボーイ」）誌のインタビューでブラッドベリは『華氏４５１』について、こんなふうに率直に（!?）語っている。

ＰＢ　トリュフォーの出来には満足しましたか？

Ｂ（ブラッドベリ）　とてもよかったけど、ものたりないところもあった。彼は〈機械シェパード〉を登場させなかったんだ。あれは必要なんだよ。だって、追跡のメタファーなんだから。戦闘用兵はほんとうにおそまつだった。あのフライング・マン（飛行人間）はカットすべきだったね。墜落するだけで、どこへも飛ばないんだから。それにミスキャスト。全員がそうだというわけじゃない。オスカー・ウェルナーは大好きだ。

PB　では、誰が気に入らなかったんです？

B　隣人の少女役をしたジュリー・クリスティーだ。演じきれていなかった。その少女の年齢は17歳に想定されているんだ。そこでトリュフォーは、ちょっとしたトリックをしかけた。ジュリー・クリスティーに主人公の妻と隣人の少女の役をやらせたのさ。一人二役だよ。それで見ているほうは頭がこんがらがってしまった。ときおり、彼女がどちらの役柄のセリフをしゃべっているのかまったく見わけがつかないんだ。

PB　現在、メル・ギブソンが二度目の映画化に関心を示しているそうですが、そのことについてどう思ってます？

B　1966年に『華氏451』が公開されたときから、私はそれをリメイクしたいと思っていた。というのも、トリュフォーは原作にある数多くのことを語り残しているからだ。

（風間賢二訳）

訳者あとがき——文字のない世界

映画監督としてのフランソワ・トリュフォーとともに、映画批評家としてのフランソワ・トリュフォーがいることを私たちは知っている。批評を書くことによって映画を学び、ついで映画づくりをはじめたフランスの「ヌーヴェル・ヴァーグ」の旗手の一人が、フランソワ・トリュフォーであった。

映画監督になってからも、トリュフォーは「自分のたのしみのために、そしてときには自分の考えをはっきりさせるために」、文章を書くという習慣を持ちつづけた。

本書は、そんな作家＝批評家によって書かれた稀有な製作日記であり、映画製作の現場報告であり、具体的な映画づくりをめぐる断章である。フランスではしばしばアンドレ・ジッドの「贋金つくりの日記」に比較され、アラン・レネによって「ジャン・コクトーの『美女と野獣』の撮影日記とならぶ傑作」と評された。

『華氏451』という映画はトリュフォーにとっては失敗作の部類に入るものだったが、それだけにこの創作＝製作日記は、映画作家がどのようにして映画の発想《アイデア》を得て、内面の創造を具体的な映像《イメージ》に投影し、作品《フィルム》に生命をあたえて成長させていくかという、なまなましい奮闘の記録になっている。それがそのまま映画とは何かを問う映画狂ならではの魅惑のエッセイにもなっている。少くとも、私たちは映画についてじつに多くのことを学ぶことができる。それにしても、映画づくりとは大変な仕事なのだなあ、とつくづく思う。映画批評など、まったくおよびもつかぬ映画的な、あまりに映画的な、めまいにも似た創作＝製作の修羅場がここにある。

この映画日記は、批評・エッセイ集、シナリオ集、インタビュー集等々とともに、トリュフォーの生前に出版される予定で、トリュフォーと訳者のあいだで周到に打ち合わせと準備がおこなわれていた。一九八四年十月二十一日にトリュフォーがこの世を去る寸前まで、原文についての疑問点などについては訳者からトリュフォーに手紙で問いただし、トリュフォーから返事をもらったが、それを註のかたちではなく、できるだけ本文に反映するようにした。したがって、原文（初出は「カイエ・デュ・シネマ」誌一九六六年二月第１７５号から同年七月第１８０号まで連載、一九七四年にシナリオ『アメリカの夜』と合わせて単行本としてセゲルス社より出版された）よりもずっとふくらんだ箇所がかなりあるけれども、それもトリュフォー本人との打ち合わせによるものである。「ある映画の物語」（Histoire d'un film）という題もトリュフォー自身の命名である。この日記は『華氏４５１』という単一の作品のドキュメントではなく、もっとひろく、映画づくりの記録であり、製作＝創造の現場に生きる人間の物語にほかならないからであろう。

とはいえ、もちろん、「ある映画の物語」は、『華氏451』という一本の映画がつくられるまでの物語である。原作は、レイ・ブラッドベリのSF小説「華氏四五一度」。巻末に付したブラッドベリの文章（「映画『華氏451』を見て」）は、トリュフォーの映画の公開にさいして書かれたもので、その原文のコピーもトリュフォーが送ってくれたものである。

トリュフォーは、ブラッドベリの小説の映画化の動機をこんなふうに語っている。

「華氏四五一度というのは本のページに火がつき、燃え上がる温度なのです。それは本を読むことが禁じられた近未来社会の物語で、消防夫が書物を焼く焚書官になっている。この奇抜な発想がたちまちわたしにインスピレーションをあたえ、なんとか映画化したいと思ったのです。ブラッドベリの発想のすばらしさは、単に書物が禁じられたら書物を暗記してしまえばいいのだという方法を、戦術を、考えだしたことです。人間が生きぬくための知恵としては最もすばらしいものの一つだと思いました」。

映画『華氏451』は、書物が禁じられた世界で書物を暗記して書物そのものになりきってしまう「書物人間」の物語である。スタンダールの「アンリ・ブリュラールの生涯」からロバート・スティーヴンソンの「バラントレイ家の世嗣」まで、さまざまな「書物人間」が登場する。サルトルの「ユダヤ人」も、ルイス・キャロルの「鏡の国のアリス」も、レイ・ブラッドベリの「火星年代記」も。
もしあなたが「書物人間」になるとしたら、何になりたいか？――という問いに対して、トリュフォーは、ジャック・オーディベルティの「マリー・デュボワ」に、と答えた。「狂気の愛を描いた美しい小説」で、トリュフォーが彼の映画（「突然炎のごとく」）でデビューした（そして「ピアニストを撃て」のヒロインを演じた）女優にマリー・デュボワという芸名をつけたり、「女は崇高なもの、女は魔物《マジック》だ」というオーディベルティの小説から引用された言葉をしばしば彼の映画のなかの人物に言わせたりしていることは、周知のとおりだ。
なお、日記の文中に引用された文章は以下の訳を引用もしくは参照させていただいたことを、感謝の意とともに記させていただきます。
「ジャン・ルノワール自伝」（西本晃二訳、みすず書房）
「華氏四五一度」（レイ・ブラッドベリ、宇野利泰訳、ハヤカワ文庫）
「デイヴィッド・コパフィールド」（チャールズ・ディケンズ、中野好夫訳、新潮文庫）
「鏡の国のアリス」（ルイス・キャロル、生野幸吉訳、福音館書店）
「ダリとの対話」（アラン・ボスケ、岩崎力訳、美術公論社）
「新不思議物語」（エドガー・アラン・ポオ、シャルル・ボードレール仏訳、大岡昇平訳「ペレニス」「ポオ全集」第一巻所収、東京創元社）

「実存主義とは何か」（ジャン＝ポール・サルトル、伊吹武彦訳、人文書院）

『華氏451』はフランソワ・トリュフォー監督の長編映画の第五作目。スタッフ・キャストを以下に記すと――（数字以外の文字が禁じられた世界なのでタイトルもスタッフ・キャストも画面に出てこず、主要なスタッフ・キャストが読み上げられるだけである）

地球を形象《かたど》ったトレードマークに「ユニヴァーサル提供」の文字が出たあと、バーナード・ハーマンの音楽とともに中間色（オレンジ色、青緑色、赤紫色など）の画面にとらえられた数々のテレビ・アンテナにキャメラがズームアップ。

ヴィニヤード・プロ作品。主演オスカー・ウェルナー、ジュリー・クリスティ

『華氏451』

共演シリル・キューサック、アントン・ディフリング、ジェレミー・スペンサー、ビー・ダッフェル、アレックス・スコット

脚本フランソワ・トリュフォー、ジャン＝ルイ・リシャール

原作レイ・ブラッドベリ

音楽バーナード・ハーマン。撮影ニコラス・ローグ（テクニカラー）

美術／衣装デザイン　トニー・ウォルトン。編集トム・ノーブル

製作補ミッキー・デラマー。製作ルイス・M・アレン

演出フランソワ・トリュフォー

映画のラストは雪が降りしきる湖水の風景がストップモーションになり、エンド・マーク（THE END)、英国ロンドンのパインウッド撮影所にて製作（made at Pinewood Studios London England)、©ヴィニヤード・プロなどの文字が出て、F・O。

以下、主要メンバーはダブるが、全スタッフ、キャストである。

製作ルイス・M・アレン。

監督フランソワ・トリュフォー。監督補佐シュザンヌ・シフマン。

原作レイ・ブラッドベリ。脚本・台詞フランソワ・トリュフォー、ジャン＝ルイ・リシャール。

追加台詞および英語版監修ヘレン・スコット、デイヴィッド・ラドキン。

撮影監督ニコラス・ローグ。撮影技師（キャメラマン）アレックス・トンプソン。

美術シド・ケイン。美術＆衣装デザイン（コンサルタント）トニー・ウォルトン。編集トム・ノーブル。

音楽バーナード・ハーマン。

出演オスカー・ウェルナー（モンターグ)、ジュリー・クリスティ（リンダ／クラリス)、シリル・キューサック（消防隊長)、アントン・ディフリング（フェビアン)、ビー・

ダッフェル（老婦人）、ギリアン・ルイス（テレビの女性アナウンサー）、ジェレミー・スペンサー（りんごをかじる男）、マーク・レスター（子供）、アレックス・スコット（アンリ・ブリュラールの生涯）、フレッド・コックス（高慢）、フランク・コックス（偏見)、ジョン・レー（ウィア・オヴ・ハーミストン）、アール・ヤンガー（ウィア・オヴ・ハーミストンの甥の少年）。

その他大勢（エキストラ）として以下のような書物が燃やされる――セルバンテス「ドン・キホーテ」、サマセット・モーム「月と六ペンス」、シェイクスピア「オセロ／ヴェニスの商人」、サッカレー「虚栄の市」、フローベール「ボヴァリー夫人」、GYP「別の世界」、ダニエル・デフォー「ロビンソン・クルーソー漂流記」、「ダリ画集」、「チャップリン自伝」、ジャン・ジュネ「泥棒日記」、クロソフスキー「ロベルトは今夜」、ヘンリー・ミラー「薔薇色の十字架2　プレクサス」、シャーロット・ブロンテ「ジェーン・エア」、マルキ・ド・サド「美徳の不幸」、マーク・トウェイン「トム・ソーヤーの冒険」、ジャック・オーディ・ベルティ「マリー・デュボワ」、ジャン・コクトー「全集」、ハーマン・メルヴィル「白鯨」、バルザック「あら皮」、モリエール「ドン・ジュアン」、ツルゲーネフ「父と子」、ポール・ジェゴーフ「判じ絵」、サリンジャー「ライ麦畑でつかまえて」、レイモン・クノー「地下鉄のザジ」、ダニエル・デフォー「ペスト」、ウォーター・S・テヴィス「ハスラー」、ドストエフスキー「カラマーゾフの兄弟」、ナボコフ「ロリータ」、ジェイムズ・ハドリー・チェイス「ミス・ブランディッシの蘭」、等々。

冒頭、焚書の最初の犠牲者になる本は「ドン・キホーテ」、モンターグが初めて読む本はディケンズ「デイヴィッド・コパフィールド」、焚書から救う最後の一冊はエドガー・アラン・ポーの「怪奇と幻想の物語」。地下牢に閉じ込められ、隔離環境によって野生児化したカスパール・ハウザーについての本をこっそり大事に焚書から救い出すシーンもある。「書物人間」の森にはエミリ・ブロンテ「嵐ヶ丘」、バイロン「海賊」、バニャン「天路歴程」、ルイス・キャロル「不思議の国のアリス」「鏡の国のアリス」、サミュエル・ベケット「ゴドーを待ちながら」、ディケンズ「ピクウィック・クラブ」、マキャヴェリ「君主論」なども逃げのびている。

ラストの雪のシーンでは「いろいろな国の書物人間たちが、各自、詩や小説などを暗誦しながら歩いています。その中で、ある日本人の男性が、『非常に疑い深い性格の持ち主で、他人のかげ口、何かと聞き入れ……』と誦《そら》じていますが、それが何という作品なのかを調べております」という読者（松沢和香子さん）からのお手紙が二〇〇九年三月に草思社編集部に届き、その後、編集部から訳者の私にもコピーが転送されてきたが（編集部には電話で問い合わせもあったようです）、フランソワ・トリュフォーはすでに亡くなっており、もちろん私には回答する術もなかった。

特別寄稿

『ある映画の物語』のためのコラージュ、そしてオマージュ

金井美恵子

たとえば、オスカー・ウェルナーという俳優について、私たちはどういうイメージを持っているだろうか。もちろん、『突然炎のごとく』のジュールとして知ることになるのだが、実はそれ以前に、私は、マックス・オフュルスの『歴史は女で作られる』で彼を見ていたはずなのだ。何もわからない幼児同然の小学生の頃、映画館で無気味なサーカス映画として、その後では、テレビ(まだ黒白の)でズタズタにカットされた特異な女の一代記として見ていた映画の中で、オスカー・ウェルナーは、ローラ・モンテスと二度も決定的に巡りあうミュンヘン大学の学生を演じていたのだ。

オフュルスの映画の魅惑的かつ特権的な主題である豪奢な馬車を介して、ローラ・モンテスに助けられ、また助けもするチャンスに恵まれ彼女を恋する初々しくのびのびした情熱家の学生を一九五六年に演じたウィーン生まれの若い俳優を、ジュール役に使うことが出来た時のトリュフォーの幸福感は察するにあまりがあふれるばかりだが、『突然炎のごとく』から、わずか四年後に撮影された『華氏451』の主役にトリュフォーはオスカー・ウェルナーを再び起用する。当然の選択だったろう。

トリュフォーの撮影日記一月二十七日（木）の項目には、ウェルナーにとっては〈やりづらいシーン〉を撮ったことが記されていて、山田宏一によって選ばれた映画のシーンの写真が見開きで入っている。（日記の文章のなかには、秘密の図書館に焚書のために押し入ったオスカー・ウェルナーがシリル・キューサックの隊長のおしゃべりをじっと聞きながら、そっと手をうしろにまわして本を盗んでカバンのなかに入れるシーン、としか書かれていないのだが、山田宏一の選んだそのシーンの写真によって、モンターグ（オスカー・ウェルナー）が盗む本が『カスパール・ハウザー』だと示されることで、やがて撮られることになる『野性の少年』（'69）を予告してしまうのだ！）『ある映画の物語』という本を、まるで映画を撮っている映画作家が書く日記形式の記録的伝記映画を撮っているかのように山田宏一は作ったのである。

一九六六年一月二十七日の木曜日（これはトリュフォーの日記の目立たない魅力の一つと言えそうだが、曜日が記されていることの心地良いリアルさ）、トリュフォーは、困難は抱えているもののまだ幸福な気分で「わたしは、毎日、オスカー・ウェルナーがワンカットごとに、まるで口移しで肺に空気を送って乳児の蘇生をおこなうように、この映画に文字どおり生命を吹きこんでくれるのを見とどけるのだ。」と記すのだが、二月一日（火）には早くも、ウェルナーとの相性が、かんばしくないことが語られ、同月十八日（金）、二十二日（火）にもウェルナーの扱いにくさが語られる。「これ見よがしにクラリスの腕をとったり」するばかりか、ジュリー・クリスティーの演技指導まではじめる始末なのだ。

この日記には撮影中の楽しみの一つとしてナショナル・フィルム・シアターのルノワール映画祭で、数々のルノワール作品について語られるのだが、ルノワールの自伝には『大いなる幻影』の撮影時、ドイツ飛行隊の隊長を演じた憧れの大スター、『グリード』の名監督エリッヒ・フォン・シュトロハイムとの口論の顚末が語られている。ルノワールは泣き出してしまい、あなたの才能に対する崇敬の念を思えば、もうこれ以上論議を繰り返すくらいなら、この映画の監督はあなたにお任せすると申し出たというのだ。もちろん、今日にいたるまで『大いなる幻影』は、ルノワール作品として知られているのであり、シュトロハイムより、ルノワールは役者が上だったのである。

《「絶えずナチ占領時代のレジスタンスを頭に置いて書かれ」たせいで「いやが応でもこのルノワールの〈レジスタンス映画〉（『自由への戦い《ジス・ランド・イズ・マイン》』）に似たところがたくさんある」のはともかく、『道徳的で生硬な観念的テーマがストレートに表面に出ていて、きまじめで、どちらかと言えば重厚な映画になる様相を帯びて」いたシナリオを、トリュフォーは撮影に入ると同時に、「逆に軽妙な感じがほしい」と考え、『東欧圏の〈抵抗映画〉にもアメリカの進歩的知識人の〈メッセージ映画〉にも似せたくない。

主題は一見大作ふうだが、ささやかな、つつましやかな、ただ単純に人間の心にふれる映画をつくりたいと思うのだ」と日記に書きつける。『華氏451』では、成功しなかったかもしれないが、「ナチ占領時代のレジスタンスを頭に置いて書かれ」、なおかつ「一見大作ふうだが、ささやかな、つつましやかな、ただ単純に人間の心にふれる映画」を、彼は粘り強く待って『終電車』で実現してみせるのだし、もっと子供っぽくささやかなちょっとしたアイディア、『華氏451』のテレビのなかに映し出される長髪の若者の髪を消防隊員が刈るシーンに入るアナウンサーの「ずるがしこい若者たちは法に従うことを拒絶するために床屋へは行かず、自分たちのあいだでおたがいに髪を刈りあうことを思いついた」というナレーションは、『トリュフォーの思春期』のなかで、ずるがしこい子供たちが床屋の料金を浮かせるために自分たちで散髪するというシーンで実現されていることに思いあたるというわけだ。》

本を燃やす、

本が燃やされるという情景は、もちろん映像の中でしか見たことがない。

売れ残って倉庫を一杯にしてしまう厄介ものの本や雑誌は機械で断裁して処分されるということも、話しとしては知っているが、こちらの方は劇映画であれ、記録映画、あるいはテレビのドキュメンタリーでも見たことがない。処分された本や雑誌は再生紙になって、また別の本になったりするという生産システムに組み込まれているわけだが、フランソワ・トリュフォーの『華氏451』（'66）に登場する消防隊による火炎放射器の焚書は、暴力的な殺人行為として表現される。

一九五三年に出版されたブラッドベリのSF小説は、ジョージ・オーウェルの『一九八四年』（'49）の「引用」のような未来の監視社会の中で、ナチの言論弾圧の派手なデモンストレーションとして行われた焚書が、今の時代で考える過去の記憶などではなく、なまなましいつい昨日の残忍な悪夢のような現実の出来事として未来の社会に反映されていたわけである。

本棚の埃を拭いたり本を探したりしながら、なんとなく手にとってパラパラとページを繰り、何ページかをいつも読みかえしてしまう本の一冊が、トリュフォーの『華氏451』の撮影日記『ある映画の物語』（山田宏一訳）だ。『華氏451』のスチールだけではなく、本文との関わりで的確に選ばれた様々な映画の魅力的なスチール写真が載っているこの二三八ページの小さな本は、いわば映画と本への深い愛情によって作られていると言っていいだろう。

撮影日記に書かれた様々なエピソード（トリュフォーが読んだ本や、一緒に仕事をした映画音楽作曲家のバーナード・ハーマンから聞いた、笑わずにはいられないハリウッドゴシップが引用される）と、映画撮影の現場の次々と起こる、その場ですぐに判断し解決しなければならない問題を読んでいると、こちらまで疲れてしまいそうにもなるとは言え、とても楽しい美しい本だ。

「訳者あとがき」には、トリュフォーが山田宏一に語った『華氏451』を映画化したいと思った動機が紹介されている。本を読むことが禁じられ、皮肉なことに消火が仕事の消防夫が書物を焼く焚書官になっている近未来社会の中で生きる〈書物人間《ブック・ピープル》〉という存在を思いついたことがこの物語の素晴しさだと言うのだ。本という言葉が印刷された紙で出来た物体の存在が禁止されているなら、人間が本を暗記して、他の人々に伝えればいいという方法＝戦術は「人間が生きぬくための知恵としては最もすばらしいものの一つ」だと思うとトリュフォーは語っている。

それはそうなのだけれど、と私は『ある映画の物語』が上梓されて読んだ時（'86）から思ったものである。本を読むという秘やかで個人的な快楽――本の世界が、どんな広がりを読む者にもたらそうと、あくまで個人的な――に、他人の肉体は介在させたくない。『若草物語』のジョーや『レベッカ』のヒロインのように、自分をやとっている老婦人のために面白くもない不快な本を朗読するという職業が、かつてはあったとは言え、〈書物人間《ブック・ピープル》〉の本では、好きな時に好きなカ所を何度でも読みかえしたり、ベッドで読むということが出来ないではないか。「本」の持つ美質のコンパクトさが欠けすぎているのだ。

トリュフォーはロンドン郊外のパインウッド撮影所のスタジオでの不慣れな撮影を行いながら、その合間に、快楽のためにナショナル・フィルム・シアターで特集上映されているジャン・ルノワール（この呪われた作家は、トリュフォーが最も敬愛する映画作家の一人だろう）の映画を見に行き、その感想を記しているのだが、この本の中では、ルノワールの最も有名なと言うか、それ故に呪われた名作でもある『大いなる幻影』（'37）について触れられていない。

『大いなる幻影』は、禁書としての焚書ではなく、第一次大戦のドイツの捕虜収容所で、ロシア兵たちがロシア皇妃の馬鹿気た善意に腹をたてて、捕虜の兵士たちへのクリスマス・プレゼントとして赤十字を通して送られてきた幾つもの木箱に収められた本の山を燃やすのである。他の国は兵士たちの家族からクリスマスを祝う食糧や手紙や衣類がとどけられているのに――。

『大いなる幻影』が撮られた当時、ナチスは焚書キャンペーンを大々的に行っていたわけだが、ルノワールは、権力の言論弾圧として語られる焚書を、いわば、蛆のわいたとても食べるものではない塩漬け肉を海に破棄して反乱を起こしたエイゼンシュテインの『戦艦ポチョムキン』の水兵たちと見事に結びつけてしまったと言えるのではないだろうか。

焚書＝言論弾圧＝悪という図式的な思考回路が、ルノワールの映画の怒りから黙々と本を燃やすロシア兵たちの映像によって陳腐化されるのだが——と、実を言うと、たった今、思いあたったのだ——トリュフォーを含めて、あの本を燃やすシーンを人々はどう批評したのだろうか。トリュフォーは『華氏451』の中で、自分の愛着している美しいお気に入りの本を燃やしたのだったが、それはことに情熱的な「愛」は燃えるようなものであるからだし、ロラン・バルトがシャトーブリアンの『ランセの生涯』から傑作という瞑想的な観念ではなく「燃えるような書物の感覚」を与えられると言うのも同じことだろう。

国家の強権的な焚書のおふれだが、わざわざ燃やすという派手な手間などかけなくても、「本離れ」は着々と進んでいる。

ところで、必要な本を見つけようとしていて、本棚の最上段から落ちてきた本の角が鼻と頬にあたって軽いすり傷をこしらえてしまった出来事が二度続いておきた。「本」で読んだ文章を確かめるために「本」を探そうとしていてのことだ……。

《それに、本の出現するシーンにしても、ゴダールの『アルファヴィル』でエディー・コンスタンチーヌが見つけるほこりを被った本の山と、本のページがパラパラとめくられるなかに、あっと息をのむほど美しく出現するハンス・ベルメールのデッサン（ベルメールのエロティックなデッサンが、アンナ・カリーナの出現を予告するのである）

のほうが『華氏４５１』のダリの画集より、美術というものに対する趣味がずっと洗練されている。そういえば燃えるキリンの絵を描いたダリは、画集だけではなく、後年、自分自身も炎に焼かれて大ヤケドをしてしまうのだったが、これは余談だ。》

《日記というものは日付があるのと、どうしてもこの本をゴダールのことを思い浮かべつつ読んでしまうので思い出したのだが、一九六六年、ブラック・パークで書物人間《ブック・ピープル》の撮影中に大雪が降るという僥倖に遭遇する四月には中国で文化大革命がおき、紅衛兵旋風が起きたのだった。焚書という言葉は秦の始皇帝の焚書坑儒という専制的所業から出ているぐらいだから、きっと紅衛兵たちも本を燃やしたに違いあるまい。ゴダールは『華氏４５１』のせいで『中国女』のなかに盛大な焚書のシーンを撮れなくて、くやしかったかもしれない》

＊「本を燃やす、」は『カストロの尻』（二〇一七年、新潮社）より
＊《……》箇所の出典は「季刊リュミエール５」・一九八六年秋号、筑摩書房、「なぜ『ある映画の物語』は読まれなければならないのか」

火炎放射器で本を焼くシーン（映画『華氏451』より）

ある映画の物語2——シナリオ『アメリカの夜』

A movie about film making ——なぜ映画についての映画なのか？

一九七一年七月、わたしは、『恋のエチュード』（一九七一）の撮影を終えたあと、身も心も疲れ果てていた。たぶん、『恋のエチュード』という映画がけっしてたのしい映画ではなく、その悲しくせつない主題にわたし自身が打ちひしがれていたということもあって、わたしはこの映画の編集をパリではやる気になれず、現像したフィルムをすべて南仏ニースのヴィクトリーヌ撮影所に送り、そこで編集をおこなうことにした。すぐ近くに家族がバカンスに行っていたので、子供たちに会えるというたのしみもあった。

ヴィクトリーヌ撮影所には、数年前にブライアン・フォーブス監督、キャサリン・ヘップバーン主演のアメリカ映画『シャイヨの伯爵夫人』（一九六九）のために建てられたパリのシャイヨ広場のオープンセットがそのまま残っていた。広場の中央には小さな泉水があり、歩道に沿って建物がならび、カフェのテラスが向こう側に、地下鉄の出入口がこちら側にあり、そしてモンマルトルふうの石段もあった。この巨大なオープンセットは地中海の暴風雨に何度もさらされて、あちこちひどくいたんでいたが、それでも、そのまま――補修もされず、使いものにならないまま――残されていた唯一の理由は、取り壊しの費用がかかりすぎるからとのことであった。

　編集室に行くために、わたしは毎日、撮影所のなかをとおり、このオープンセットを遠くから、近くから、斜めから、横から、さまざまな角度でながめることになった。裏側から見ると、それはとくにすばらしかった。映画ならではの興趣をそそるものだった――言うまでもなく、セットはキャメラにうつる表面だけがリアルにつくられていて、裏側は薄汚れたベニヤ板やむきだしになった柱や鉄骨にすぎなかった。

　こうして、何年も前から漠然とわたしの頭のなかにあった映画についての映画、a movie about film making（映画づくりを描く映画）のアイデアが具体的にふくらみ、どうしても撮りたいという強い欲望に高まったのである。撮影所のなかには、製作部のオフィスから俳優控室、メーキャップ室、音楽ダビング室、映写室、等々に至るまで、すべてがそろっていた。だから、もしこの撮影所のなかですべての物語《アクション》が展開するという脚本を書くことができれば、三一致の法則にもとづく一本の映画――すなわち撮影所という単一の場所で、撮影初日《クランクイン》から撮影終了日《クランクアップ》までという単一の時間に、撮影そのものを描くという単一の物語――を撮ることができると考えたのである。撮影に入るまでの準備段階はすべてとばすことにしよう。このテーマはすでにあの偉大なるフェリーニの『8½』(一九六三)に描きつくされているからだ。撮影に入る前と同様、撮影後の話も切って、純粋に一本の映画を撮り上げるまでの物語に限定することにしよう。

映画をテーマにした映画はこれまでに何本かつくられているが、なかでもマルセル・パニョル監督の『ル・シュプンツ』(一九三八)、ヴィンセント・ミネリ監督の『悪人と美女』(一九五二)、スタンリー・ドーネンとジーン・ケリー共同監督の『雨に唄えば』(一九五二)がわたしの好みの映画だ。

映画づくりを描く映画とはいったものの、わたしはいわゆるドキュメンタリーが嫌いなので(ジャン・ルノワールがいみじくも言ったようにドキュメンタリーというのは映画に似て非なるものだとすら思うのだ)、映画づくりの現場のドキュメンタリーを撮る気はもちろん最初からなかった。しかし、事実にもとづく物語は大好きなので(といっても、ある種の「教育映画」であった一九七〇年の『野性の少年』がわたしにとってはそのギリギリの線なのだが)、映画がどのようにしてつくられるかを、つまり映画という仕事の現場(work in progress)を、できるかぎりわかりやすく描いた劇映画をわたしなりにつくってみたいと考えた。映画づくりについてのすべての真実を描くことはできないにしても、少なくともこれまでのわたし自身の映画やわたしの知っている他の人々の映画の製作中に実際に起こった事実のみを描くことにした。

どの人物も仕事中の姿と私生活の姿とが二重に描かれる。私生活に秘密のある者もいる。こうした人物たちがスタッフ・キャストになって、一本の映画を撮ることになるが、それは、あたかもハワード・ホークス監督のあのすばらしい西部劇『赤い河』（一九四八）のように、テキサスからミズーリまで牛の大群を運ぶキャトル・ドライヴと同じ長い旅路だ。そして、もちろん、長い旅の終わりには、たどり着くべき目的地がある。

シナリオを組み立てるにあたって、わたしは古くからの相棒《パートナー》であるシュザンヌ・シフマンと友人のジャン゠ルイ・リシャールの協力を得ることにした。まず映画のなかで撮る映画（劇中劇／映画中映画）の主題を決めなければならなかったが、その内容をあいまいで漠然としたものにすることだけは、いかにもインテリっぽく安易なやりかたなので、最初から避けなければならないと思った。それに、現実のシーン（撮影風景）と虚構のシーン（劇中劇）とが混同しないように、劇中劇のほうはできるだけ単純な物語にしなければならない。劇中劇はどうしても部分的にしか見せられないということもあるし、撮影風景のほうがコミカルでふざけた調子になるので、それとは対照的にシリアスなドラマにすることにした。そこで、何年か前に新聞をにぎわせた事件でイギリスで起こった実話を劇中劇の主題に選んだ。一人の青年がフィアンセを連れて両親の家に帰ってくるが、結婚式の直後、息子の嫁に恋をした父親が彼女と駈け落ちをしてしまう――この話をそっくりそのまま劇中劇『パメラを紹介します』

にもってきた。こうして、両親と息子夫妻という二つの世代の二組のカップルができ、駈け落ちという一つの事件の設定によって、ドラマが明確に浮かび上がってくるはずだ。劇中劇のシーンはいろいろなかたちで（演技リハーサル中、あるいは本番撮影中、ときにはラッシュ試写といったかたちで）見せることになるが、つねに二つの世代の二組のカップルと父親と息子の嫁の駈け落ちという点にドラマの焦点を絞るので、観客はどんなシーンの断片を見ても物語の全体を把握できるだろうし、ということは、映画の構成の面では、劇中劇『パメラを紹介します』の物語を時間の配列順《クロノロジカル》に語らずに、撮影が進むにしたがって形がはっきりしてくるという絵解き《パズル》のおもしろさをそれなりにだせるということにもなる。

撮影風景のほうは、いわばスタッフやキャストのもめごとの連続で、その日の予定がこなせずにスケジュールが狂わせられるばかりだ。撮影は難航するが、かならずしもそれは特別な撮影なのではなく、ごくありふれた撮影の状況をありのままに見せることになるだろう。十人以上の人物たちもまったくランクづけされずに描かれる。記録の女の子も小道具の青年もスターと同じ重要な存在であり、映画の主役なのだ。

わたしがつくるのはフランス映画であり、フランス映画以外のものではありえないが、それでも、映画そのものを描く映画であるからには、なんらかのかたちでそこに「映画の都」ハリウッドのイメージがほしいと思った。そのために、イギリス女優だがフランス語を流暢に話し、ハリウッドのスターとして知られるジャクリーン・ビセットと戦前にフランス映画の二枚目としてデビューし、ハリウッドでその主なキャリアを築いたジャン゠ピエール・オーモンをキャスティングすることにしたのである。さらに、そこにヨーロッパとアメリカで活躍してきたイタリア女優、ヴァレンチナ・コルテーゼがからめば、いっそう国際的なひろがりを増すことになるだろう。

それにしても、いま、なぜ映画についての映画を撮らなければならないのか？　それに対する答は、十二年前にさかのぼる。

一九六一年六月、わたしはアルザスで『突然炎のごとく』を撮っていた。ある日、主役の俳優たち――ジャンヌ・モロー、オスカー・ウェルナー、アンリ・セール――とともにいつものように小声でシーンの打ち合わせをしたあと、わたしたちの用語でいうところの「本番テスト」に入った。テラスで、二人の男がテーブルをはさんでドミノ・ゲームに夢中になっていると、片隅で編物をしていたジャンヌ・モローが立ち上がって、編み棒を手にしたまま、「誰か、あたしの背中を掻いてくれない？」と言うシーンである。すると、突然、本当に誰かがフレームのなかに入って来た。ジャンヌ・モローのせりふまわしがあまりにも自然だったせいか、映画のスタッフの一人――小道具の青年だった――が、本番テストとは思わずに、つかつかとジャンヌ・モローのところへ寄って来てその背中を掻いてやろうとしたのだ。これには、もちろん、スタッフ全員、大爆笑だった。このあと、わたしたちはいっそう和気あいあいのムードで、たのしく仕事をつづけることができた。笑いは人生の糧であるように、映画の撮影にも必要不可欠のものなのである。

こういった思いがけない出来事が撮影のたびに起こるが、かならずしも愉快な話ばかりではなく、単にわけのわからないことだったり、ときには耐えられないようなむごいことだったりする。実際に起こることのほうが強烈でなまなましすぎて、撮影中のシーンのつまらなさがきわだってしまうことすらある。たとえば、男優と女優がベッドのなかでセックス・シーンを演じるときには、ベッドの両側に二人の助監督がキャメラにうつらないように身を屈めて懸命にシーツをひっぱりっこしながら波立たせ、ベッドのなかの男女がいかにも激しく身体を動かして交わっているようにみせる――そんなとき、映画監督としては、つい、こいつは映画についての映画のほうが映画そのものよりもずっとおもしろくて迫力があるぞ、などと思ってしまうのだ。

映画の撮影現場を実際に何時間か見たことのある人は、誰もが、なぜこんなに大勢の人間が右往左往して何がなんだかわけのわからないことばかりやっているのだろうと思って、居心地悪く、うんざりしたにちがいないと思う。映画はどのようにしてつくられるのかという疑問に対する答を見出すことができることを期待して来た人は、何の答も得られずに失望して立ち去ることになるだろう。まさにそのことを念頭に置きながら、わたしたち――ジャン゠ルイ・リシャールとシュザンヌ・シフマンとわたし――は『アメリカの夜』のシナリオを書いたのである。わたしたちの映画の観客の一人一人に見学者あるいは見習い助手になってもらって、現実の映写時間である一時間五十五分のあいだ、虚構の期間である七週間の撮影につきあっていただこうと思ったのである。

この映画の撮影中、わたしは、何度となく、こんな質問をされたものだ――あなたの愛する職業の秘密をバラし、その神話を打ちくだき、映画をつまらなくしてしまうことをおそれないか、と。それに対して、わたしはいつも、こう答えた――飛行士は飛行機の操縦のしかたを知りつくしている。そのテクニックのすべてを説明することができる。しかし、それが飛行の秘密をバラし、その神話を打ちくだき、つまらなくしてしまうことになるだろうか、と。

映画の仕事は言葉では言いつくせないくらいすばらしいものであり、その証拠に、いったんこの仕事に手を染めた人は、誰ももうほかのことをやりたがらない。映画ばかりでなく、ショービジネスの名で呼ばれる世界の魅惑がそこにある。よく知られているこんな実話がある――あるサーカスの団長は、一座がつぶれたあともサーカスをあきらめきれず、象の芸のお相手として他の一座に雇われた。その象の芸とは、鼻で人間をひっぱたき、顔におしっこをひっかけるというものであった。くる日も、くる日も、団長は象に鼻でひっぱたかれて悲鳴をあげ、おしっこをひっかけられて逃げ回り、満場の喝采と笑いを浴びていた。落ちぶれて屈辱を耐え忍ぶそんな彼の姿を見るに見かねた旧友の一人が、「大学を出て、公認会計士の免許も持っているおまえだ、ちゃんとした官公庁で雇ってもらえるのに、どうしてそんなみじめなことに甘んじてるんだ?」と言うと、団長は憤然として答えたのであった——「この商売《ショービジネス》を捨てろというのか? ばかな!」。

『アメリカの夜』は、わたしなりに、ショービジネスについてのこうしたもろもろの思いをこめて、「映画はいかにしてつくられるか?」という問いに対して映画的に、すなわち視覚的《ビジュアル》に答えた映画なのである。それが、いま、このようなかたちで活字になることになった。画《え》でのみ可能なことが活字でも表現しうるだろうか? しかし、思えば、わたしの人生の歯車は、書物を映画にし、映画を書物にすることを嚙み合わせることによって回転してきたのだ。書物と映画への双方への愛が、わたしに、一冊の書物へのオマージュにほかならない映画『突然炎のごとく』(一九六二)を撮らせ、さらには、書物そのものへの限りないオマージュである『華氏451』(一九六六)を撮らせたのだから。

映画と書物がおたがいに愛の行為のように交じり合って、一つの物語を生みだしてくれることを、いま、わたしは願うのみである。

(一九七三年十月)

『アメリカの夜』のオリジナル・ポスター

この映画に登場する主要人物——企画書より

ジュリー・ベイカー（女優）

彼女は映画の初めには出てこないが、すでにみんなの話題になっている。少女時代の大半をフランスですごしたこの若く美しいイギリス女性は、イギリス人と結婚した彼女のフランス人の母親と同じようにハリウッドの女優として名をなした。アメリカからやって来た彼女は、その官能的な存在感で周囲を圧倒するが、みかけとはうらはらに、きわめて控え目な行動が印象的である。スタッフのみんながおそれていたハリウッド的なスターの気まぐれや気むずかしさはまったくない。しかし、病み上がりの彼女にはどこかよわよわしい感じがある。二年前、彼女は神経衰弱のため、倒れたのである。『パメラを紹

介します』は、二年間のブランクのあと、彼女の復帰第一回の映画になる。だが、最後までもちこたえられるだろうか――というのがスタッフの誰もが心に抱いている不安である。

セヴリーヌ（女優）

彼女は、いまや消えつつあるものの代名詞であり、かつてはスター、あるいはむしろ女神《ディーバ》とまで呼ばれた女優だ。明るく、陽気で、人をたのしませ、すべてに感じやすく、あだっぽく、過剰なほど女っぽい。ときには淫らなほど奔放で、性格も生活も乱れてはいるが、その柔軟で表現力豊かなすばらしい即興の才でスタッフの目をみはらせる。しかし、その彼女にも暗い秘密があるらしく、いつもシャンペンのびんを手もとに置いている。女優の仕事ひとすじにのめりこんで忘れてしまいきれない私生活の悩みがあることがわかる。

アレクサンドル（男優）

フランス人だが、ハリウッドで二枚目スターとしてのキャリアを築き、「西欧の恋人《コンチネンタル・ラヴァー》」と呼ばれて人気のあった俳優だ。かつてハリウッドでジュリーの母親の相手役を演じ、またセヴリーヌとも共演し、恋人どうしだったこともある。寛大で温厚な人柄で、人生を泥にまみれて生きるよりは、遠くからそっとながめていたいというタイプであり、実際、いつもちょっと身をひいて、細かいところに立ち入らず、自己を語らず、仕事に関しても個人的な見解より一般論を述べるほうを好む。人生の辛酸をなめつくし、ありとあらゆる映画の撮影にかかわってきたらしいことが察せられる。彼の秘密は、撮影の合間を縫って、毎日、空港へ行き、誰かを待っているらしいことである。

アルフォンス（男優）

若手のフランス俳優で、饒舌な演技を抑えるために最近パントマイムを学んだ。映画狂の彼は、いつも自分の仕事に打ち込んできたが、今回の『パメラを紹介します』の撮影には気もそぞろで、熱中できずにいる。リリアーヌという記録見習い《スクリプター》助手の若い娘との恋愛がどうも成就しそうにないからである。離婚した両親のあいだで、パパとママのどっちが正しいのかと悩む子供のように、彼は自分に問いつづける――恋愛と仕事とどっちが大切か？　人生と映画とどっちが大切か？

リリアーヌ（記録見習い《スクリプター》助手）

映画の仕事をするのはこれが初めてで、アルフォンスの「恋人」である。映画の世界にあこがれて『パメラを紹介します』の撮影に参加したものの、やっぱり外部の人間とつきあうほうが気楽で、アルフォ

ンスのような俳優と暮らすのは面倒くさそうだと感じはじめている。健全な肉体と健全な精神に恵まれた彼女は、良識を超えた狂気に走ることに戸惑いを感じる。現代っ子のモラルにささえられて、どんなことでもどっぷり深みにはまったりせずに、人間関係もあっさりとしたものにしたいと思っている。他人にも押しつけがましくしたくないし、他人からも押しつけがましくされたくないのだ。だから、彼女はアルフォンスにこう文句を言わずにはいられない――「自分の子供時代が不幸だったからといって、みんなにそのつぐないをさせようとするなんて、どうかと思うわ」。

ベルトラン（プロデューサー）

太い葉巻きをくわえてふんぞりかえり、「スタンダールとかいう小説家をここへ連れてこい」などと平気で叫んだりする無教養で下品で野蛮で金もうけ

のことしか考えないハリウッド的なタイクーンのイメージからは程遠い、「心ある」プロデューサーである。『パメラを紹介します』に金をだすアメリカの映画会社の連中たちに対してきわめて丁重なのは、かならずしも腰を低くしておもねているわけでなく、傲岸不遜なビッグ・プロデューサーの真似をしたくないからである。話のわかるプロデューサーであり、ときとして映画にのめりこみすぎて感情に流されがちでですらある。製作上の悩み事があっても、スタッフに余計な心配をかけないように、じっと自分の心に収めようとするタイプだ。スタッフに対して甘いというわけではないのだが、父親のようなやさしさを持っているプロデューサーなのである。パリを離れての今回の撮影に対する彼の心構えは、夏休みの林間学校を開設した校長先生と同じだ。無事に撮影が終わるまでは安らかな眠りにつける夜もないにちがいない。

フェラン（監督）

小さいころから片方の耳がわるかったのだが、兵役中、砲兵隊に配属され、演習でもう一方の耳もやられてしまい、そのために補聴器をつけている。しかし、噂によると、じつはこの補聴器は、自分の悪口や批判など聞きたくないことは一切聞こえず、いいことを言っているときだけ聞こえるという魔法の補聴器だということである！　彼の言うことはすべて彼が本心から思ったことだが、しかし思ったことをすべて口にだして言うわけではない。大監督の威厳をひけらかして現場を指揮するボスのようにふるまうのは、彼の望むところではなく、スタッフと和気あいあいのムードで撮影することが人生の最大の幸福だと思っている。子供時代の最も幸福な思い出——夏休みの林間学校の思い出——がそこに結びつく。

撮影の正常な進行をかき乱す不慮の出来事の数々

に悩まされながらも、じつはそれらすべてが、彼には有効な刺激剤となる。追いつめられ、きびしい制約から生まれる工夫が、しばしば、映画を豊かにするからである。

撮影期間中、彼にとっては、世界のすべてが二つに分割される——映画のためになるものとためにならないものとに。

ジョエル（記録《スクリプター》）

誰も彼女の真似はできない。彼女は絶対に妥協せず、撮影のすべてに気を配り、段取りから映画の内容に至るまですべてをチェックし、スタッフ・キャストのほとんど全員の打明け話の相手となり、何が起こるかをいち早く予知するのである。何事にもへこたれず、撮影の糸をかげで操り、監督を表面にだすためにあえて悪役を演じることすらある。監督にずっとつきっきりで、ときには彼の身代わりになり、保護者にもなる。と同時に、映画そのものにも完璧に同化する。映画そのものになりきって周囲に気を配らなければやっていけない仕事なのだ。

誰にもだまされないように気をひきしめ、とくに撮影現場で生まれる恋愛には気をつけなければならない。その冷静さ、明晰さが、人々をいらだたせずに、有効に作用しているのは、彼女の言動がきわめて慎み深く、的確で、むだがないからである。恋愛もしないわけではない。だが、その恋愛観はつぎのような言葉に要約されよう——「わたしは、映画のために男を捨てても、男のために映画を捨てる気はないわ！」。

ベルナール（装飾＝小道具）

ずるがしこく、怒りっぽく、文句をならべてばかりいるが、仕事熱心で、要領よく、スタッフ全員をからかい、とくに女たちをあざけり笑うという、い

わばモリエールの古典喜劇における道化役のような存在である。
装飾＝小道具というのは、目立たないようで、じつは撮影中は、タクシーの運転手のように個性の強い独自の存在である。マルセル・パニョル監督の『ル・シュプンツ』のフェルナンデルが演じた装飾＝小道具の信条に耳を傾けよう——「小道具係というのはあまり注目されない職業だが、わたしの好きな唯一の職業なのさ。狂った仕事だからね。映画を見ても、わたしは俳優を見ない。小道具だけを見る。小道具だからといって、ばかにはできない。小道具係のセンスがわるいと、ティーポット一つで、せっかくのラブシーンも台無しになることだってあるからね」。

シナリオ『アメリカの夜』

タイトル

メイン・タイトル、『アメリカの夜』。
音楽が流れる。
画面にサウンド・トラックそのものがうつる。音が光学録音されて帯状になったたい

メインタイトルとクレジット・タイトルから→

わゆるモジュレーションが、音量に応じて波のようにふくらんだり、われたりする。

チューニングの音が聞こえ、録音スタジオでオーケストラに向かう作曲家のジョルジュ・ドルリューの声。

「静粛に。譜面をよく見て正確に」

レコーディングがおこなわれているのだ。

「気楽な、ゆっくりとしたテンポで」

弦楽器（とくにバイオリン）を中心にした静かな、しかし心ときめく旋律。

「そう、もう一度やろう……そうそう、きっかけはきれいにいった。

通してやってみよう。

スタートをそろえてくれるとうれしい。

ここでテンポを上げてくれるといい。

その調子……

休まずに、最後までいこう。

そうそう、そうだ。

エンディングの最後の音にアクセントを……そう。

三十八番のフェルマータに注意。

甘すぎないように。

譜面をよく読んで。
それだけだ」

その間に、出演者やスタッフのクレジット・タイトルが次々に出る。

ジャクリーン・ビセットからはじまる女優陣、

ジャン＝ピエール・オーモンからはじまる男優陣（フランソワ・トリュフォーの名も）。

そして、「音楽　ジョルジュ・ドルリュー」、

「演出　フランソワ・トリュフォー」。

古い陽気なシャンソンを想わせるノスタルジックなアコーデオンの音色（のちに食前酒《アペリチフ》の団欒のひとときに流れる旋律の一部であることがわかるのだが）とともに、「アメリカ映画の父」「映画芸術の父」として知られるD・W・グリフィス監督の一九一二年の作品で、映画史上最初の、そして最も美しい姉妹スターとなるリリアン・ギッシュとドロシー・ギッシュがそろってスクリーンにデビューした記念すべき名作『見えざる敵』の一場面が引用される。その有名なスチール写真がうつされた画面にフランソワ・トリュフォーの自筆で、と同時に画面外からトリュフォー自身の声で――

「この映画をリリアン及びドロシー・ギッシュに捧ぐ」

この映画をリリアンおよびドロシー・ギッシュに捧ぐ（『見えざる敵』より）

クランクイン

パリのトロカデロ広場の全景。新聞売りのスタンド、地下鉄の出口、カフェ、レストラン、美容院、等々。バスが走り、自家用車が走り、自転車に乗っていく人、乳母車を押してくる婦人、犬を連れて散歩する婦人、さまざまな通行人でにぎわっている。

地下鉄の出口から、一人の青年が現われ、広場を横切っていく。キャメラは青年を追って移動し、それから青年を追い越して、向こう側の歩道を歩いてくる一人の紳士の姿をとらえる。

青年が紳士の行く手をさえぎり、いきなり平手打ちを食わせる。と、その瞬間、

「カット！」

という声が聞こえ、フェラン監督の顔のアップがうつる。

映画のワンシーンの撮影中で、通行人はみなエキストラ。パリのトロカデロ広場も南仏ニース近郊のここヴィクトリーヌ撮影所のなかに建てられたオープンセットである。太陽光線の補助や抑えのための巨大な照明器具《ライト》があり、キャメラをセットした大クレーンがあり、いま見た移動撮影はワンカットの長いクレーン・ショットの本番テストだったことがわかる。

青年を演じているのはアルフォンス、紳士を演じているのはアレクサンドル。フェ

ラン監督の映画『パメラを紹介します』に出演しているのだ。

チーフ助監督のジャン＝フランソワがハンド・スピーカーでエキストラ全員を一か所に呼び寄せる。

「エキストラのみなさん、集まってください」

広場の通行人たち全員が集まる。

「よし、急いで、もう一回やり直しだ」

とジャン＝フランソワが拡声器《スピーカー》で説明する。

「地下鉄の出口からダメだ。さっきはうまくいったのに。バスのスタートも二秒ほど遅い。広場の向こう側の動きも遅れ気味でよくない。美容院から出てレストランに入っていく婦人がいたはずだが、見えなかった。自転車も通らなかった。いいですね、では、もう一回いきましょう。よく気をつけて。スタートがかんじんだ。とくに地下鉄の出口だ。ここはたくさん人が出てくる感じなのに、すぐ画面がからっぽになってしまう。もっとおたがいに間隔をあけて、うまくやってほしい。今朝のテストのときのほうがずっとよかった」

その間に、別の一角では、フェラン監督がアルフォンスにアレクサンドルの顔に平手打ちを食わせる場面の動きをつけている。

キャメラをのぞき、助手と打ち合わせをする撮影技師《キャメラマン》のワルテル。

フェラン監督（役のフランソワ・トリュフォー）、キャメラマンのワルテル（キャメラのファインダーをのぞいている）、右はスクリプターのジョエル（ナタリー・バイ）

製作進行のラジョワに指示を与えているプロデューサーのベルトラン。

いそがしそうに走りまわる小道具（装飾）のベルナール。

アレクサンドルの口ひげの手入れをするヘアメイク（結髪とメーキャップ）のオディル。

記録《スクリプター》のジョエルが見習い助手のリリアーヌに記録用紙《シート》を見せ、記録の要領を教えている。

「カットの最初《あたま》と最後《しり》とフィート数を書いてね、ここは丸で囲むの」

ジョエルがカーボン紙をはさんでコピーをとっているのを見て、リリアーヌが、

「それは誰のため？」

「あなたのため」

「あたしのため？　ああ、それを見本にして書けばいいのね」

キャメラマンのワルテルが照明助手に向かって叫ぶ。

「ルルー、ライトを切っといてくれ」

オープンセットの裏側では、テレビ局の取材班が待ち構えている。リポーターがテレビ・カメラに向かって取材の挨拶をはじめる。

「みなさん、こんにちは。ここはニースのヴィクトリーヌ撮影所です。わたしたちがこれから取材する映画『パメラを紹介します』がクランクインしたばかりです。残念

ながら、かんじんのパメラを紹介することはできません。パメラの役を演じる若き女優、ジュリー・ベイカーがまだハリウッドから来ておりません。到着が待ち遠しい感じです。しかしながら、彼女以外のすべてのスターはそろっております。まもなくインタビューすることができるでしょう」

主役の一人を演じるアレクサンドルがプロデューサーのベルトランと歓談しながらやってくる。先ほど本番テストのシーンで青年に平手打ちを食わされた紳士の役を演じている中年の二枚目男優である。

「横っ面をひっぱたかれどおしだ。腫《は》れ上がって二、三週間は熱をもちそうだよ。まあ、たいしたことはないけどね」

プロデューサーのベルトランがアレクサンドルをテレビのリポーターに紹介する。

「主役をお渡ししますよ」

ベルトランがそのままさっさと立ち去っていくので、リポーターがあわてて呼びとめる。

「プロデューサー、待ってくださいよ。『パメラを紹介します』について一言お願いします」

「いや、いや、プロデューサーというのは影の存在でね」

ベルトランはふりむきもせずに去っていってしまう。

リポーターのインタビューに答えて、アレクサンドルが答える。

「そうですね、これは五十代の男性が主人公の物語で、息子が一人いる。その息子が若い英国女性と結婚して、彼女を両親に紹介するためにやってくる……」

次いで、息子の役のアルフォンスが答える。

「そう、これは一人の青年の物語で、若い英国女性と結婚し、三か月後、海辺の別荘に住んでいる両親に彼女を紹介するためにやってくる……」

アレクサンドルがつづける。

「そして、わたしが演じる父親が息子の嫁に恋をし、彼女もわたしに恋をするのです」

アルフォンスがつづける。

「そう、そこで、若い英国女性は彼女の夫の父親と恋におちる……」

アレクサンドルがつづける。

「映画はこの不倫の恋を描くのです」

「それで、どうなるのですか」

アレクサンドルに代わって、アルフォンスが答える。

「そうだな、やっぱり悲劇的な結末になるんじゃないかな。誰も運命からのがれられないというのが悲劇だから」

アレクサンドルがインタビューに終止符を打つ。

「申し訳ありませんが、このぐらいで勘弁してください。そろそろ出番ですので」

「『パメラ』、シーン1、テイク1！」

助監督の一人がカチンコを打ち、冒頭と同じ広場のシーンの本番撮影がはじまる。

チーフ助監督のジャン゠フランソワの声が拡声器《スピーカー》からひびく。

「さあ、本番いきます！　バスをだして！」

バスが前面を横切る。

「みんな、もっと早く新聞売りのところへ！」

小犬を連れた婦人らが新聞売りのスタンドへ急ぐ。

「犬のご婦人、もっと早く歩いて！」

婦人、新聞売りのスタンドを離れて、急ぐ。

「地下鉄の出口のあたり、もっと活発に！」

人々の行き来がはげしくなる。

「白い車！」

白い自動車がフレーム・インして、去る。

地下鉄の出口が見える。

「アルフォンス、急いで！　早く出て！」

アルフォンスが地下鉄の出口の階段をのぼって出てくる。

キャメラはアルフォンスを追い、さらに移動しながら、ゆるやかに左へパンしていく。

アルフォンス、歩調を速める。

「もっと早く！」


向こう側の歩道のカフェのテラスが見える。

「カフェのテラス、もっとにぎやかに！」

手前のほうでは先ほどの小犬を連れた婦人が立木のところでぐずぐずしている。

「犬のご婦人、歩いて！」

婦人、あわてて小犬をひっぱって歩きだす。

「赤い車だ！　早く、赤い車！」

赤い自動車がフレーム・イン。

「もたもたしないで、赤い車、消えるんだ！」

赤い車、フレーム・アウト。

石段をおりてきて広場に入り、向こう側の歩道を歩いてくる中年紳士アレクサンド
ルの姿が見える。

「キャメラ、よく見て、アレクサンドルがくる。寄って」

キャメラ、アレクサンドルをとらえる。アルフォンスが走り寄り、アレクサンドル

にいきなり平手打ちを食わせる。

「カット!」

というフェラン監督の一声とともに、長いワンシーン=ワンカットの本番撮影の一回目《テイク・ワン》が終わる。

「もう一回いこう」とフェラン監督。

チーフ助監督のジャン=フランソワがすぐ応じて、ハンド・スピーカーで、

「もう一回いきます」

スチールマンのピエロが一瞬の間をとらえてアレクサンドルとアルフォンスの写真を撮っている。

フェラン監督がハンド・スピーカーを取って号令する。

「みんないいかな、本番!」

「お静かに!」と録音技師。

「どうぞ」とキャメラマンのワルテル。

スクリプターのジョエルがカチンコを打つ。

「『パメラ』、シーン1、テイク2!」

アルフォンスがアレクサンドルに平手打ちを食わせる。

「『パメラ』、シーン1、テイク3!」

またも、平手打ち。

「『パメラ』、シーン1、テイク5！」

またも、平手打ち。

「『パメラ』、シーン1、テイク7！」

またまた、平手打ち。

「カット！」とフェラン監督。

アルフォンスが監督のほうに向かって叫ぶ。

「いまのはどう？」

フェラン監督が小走りにクレーンの位置に戻る。スクリプターのジョエルがあとを追う。チーフ助監督のスピーカーの声が広場全体にひびきわたる。

「さあ、全員、もう一度位置についてください。スタートの位置に！　もう一回、最初からいきます」

オープンセットの全景。

スクリプターのジョエルがカチンコを鳴らす。

「『パメラ』、シーン1、テイク14！」

チーフ助監督の、スピーカーの声。

「ヨーイ・スタート！」

広場のオープンセット

エキストラが動きだす。バスが走る。キャメラとキャメラマンをのせたクレーンがゆっくりと舞い上がるように動き、ワンシーン＝ワンカットの移動撮影。ヴィヴァルディ調の音楽とともに、撮影快調のムードが高まる。


その晩。

ニース市内のホテル・アトランチックがスタッフ・キャストの宿舎である。

「こちら、ニースのホテル・アトランチック……アトランチックでございます。かしこまりました。そのままお待ちください」

という電話交換嬢の声が聞こえる。

フロントで、ヘアメイクのオディルが手紙に切手を貼っている。スクリプターのジョエルがフロントにやってくる。

「すみませんが、わたしの部屋にはお風呂だけでシャワーがないんです。シャワー付きの部屋と交換できないかしら」

フロントの青年が答える前に、隣にいたオディルがジョエルに話しかける。

「あたしの部屋、シャワー付きよ。あたしはお風呂のほうが好き」

「あら、そう、よかった。お部屋、交換してくれる？」

「いいわ」

「よかった。じゃ、いっしょに行きましょう」

「いいわ」

「すてき。静かなお部屋?」

「とても静かよ。交換しましょ」

フロントの青年をそっちのけにして部屋の交換の話をつけたジョエルとオディルはおしゃべりをつづけながら脇の階段をのぼっていく。

電話交換嬢の声。

「ホテル・アトランチックでございます。おつなぎいたします。どうぞ……」

二階の廊下をフェラン監督が通っていくのが見える。ジョエルがオディルに何枚かの写真を渡して言う。

「ヒロインのジュリーの写真なの。監督に渡してくれる?」

「いいわ」

オディルはジョエルから写真を受け取って、フェラン監督を追いかける。フェラン監督は廊下の奥で立ちどまり、テーブルの上の青い花びんを「これは何かに使えそうだ」という表情でじっと見つめる。

電話交換嬢の声。

「内線27をお願いします。こちら、ホテル・アトランチックでございます……」

オディルがやってきて、フェラン監督に写真を手渡す。

「ジョエルから、これを。ジュリーの写真ですって」

「ジュリーの写真か。ありがとう、オディル」

オディルはそそくさと去る。フェラン監督はキャメラマンのワルテルを呼ぶ。

「ワルテル、来て見てくれ。ジュリーの写真だ」

ワルテルが入って来て、フェラン監督といっしょに写真を見る。

「この女優、知ってますよ。彼女の映画を見ましたよ……カー・チェイスのアクション映画」

「そう、そう」

「でも、彼女、病気で倒れたとか」

「そう、神経をやられてね。しかし、あれはもう二年も前のことだからね。もう心配ない」

とフェラン監督は自信たっぷりに答えて、写真をめくっていく。

美しいジュリーの写真が次々に現われる。

ワルテルは、それでも心配げに言う。

「でも彼女は完全に映画をすっぽかしたわけでしょう。それも撮影の真っ最中に」

「そう、たしかにすっぽかしたけど……彼女はそのあと彼女の主治医と結婚した。そ

パメラ役のジュリー・ベイカー（ジャクリーン・ビセット）の写真を見ながら…

れですっかり回復して、いまはもう完全によくなっているはずだよ」

「プロデューサーのベルトランはやっぱりちょっと心配しているのでは？」

「いや、そんなことはないと思う。安心しているよ。この写真の彼女はどうだ、すばらしくきれいだ。これもとても彼女らしくていい」

「ショートヘアの写真はないのですか」

「ここにある。かつらだが、ちょっと髪の色が黒すぎないか」

「そうですね。撮影のときには、もう少し明るい色のほうがいいですね」

「そう……パメラの役はかつらで演《や》ってもらうしかないから」

「目がきれいですね」

「そう、明るく澄んだ瞳だ。美しいグリーンの瞳だ。（さらに写真をめくりながら）信じられないくらい彼女の母親にそっくりだ」

「そうですね……あ、これもいい。顔立ちがじつにきれいですね。やさしくて美しい」

「これもとてもいい。悲しげな風情で、しかもセクシーだし……すごくきれいだ」

そこへ小道具のベルナールがあわただしく入ってくる。手には新案の小道具を持っている——コード付きのロウソク立てである。

「すみませんが、監督、これ見てくださいよ、これ」

「いいとも、ベルナール、見せてくれ」

「こうやるんですよ」

と言って、ベルナールはかがみこんで壁のコンセントをさがす。

「仮装パーティのシーンで使うロウソクだな」とフェラン監督。

「そう、こうやって」

とベルナールは興奮気味に早口で説明する。説明はやや混乱しているが、仕掛けのほうは単純明快である。

「このあかりを消して（と電気スタンドを消し、ロウソク立てのコードをコンセントにつなぐ）、こうすると、ほら、あかりがつくでしょう」

ロウソクの片側ががらんどうになっていて、そのなかに豆電球が仕込んであるという苦心の仕掛けである。豆電球の入っている側をキャメラのほうに向けさえしなければトリックはバレない。ベルナールは得意満面である。

「ワルテル、火をつけてくれ」

「よし、きた」

ワルテルがロウソクの先の芯にライターで火をつけてやる。

「こうやって豆電球《ランプ》の光を直接顔にあてると、ロウソクに顔を照らされている感じになる仕掛けですよ。しかし、うまくやってもらわないといけませんよ。豆電球をキャメラのほうに向けないようにね。さもないとバレちまいますからね。ミシェル街で細工はりゅうりゅう……」

フェラン監督がうなずく。

「よし、わかった」

「いいですか、これで」

「いいとも、ベルナール、いいぞ。買った！　上出来だ。コードはどこを通る？」

「袖からドレスを通って下に……」

フェラン監督は納得し、こんどはテーブルの上の青い花びんから枯れた花を抜き取って、花びんを差しだす。

「ベルナール、この花びんを見てくれ」

ベルナールは花びんを取って見るが、何のことかよくわからず、キョトンとしている。

「ホテルの花びんだが、わるくないだろう」とフェラン監督。

「これをなんとかできないか。セヴリーヌの出る夫婦の食後のシーンに使いたいんだ、映画のなかで」

ベルナールは当惑気味。

「だって、ひびが入ってるじゃないですか」

「セヴリーヌ女王様には内緒だぞ。さあ、持っていけ」

花びんを押しつけられたベルナールは、しぶしぶ去る。ワルテルがそのあとを追い、ロウソクのトリックについて念を押す。

「さっきの豆電球の仕掛けをもうちょっと見たいんだが……」

ホテルの電話交換嬢の声。

「こちらはホテル・アトランチック。チュラン様をお願いします……」

上の階段から、アルフォンスと記録《スクリプター》見習い助手のリリアーヌが寄り添って、たのしそうに笑いながらおりてくる。フェラン監督が二人を迎える。

「やあ、リリアーヌ、やあ、アルフォンス」

アルフォンスとリリアーヌも挨拶を返す。

フェラン監督は先ほど青い花びんから抜いた花をリリアーヌに差しだす。

「ほら、これはきみに」

「ありがとうございます。それから、こんどの仕事をいただいたお礼も言わなくては」

「スクリプターの仕事は気に入った？」

「初日なので、まだよくわかりません……」

「そう……でもすばらしい仕事だよ。すぐわかる」

「二か月後に感想を言いますわ」

「そうだね。それじゃ」

フェラン監督が廊下を去っていくのを見送りながら、リリアーヌがアルフォンスに言う。

「ねえ、監督は耳が遠いんじゃないの」

たしかに、フェラン監督は左の耳に補聴器を付けているのである。アルフォンスが説明する。

「耳が遠いのもしかたないさ。兵役中に砲兵隊で耳をやられたんだ」

「そうだったの」

アルフォンスが急に声をひそめてリリアーヌに言う。

「ねえ、リリアーヌ」

「何？」

「きみにしてほしいことがある」

「いいわよ」

「ぼくの前を歩いてくれ。きみのお尻を見たい」

リリアーヌはいたずらっぽく笑って、モンロー・ウォークをまねて、腰をふりふり廊下を歩く。

「どう？」

「いいぞ、最高だ」

とアルフォンスは大よろこびだが、すれちがったホテルの客の老婦人の顰蹙を買う。

電話交換嬢の声。

「ホテル・アトランチックでございます。おつなぎいたします。ローマです。どうぞお話しください」

アルフォンスとリリアーヌはドアをあけて部屋に入る。すれちがいに出ていく若い女中のあとをアルフォンスが目で追う。

「見たわよ」

「何を？」

「あの女中に気があるんでしょ」

「ぼくがあの女中に？」

「スケベ」

「まさか」

「あんたごのみの女ね。ピョコピョコ歩きのアヒル女」

と、リリアーヌはからかい半分になじりながらベッドに腰かけ、ナイトテーブルのひきだしをあけて、たばこを取りだす。

「ピョコピョコ歩きのアヒル女⁉……」

と言いながら、アルフォンスは洗面所のほうに行く。

「なんだ、妬《や》いてんのか」

「あたしが妬くわけないでしょ。だいたい、嫉妬なんて愚劣よ。嫉妬するくらいなら、いっそ相手を殺してしまうほうがいい。嫉妬深いのはあんたよ」

「ぼくが？」

と洗面所から首をだす。

「そうよ、両の眉毛がくっついてるでしょ、それが証拠よ」

「眉毛がくっついてるって？」

アルフォンスは「まさか」といわんばかりの顔つきで洗面台の鏡をのぞきこむ。

「くっついてなんかいないぞ」

アルフォンスは洗面所から出てきて、

「それよりも、ベッドをくっつけよう。離れすぎててさびしい」

部屋のなかにならんだツインのベッドを動かそうとする。

「そうね」

とリリアーヌも立ち上がる。

「ちょっと待って。ナイトテーブルを先に動かしたほうがいいわ」

それから、アルフォンスと力を合わせてベッドの一つを持ち上げて運ぶ。鉄製のベッドなので、すごく重い。

「ダブルベッドのある部屋をたのめばよかったのに」

「うん、でもそれは製作進行のラジョワに言わなきゃならないんだ」

次いで、もう一つのベッドの移動にとりかかる。

「これもだ……まったく、ぼくはベッドを動かす名優だ！」

やっと二つのベッドがきれいにならんだところで、

「リリアーヌ、今夜はどうする？」

「ねえ、スチールマンのピエロが教えてくれたんだけど、郊外に小ぢんまりした素敵なレストランがいろいろあるんだって」

アルフォンスはびっくりして、それからカッとなって、

「小ぢんまりとした素敵なレストランだって？　何を言ってるんだ？」

「だって、どこかで食べるんでしょ」

「それは、そうだ」

とは言ったものの、映画狂のアルフォンスにとっては聞き捨てならぬことだ。

「でも考えもしなかったよ、そんなこと。だって、ニースには映画館が三十七館もあるんだ。上映中の映画のなかから何か一本えらんで、住所をさがして映画館まで行って、最終回のはじまる時刻を調べて、もしまだ時間があったら、その近くのスナックでサンドイッチでも食べよう。それで充分だ」

二人はいっしょに机を動かす。

「その、きみのなんとかいうスチールマンに言ってやれ、郊外の小ぢんまりした素敵なレストランの炭焼きステーキとやらで火傷でもするがいいやって」

「あきれた！　まったく、つきあいきれないわ」

さすがのリリアーヌもこらえきれずに、アルフォンスに向かって宣告する。

「いい、あたしは今夜は映画にも行かない。ホテルで食べるのもいや。どうなの」

急にアルフォンスはおとなしくなる。

「わかった、きみの言うとおりにするよ。（それからリリアーヌにやさしくくちづけをして）でも一つだけ条件がある……」

「いいわよ……言って」

リリアーヌは両腕を組み、いたずらっぽい笑みを浮かべて待つ。アルフォンスは俳優らしく演技、というより彼一流の儀式をはじめる。ベッドのほうに行き、花束から一輪の花を摘み取るジェスチャーを大仰に演じ、そのまま一輪の花をリリアーヌに献げる恰好をして、

「ぼくの妻になってほしい」

画面がしだいに暗くなって――フェイド・アウト。

こうして、劇中劇『パメラを紹介します』の撮影の初日が終わる。『アメリカの夜』の撮影の初日でもある。

映画監督とは何か

ヴィクトリーヌ撮影所の朝である。

フェラン監督はヘアメイクのオディルに『パメラを紹介します』のなかの小さな役を演《や》らせることにした。かつての大女優、セヴリーヌが演じるアレクサンドルの妻（アルフォンスの母でもある）の小間使の役である。

チーフ助監督のジャン＝フランソワが小間使の衣裳を持ってきて、オディルをつかまえ、

「オディル、これだ。ちょっと着けてみてくれ」

白い襟飾りのある黒い服、白いレースの髪飾り。

「映画のなかで着る衣裳だ」

「ええ」

オディルは小間使の役にまんざらでもなさそうである。

ジャン＝フランソワが画面外のフェラン監督に向かって言う。

「どうです？」

「よし、エプロンも見せてくれ」とフェラン監督。

「わかりました」

エプロンをオディルの黒い服の前に掛けて見せるジャン＝フランソワ。

「これです。どうです？」

「いいぞ、買った！」

フェラン監督は、その足でオープンセットに向かう。脳裏にはいろいろな考えが渦巻いている。フェラン監督のモノローグが入る。

「映画の撮影というのは、いわば西部の駅馬車の旅に似ている。美しい夢にあふれた旅を期待して出発するが、すぐ期待は失せ、目的地に到着できるかどうかさえ心配になってくる……」

製作部のラジョワがフェラン監督の前に現われ、モノローグは中断される。

「おはようございます。失礼ですが……私を覚えてらっしゃいますか。新任の製作進行のラジョワです」

「ああ、そうだったね」

「パメラの交通事故のシーンに使う車のことなんですが……」

と言って、ラジョワはフェラン監督をみちびき、二台のコンバーティブルを見せる。

一台は赤、もう一台は白の車体である。

「この二台のうち、どちらがよろしいでしょうか」

「この二台か」

「ええ」

「白いほうをブルーに塗り替えられるといいんだが、できるかね」

「それはできますが、二十万フランかかりますよ」

「二十万も？　これをブルーに塗り替えるだけで？　やめよう、そのままでいい。それにしても白すぎるな。（その向こうにあるもう一台の車を見て）あれはどうなんだ、あのブルーの車は？」

「あれはダメですよ。助監督のジャン゠フランソワの車です」

「ジャン゠フランソワの？　それなら、だいじょうぶだ。承諾してくれるだろう」

「たのんでみましょう」

「そうしてくれ」

製作進行のラジョワに車の件をまかせて、フェラン監督はセットに向かう。ふたたびモノローグが入る。

「映画監督とは何か。映画監督というのは、絶え間なく質問を浴びせられる存在だ。どんなことでも、みんな、監督に質問してくる。ときには答えることもある。だが、いつでも答えられるわけではない」

美術のダミアンがやってきて、またモノローグは中断される。

「広場のセットはいかがです？」

「とてもいい。きみの言ったとおり、早く建て込んでおいてよかった。それに、天気つづきで運もよかったよ」

「そうですね……で、バンガローのほうをお見せしたいんですが」

「よし、見にいこう」

美術のダミアンはあわててフェラン監督をとめて、

「いや、いや、セットの建て込みはまだです。デッサンだけです」

腕にかかえていたスケッチ帳をひらいて見せる。

「これは表から見た図ですが、内部には家具や調度品をきちんとそろえます。つまり、ベッドが入りますし、両側にはナイトテーブルを置き、ソファや椅子も入れて、テーブルの上には……」

「待った。話の途中ですまんが、このシーンではキャメラはずっと外からの引きのみで室内には入らないんだ」

「あ、そうなんですか」

「外から窓ごしに二人を撮るだけだ。だから、室内は窓ごしに見えるベッドだけでいい。二人が寝たベッドが見えればいい」

「わかりました」

美術のダミアンが去ると、こんどはプロデューサーのベルトランがやってきて、

「ああ、フェランか。さがしていた。こんなことで気をわずらわせたくはないんだが、アメリカ側の強い要求で、どうしても予定どおりに上げなければならなくなった」

「ああ、それで？」

「つまり、七週で撮り上げなきゃならんのだ」

「七週で？」

「そうだ。できるか」

「七週で上げるのは、らくじゃないな」

「もちろん、撮り残しやつなぎのカットをひろうために、必要な技術スタッフだけを残して、そのあと三、四日くらいはなんとかなるだろうが……俳優たちは十月三十一日までしか拘束できないんだ」

「十月三十一日までか。ジャン゠フランソワともう一度スケジュール表を見て検討し直さなくては」

「では、たのむぞ」

「わかった」

とは言ったものの、フェラン監督はショックを隠せない感じだ。モノローグがつづく。

「七週……ということは週五日で実働三十五日だ。このような映画をわずか三十五日で撮るなんて、とても無理だ」

こんどはヘアメイクのオディルがフェラン監督のモノローグを妨げる。彼女は頭だけのマネキンに女のかつらをのせて持っている。

「これ、見ていただきたいんですが……」

「なんだね、これは」

「マダム・セヴリーヌのかつらです」

「かつら?」

「はい、マダム・セヴリーヌのかつらです。ちょっと髪の色が明るすぎるのではないかと思って」

「ちょっと明るすぎるかもしれないが、わたしにはよくわからない……記録《スクリプター》のジョエルに見せてくれ。ジョエルがワルテルと相談して決めてくれるだろう。ワルテルを知ってるね、撮影の。二人に見せれば、いっしょに相談して決めてくれるよ」

「わかりました」

かつらの話がかたづいたと思ったら、次は小道具である。チーフ助監督のジャン＝フランソワがフェラン監督をつかまえて、ひっぱっていく。

「小道具のベルナールが見てくれって。ほら、持ってきましたよ」

撮影所のラウド・スピーカーの声がひびく。

「プロデューサーのベルトラン様、製作部のオフィスまでおこしください」

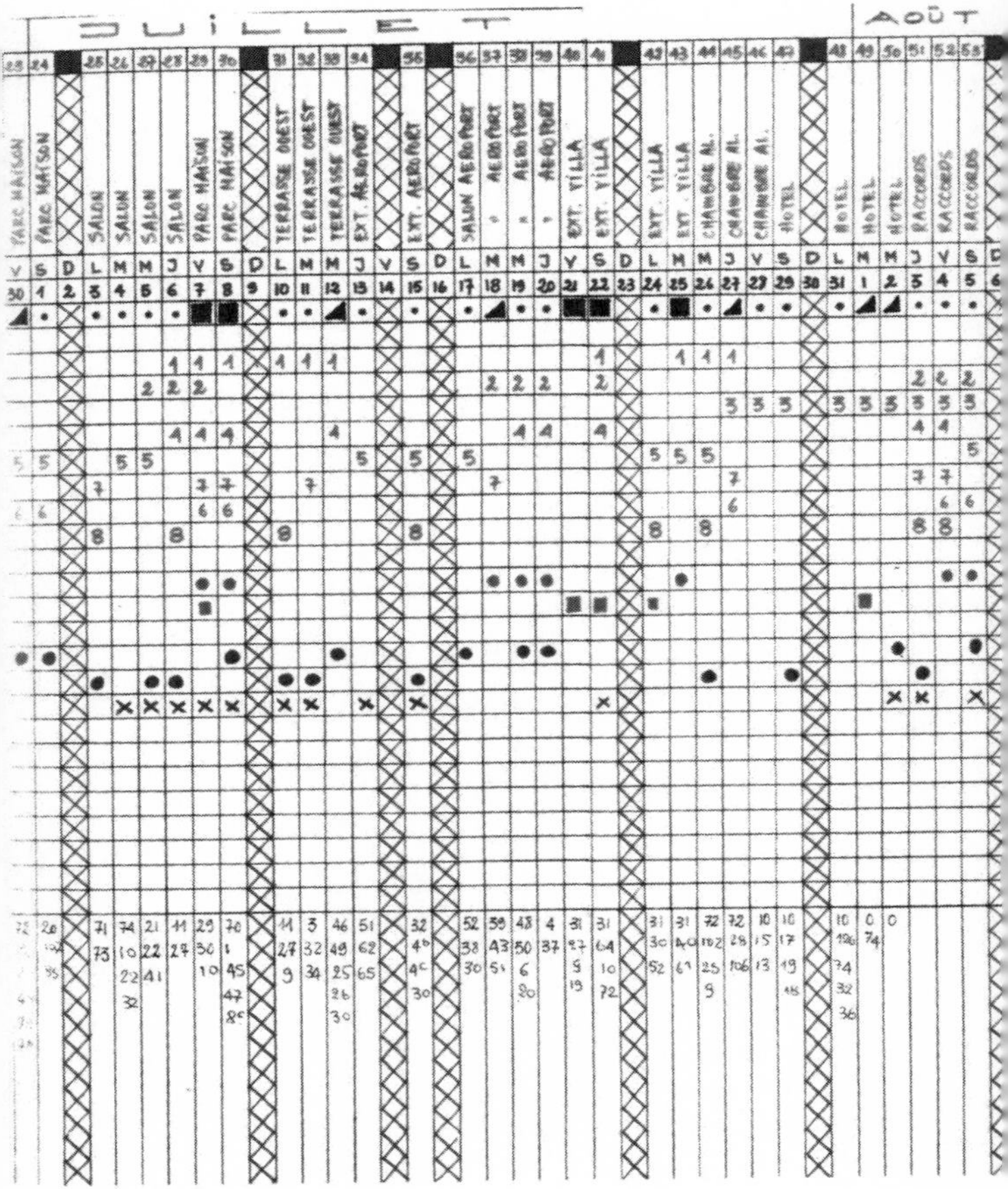
JUILLET
AOÛT
PARC MAISON
PARC MAISON
SALON
SALON
SALON
SALON
PARC MAISON
PARC MAISON
TERRASSE OUEST
TERRASSE OUEST
TERRASSE OUEST
EXT. AEROPORT
EXT. AEROPORT
SALON AEROPORT
AEROPORT
AEROPORT
AEROPORT
AEROPORT
EXT. VILLA
EXT. VILLA
EXT. VILLA
EXT. VILLA
CHAMBRE AL.
CHAMBRE AL.
CHAMBRE AL.
HOTEL
HOTEL
HOTEL
HOTEL
RACCORDS
RACCORDS
RACCORDS

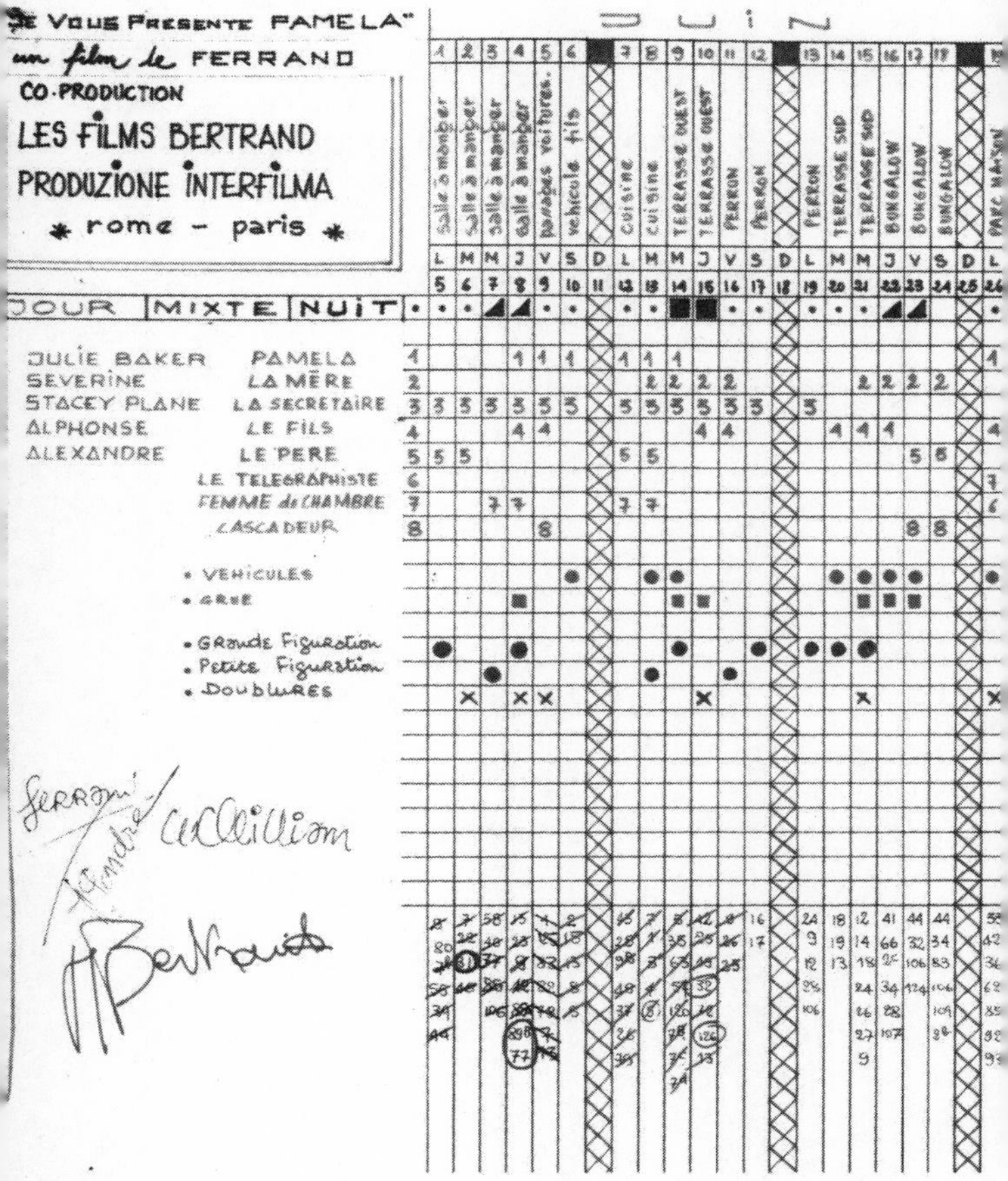

劇中劇『パメラを紹介します』の撮影スケジュール表

小道具のベルナールが両手にいろいろな型の拳銃をならべたケースを持って走ってくる。

「これです。五梃入ってます。ラスト・シーンの拳銃ですけど」

「そうか、ラスト・シーンの拳銃だな……」

「どれにします?」

「そうだな……アルフォンスは手が小さいから、いちばん小型のがいい。(一梃の拳銃を手に取り)これだ、これがいい」

それから数時間後、その日の撮影が終わり、まったく人気のなくなったオープンセットにはゴミを燃やしたあとの残り火がくすぶっている。

呼出しのアナウンスがひびきわたる。

「『パメラ』組は試写室にお集まりください」

ラッシュ試写

撮影所のなかの小さな試写室である。撮影されたフィルムは次々に現像所《ラボ》にまわされ、次々にその撮影結果を見るための速成プリントすなわちラッシュ〔・プリント〕

が上がってくる。そのラッシュ試写がこの小さな試写室でおこなわれるのだ。

『パメラを紹介します』のスタッフのほとんどがすでに試写室の席についているが、かんじんの監督の席もあいているし、キャメラマンのワルテルも記録《スクリプター》のジョエルもまだ来ていないので、チーフ助監督のジャン＝フランソワはやきもきして廊下に出て待ち構え、やがて三人を伴って入ってくる。

「さあ、これでみんな集まったぞ」

みんなが「遅いぞ」「やっと来たか」などとひやかすので、ジョエルはみんなに挨拶をして愛想をふりまき、ワルテルは、

「やあ、裏方さん、みんなそろったか。お役目ごくろうさん」

小道具のベルナールがすかさず、

「裏方がいなきゃ、あんたの仕事も成り立たないぞ」

とやり返す。

みんな笑顔で、和気あいあいのムードだ。

フェラン監督が席につき、脇にすわっている編集のヤンに、

「きょうはどのシーンまで？」

「セヴリーヌとアルフォンスのシーンです。〝ぼくは二人を殺す〟と言うシーン」

「初日のラッシュは？　オープンセットの広場のシーン。例の平手打ちのあるシーン

だが……」

「いや、それはありません。二巻しか届いてませんから」

「それは変だな」

フェラン監督はうしろのほうをふりかえり、

「プロデューサー、初日のオープンセットのシーンが上がってきてないらしい。平手打ちで終わるシーンだ」

出口のすぐ近くの席にすわっているプロデューサーのベルトランは製作進行のラジョワをよんで、

「ラジョワ、すぐパリの現像所《ラボ》に電話して、どうなっているのかたしかめてくれ」

ジョエルがそれに付け加える。

「シーン1よ」

ラジョワは「わかりました」と言って、試写室から出ていく。

「あるものから見ることにしよう」

フェラン監督は最後にもう一度試写室を見まわして、

「来てないのは……？　セヴリーヌは？」

「マダム・セヴリーヌは絶対ラッシュを見ないそうです」

とオディルが答える。

映写室にフェラン監督が声をかける。

「どうぞ！」

あかりが消える。映写窓から白い光がもれるだけで、試写室のなかが一瞬シーンとなる。

「背後に迫る白い恐怖……」

と暗闇のなかでワルテルがつぶやく。

「シィーッ、うるさいぞ！」とアルフォンス。

暗闇のなかで、フェラン監督は突然、アレクサンドルがいないことに気がつく。隣の席のジョエルに、

「アレクサンドルが来てないぞ」

「ええ、いつもこうです。きっと空港に行ってるんですわ」

二人は声を殺して早口で会話する。

「いつも空港に行って何をしてるんだ？」

「知りません。毎日行くんです。誰かを待ってるらしいの。どうも私生活に悩み事があるようなんですけど」

「そうか……」

ラッシュ試写がはじまる。

「『パメラ』、シーン10、カット1、テイク2！」
カチンコを鳴らす音とともに、青年（アルフォンス）が階段をおりてくるシーンがうつる。
暗闇のなかで、じっと画面を見つめるアルフォンス。
青年は階段をおりながら、悲壮な面持ちで、
青年「ママ……ママに話があるんです」
母親（セヴリーヌ）が沈鬱な面持ちでソファにすわっている。
青年「（母親に向かって）二人のことで話があるんです。いやですか」
母親「いや」
青年「いやでも話します。二人の居場所がわかりました。見たんです。パリにいます。逃げも隠れもしないで、公然と暮らしています」
母親「なぜこだわるの。わたしのように、もう二人のことは忘れておしまい」
青年「忘れられるもんか」
画面を見つめる編集のヤンとフェラン監督。
母親「（青年にやさしくしがみつくようにして）わたしたち二人きりで旅に出ましょう、どこか遠くへ。おまえのためよ」
青年「（母親から離れて）ぼくは決心したんです、ママ、パリへいって二人を殺します」

ラッシュ試写…息子（アルフォンス）と母親（セヴリーヌ）

暗闇のなかで画面に見入りながら、自分の演じる青年の口に合わせてせりふをつぶやくアルフォンス。

「『パメラ』、シーン10、カット1、テイク4！」

カチンコの音とともに、スクリーンは同じ場面のもう一つのOKカットがつづく。

画面を見ながら編集のヤンがフェラン監督に言う。

「〝逃げも隠れもしないで、公然と暮らしています〟のところは、前のテイク3のほうがいいですね」

試写室の暗闇のなかでは、微妙な三角関係のドラマが展開している。記録《スクリプター》見習い助手のリリアーヌが隣の席のスチールマンのピエロのすっているたばこを取って一口すってから返す。その親密な仕ぐさを目ざとく察知したアルフォンスは、リリアーヌの腿に手をのばす。リリアーヌはその手を受け入れ、その上に自分の手を重ねる。

先ほどパリの現像所に電話をかけにいった製作部のラジョワがあわてて戻ってきて、プロデューサーのベルトランの耳もとで何か報告をしている。

スクリーンから、

「カット！」というフェラン監督の声。

アルフォンスとセヴリーヌのシーンが終わり、ラッシュ試写が終わる。

試写室にあかりがつき、みんなが席から立ち上がって出ていこうとすると、プロデ

ューサーのベルトランが、

「大変な技術上のトラブルがあった。フィルムの現像中に停電になって、オープンセットの広場のシーンは全部使えなくなった。エキストラをもう一度集めて、撮り直しだ」

みんな、「そんなばかな！」といった声を上げる。

「ぼくの平手打ち、うまくいったのに！」とアルフォンス。

ベルトランはフェラン監督に、

「撮り直しはいつにする？」

「そうだな……」

スクリプターのジョエルが、

「明後日ならやれるわ」

と言うと、チーフ助監督のジャン゠フランソワが、

「ダメです、日曜までは無理です。ニースで百五十人ものエキストラをすぐには集められません。とても無理です！」

フェラン監督がプロデューサーのベルトランに、

「保険は？」

「交渉してみる。なんとかなるだろう」

みんな、試写室から出ていく。プロデューサーのベルトランはフェラン監督にしみじみと言う。

「まったく、いま金もうけをしようと思ったら、不動産のほうがいい。映画は金にならんからね。それでも、好きでやめられなくてね」

試写室のドアがしまる。

スターの控室

アレクサンドル（サングラスをしている）が階段を上がってくる。彼の脳裏にプロデューサーのベルトランの声が追いかけるように聞こえてくる。

「平手打ちのシーンを撮り直しせにゃならんのだ。平手打ちのシーンを！」

二階でばったりプロデューサーのベルトランに会う。アレクサンドルはサングラスをはずして、ベルトランと握手をする。ベルトランがポータブル・テレビを小脇にかかえているので、

「いいのを持ってるね。わたしにくれるのかい？」

「いや、いや、きみにじゃない」

そこへ製作部のラジョワがくる。

「紹介しよう、製作進行のラジョワだ」

アレクサンドルはラジョワと握手を交わす。

「よろしく」

「こちらこそ」

ベルトランはラジョワの左手を見て、

「なんだ、それは」

ラジョワは左手に花束を持っている。

「マダム・セヴリーヌへの花束です」

「なんだと？　新聞紙で包むとは何事だ。もっときれいなので包んでこい」

ラジョワ、あわてて去る。

アレクサンドルはゆっくりと廊下を歩きながら、ベルトランに話しかける。

「セヴリーヌはこの映画でわたしが相手役なのを知っているのかい」

「もちろんだ。とてもよろこんでいるよ」

「そうか、よかった」

「彼女に挨拶しにいったらどうだね」

「そうしよう。控室はどこだね」

「すぐそこだよ」

とベルトランは手でさし示す。そして去る。

アレクサンドルは控室のドアをノックする。なかから「どうぞ！」という女性の声。

アレクサンドルはドアをあけて、なかに入り、かつての二枚目スターを偲ばせる魅力的なやさしい微笑を浮かべて、両手をさしのべ、

「セヴリーヌ！」

奥から、

「（イタリア語で）アモーレ・ミオ……アレクサンドル……（そして英語で）マイ・ダーリン、マイ・ラブ……」

と大声を上げながら、ピンクの部屋着のセヴリーヌが大きく手をひろげて走り寄り、アレクサンドルにとびつく。

「（イタリア語訛りのあるフランス語で）会えてうれしいわ」

アレクサンドルはセヴリーヌを抱いて、じっと彼女の顔を見ながら、

「（イタリア語で）女神のように美しい《ディヴィナメンテ・ベラ》……」

「（イタリア語で）あんたこそ年をとったのに、いつまでも若い……」

二人、見つめ合う。

「ねえ、いっしょに仕事ができて、ほんとにうれしいわ」

「わたしだって……覚えてるかい、ハリウッドでわたしたちが最初に出会ったときの

こと」

セヴリーヌは急に声をひそめて、

「やめて。昔のことは話さないで。年を感じさせることは言いっこなしよ。あんただって整形手術をしたくせに。みんなに言っちゃうから！」

「(やさしく、冗談っぽく) まだ言わないでくれ。でも、じきにバレちゃうな」

二人は声をだして笑い合う。

奥の化粧台のわきで、二人の様子を見ているヘアメイクのオディル。

セヴリーヌはかつての愛人だったアレクサンドルの首に手をまわして、

「あなたのためなら、また料理をはじめてもいいわ。ミラノ風リゾット、あなた、大好きだったわね。(イタリア語で) ね、大好きだったわよね」

アレクサンドルは急にセヴリーヌから離れ、

「まさか、あんなもの大嫌いだよ！」

「(おどろいて、イタリア語で) なんですって？」

アレクサンドルはまたやさしい微笑を浮かべて、

「いや、冗談、冗談。きみのミラノ風リゾットは大好物さ」

と、かつての恋人《アモーレ》たちは戯《ざ》れ合うようにまた大声で笑い合う。

「あなた、きょうはわたしたち、いっしょの出番？」

古い恋人たちの再会…セヴリーヌ（ヴァレンチナ・コルテーゼ）とアレクサンドル（ジャン＝ピエール・オーモン）

「いや、きょうはきみはアルフォンスといっしょのシーンだよ。わたしはこれから空港へ……じゃ、またあした」

とドアをあけて帰りがけのアレクサンドルを、セヴリーヌは抱き寄せ、くちびるにキスをする。アレクサンドルもキスを返し、

「（イタリア語で）さよなら、美しい女神さん」

と微笑みつつ、出ていく。

セヴリーヌは元気いっぱいに化粧台に戻ってくる。

「（イタリア語で）なんて素敵な人！……とてもすてき……（フランス語で、オディルに）アレクサンドルってすばらしい男よ。（鏡に向かってメーキャップをしながら）ハリウッドで彼と共演したのは……ああ《オー》、なんてこと《マンマ・ミア》……もう二十年も前のことよ。同じころ二人ともハリウッドに行ったの。彼はすごいプレイボーイだった」

「ほんと？」

「ほんとですとも。ハリウッドでは彼を〝西欧の恋人《コンチネンタル・ラヴァー》〟って呼んでたわ。ああ、わたしも彼に夢中だった」

「あの方、結婚してらっしゃるんですか」

「いまは知らないけど……二度結婚して、二度とも別れたわ。たぶん、いまも誰かといっしょだと思うけど、誰かは知らない。秘密の多い人だから、よくわからないけど」

「映画ではひげをつけてますけど、そのほうが素敵ですね」

「ひげがあってもなくても、彼は永遠の二枚目よ。それにひきかえ、このわたしを見て。捨てられて絶望して、見る影もない年老いた妻の役よ。（鏡のなかの自分に）見てよ！」

「まだお美しいですわ！」

とオディルがなぐさめるが、セヴリーヌは急に落ちこんでイライラしはじめる。そして、かたわらのシャンペンのびんを取ってグラスに注ぐ。

「ああ、もうダメ！　きょうのシーンのリハーサルをしとかなきゃ。せりふが全然出てこないわ。（グラスを飲み干して）なぜかしら、このごろ、すっかり物覚えが悪くなって」


　廊下のもう一角には、「ジュリー・ベイカー」という表札がドアにかかった控室がある。

　プロデューサーのベルトランがポータブル・テレビをかかえてやってくる。

「撮影部のワルテル様、第七ステージまでおいでください」

というラウド・スピーカーの呼出しのアナウンスが聞こえる。

　ベルトランは映画のヒロインを演じるスターの控室のドアをあけて入り、中央にある化粧台の上にポータブル・テレビを置く。

フェラン監督が入ってきて、

「いい控室だ。すばらしい。最高だ。広々として、とてもきれいだ。ただ、花がないな」

「もう手配してあるよ。ところで、ジュリー・ベイカーのことだが、もちろんわたしもきみと同じようにすばらしい女優だと思っている。だから、きみの望みどおり、わたしたちは彼女を起用した。だが、もし彼女に途中でダウンされたら、おしまいだ」

「途中でダウン？」

「そうだ。保険会社の診査医の診断で、彼女の保険は拒否された。まだかなり神経が衰弱しているので、できたら映画の撮影も一か月ほど遅らせたほうがいいというのが診断報告だ」

「アメリカ側は何と言っている？」

「さいわい、その点では、アメリカ人はフランス人よりも柔軟だ。われわれの意気に応じて、よし、やろうと言ってくれたよ。しかし、ジュリーが倒れたら、最後だ。われわれも共倒れだ」

「それはそうだが、悪いほうばかり見てたら何もできない。少しはいいほうを見て、チャンスに賭けてみなくては」

「きみの言うとおりだ」

「つねにチャンスに賭けるのが、わたしたちの仕事だからね」

「そこだ。あぶない橋を渡らなきゃ何もできん。ところで……セヴリーヌにはラッシュの感想を話したかね」

「ああ、控室に挨拶に行って話した」

「むかしアレクサンドルと彼女が恋仲だったことは知ってるだろう」

「それは聞いてる」

「喧嘩ばかりしていて、ひどい仲だったらしい。〝喧嘩カップル〟などと言われたくらいにね、そして後味の悪い別れかたをして、それがずっと尾を引いて、四年間というもの、どのプロデューサーも二人を共演させることに成功しなかった。二人とも心底から憎み合っていたんだね。でも、それから時がたったからね」

話しながら、二人は控室の出口に向かう。ドアのすぐわきの壁には「フランス映画産業の父」として知られるレオン・ゴーモンの肖像写真が大きく飾ってあるのが見える。

アルフォンスが廊下に立っていて、フェラン監督に何か話がありそうな様子である。

「あの、いいですか、五分間だけ」

「もちろん」

左よりフェラン監督（うしろ姿）、アルフォンス、プロデューサーのベルトラン。右のドアの肖像写真は「フランス映画産業の父」レオン・ゴーモン

控室から出ていこうとするプロデューサーのベルトランに、アルフォンスはこんな挨拶をする。

「あのう、ぼくの小切手のことをいつも考えてますか」

これはプロデューサーのベルトランとアルフォンスだけのいつもの冗談の挨拶らしい。なぜなら、プロデューサーも心得たように（というよりも、むしろ「そんなことに構っていられるか」といった調子で）笑いながらこう答えるからである。

「そのことしか考えてないよ、アルフォンス」

そして、控室を出ていく。

「ほんとに考えてくださいよ」

とアルフォンスが追いかけるように念を押す。

アルフォンスはジュリー・ベイカーの控室のなかに入り、フェラン監督に、

「五分間だけ話したいことがあって……」

「いいとも」

アルフォンスは控室をながめわたして、

「こいつはすごいや。ぼくの控室よりもずっといい」

「ジュリーの控室だ」

アルフォンスは急に真剣な顔つきになり、フェラン監督に向かって言う。

「あのう、リリアーヌとぼくは結婚します」

「それはよかった。おめでとう」

「ええ、そう決めたんです。このニースで、映画が終わる前に結婚しようって」

「そうか」

「それで、あのう、一つお願いがあるんですが。結婚式の立会人になってもらえませんか」

「いいとも、よろこんで」

「よかった。とてもうれしいです」

「そう、よかった」

小道具のベルナールが相変わらずあたふたとした調子で入ってくる。

「さがしてたんですよ、監督。これでいいですか」

と、例のホテル・アトランチックから拝借した青い花びん（撮影用にきれいに修復して、美しく塗り直してある）を見せる。

「ああ、すごくよくなった」

「きれいな花びんだ」

とアルフォンスも感嘆する。

「いいだろ。悪くないだろ」

とベルナールはご機嫌だ。

「色がとくにきれいだ、青《ブルー》が」とアルフォンス。

その青《ブルー》が美しく映える花びんが小さな低いテーブルに置かれるカットとともに、セヴリーヌとアレクサンドルが演じる夫婦の食後のシーンの撮影場面になる。

フェデリコのように

小道具のベルナールが、花びんをテーブルに置いてから、暖炉に薪を投げこむ。

キャメラマンのワルテルが照明部のココにライティングの指示をする声が聞こえる。

「ココ、五キロライトを暖炉にあててくれ。そう、そこだ。もう少しバラして。それでいい、そのまま動かさずに。炎の色が出にくくならないように、火元はハネで切ったほうがいいな」

ベルナールがマッチで薪に火をつけると、パッと炎が燃え上がる。

暖炉の火を見つめる女優のセヴリーヌとフェラン監督。

「わたし、この火から目がはなせないわ」

「そう、かつて人々は、いまテレビを見るように、暖炉の火をながめていたんだ。人間にはいつも目の前に動く映像が必要らしい。とくに夕食後のひとときには」

「ほんとね。そんなふうに考えたことはなかったけど」

暖炉のなかで火が長い時間ずっと燃えつづけていたかのように炎が調節される。薪は本物だが、じつはそのなかに外からは見えないようにセットされたガスバーナーで炎を増幅する仕掛けになっているのである。

ライティング、セットの小道具配置、キャメラ・ポジション、移動車準備など、撮影準備ができ、フェラン監督は立ち上がる。記録《スクリプター》見習い助手のリリアーヌを見て、

「ああ、リリアーヌ、アルフォンスから聞いたよ。わたしもうれしいよ。おめでとう。ほんとにおめでとう」

フェラン監督が去ったあと、リリアーヌはキョトンとしてつぶやく。

「おめでとうって、何のこと？」

キャメラマンのワルテルが見上げながら、照明器具をセットしてある二重《にじゅう》の上のライトマンに、

「ジルベール、ライトをたのむ」

セットの一角に上からライトがあてられる。

フェラン監督が小道具のベルナールに、

「煙でセットがよごれるから、暖炉の火は消しとけ」

ベルナールは火を消し、すぐまた炎が燃え上がるように噴霧器《スプレー》で油を薪に吹きつけ

ておく。

撮影本番前のあわただしい雰囲気。

落ち着かずにイライラしているセヴリーヌ。

セットの一隅で、フェラン監督はこれ見よがしに脚本を手に持った山高帽の小男につかまってしまう。小男の両脇には双生児の姉妹らしい二人の若い女が立っている。一人はピンク色の、もう一人は黄色のシャツを着て、ともにブロンドに染めた長い髪といい、安っぽい人形のような厚化粧といい、うつろな微笑といい、見るからに品のない女たちである。

「こんにちは、フェラン監督、二人のお嬢さんを紹介しますよ。ドイツ人の姉妹で、グレタとディアナです」

「……」

「彼女は（とピンク色のシャツの女をさし）ドイツで政治映画の大作に出ましてね。あんた、政治映画は？」

「いや」

「彼女は（とこんどは黄色のシャツの女をさし）ポルノ映画に出て、大ヒットでね。なぜあんたはポルノを撮らんのかね？」

「……」

小男（エルネスト・メンゼル）がフェラン監督にポルノ女優の姉妹を紹介する

小男はさらに脚本をひろげて見せ、

「公害をテーマにした非常におもしろい脚本があるんだが……」

そこへチーフ助監督のジャン＝フランソワが、

「すみません」

と割って入り、

「監督、すぐ来てください。ちょっと困ったことがあって……」

とフェラン監督の腕をつかんでひっぱっていく。

「なんだね」

「いや、なんでもないんです。監督が困ってるらしいから助けだそうとしただけで……」

そこへ、またも、

「フェラン」

と呼びかける声。プロデューサーのベルトランが隣にすわっているめがねをかけた男を紹介する。

「ジャコメッティ氏だ……一分ほど時間はないかね」

フェラン監督は握手と初対面の挨拶を交わしただけで、

「いや、むずかしいカットなので……このカットを終えたあとなら」

と、こんなところでつかまったら大変だとばかりに失礼してしまう。

フェラン監督は二人から遠ざかり、セットの一隅にくると、ジャン゠フランソワに、小声で、

「ベルトランの連れの男は誰なんだ？」

「警察の人ですよ。彼のおかげで街頭ロケの許可がおりたんです。それでプロデューサーがお礼に一日撮影見学にご招待したんですよ」

「撮影見学？　そいつはけっこうな話だが、それじゃ、こっちも警察の仕事を見学させてもらうか。尋問見学にでもいくか」

フェラン監督は拳骨で一発お見舞いするぞといった素振りで、ジャン゠フランソワを笑わせる。

「監督、テストどうぞ」というキャメラマンの声。

「よし」

フェラン監督はセヴリーヌのところへ行き、

「セヴリーヌ、いいかね」

「いいわよ」

セヴリーヌは立ち上がる前に、シャンペンの最後の一杯を飲み干す。

フェラン監督はセヴリーヌを位置に立たせ、

「ここからだ」

「いいわよ」

「よし、静かに……本番テスト！」

「お静かに願います！」とチーフ助監督のジャン＝フランソワ。

セットはシンプルでしゃれた部屋に食卓が一つ。夫（アレクサンドル）がすわって、たばこをすっている。食卓はすでに片づけられ、食事がすんだあとのダイニングルームの夫婦の情景。妻（セヴリーヌ）がイライラしながら歩きまわり、ややヒステリックに夫をなじるのを、夫はじっとこらえているという場面だ。

「ヨーイ・スタート！」

というフェラン監督の号令とともに、キャメラとフェラン監督を背にしてセヴリーヌが芝居をはじめる。

妻「そうよ、アレクサンドル、近ごろのあなたって、まるで……」

たちまち、せりふにつまる。アレクサンドルが小声で教える。

「まるで〝変よ〟」

セヴリーヌは「しまった！」という仕ぐさをしてから、つづける。

妻「……まるで変よ」

「カット！」とフェラン監督。

「だいじょうぶ、セヴリーヌ、気にしないで。もう一回最初からいってみよう」

セヴリーヌがスタートの位置に戻ると、フェラン監督がふたたび号令をかける。

「ヨーイ・スタート！」

セヴリーヌがふたたび芝居をはじめる。

妻「そうよ、アレクサンドル、近ごろのあなたって、まるで変よ。きのうだって、夕食の途中で立っていってしまって、ジュリーに失礼だったわ」

と言ってから、セヴリーヌはせりふの間違いに気づき、

「あ、しまった！パメラをジュリーと言ってしまったわ！」

「だいじょうぶ、気にしないで、セヴリーヌ。最初からやり直そう」とフェラン監督。

「ああ、ダメだわ」

セヴリーヌはかたわらのシャンペンをグラスに注いで飲む。

「だいじょうぶだ、セヴリーヌ。最初からいこう」

フェラン監督はセヴリーヌをかばいながら、がまん強くテストをつづけるつもりだ。

セヴリーヌが、シャンペンのびんをしまいながら、突然、

「ねえ、いいこと思いついたわ。フェデリコのようにやりましょうよ。せりふのかわりに数でいくのよ。こうやるの」

とセヴリーヌはフェデリコ・フェリーニ監督作品に出演した経験から、イタリア映画

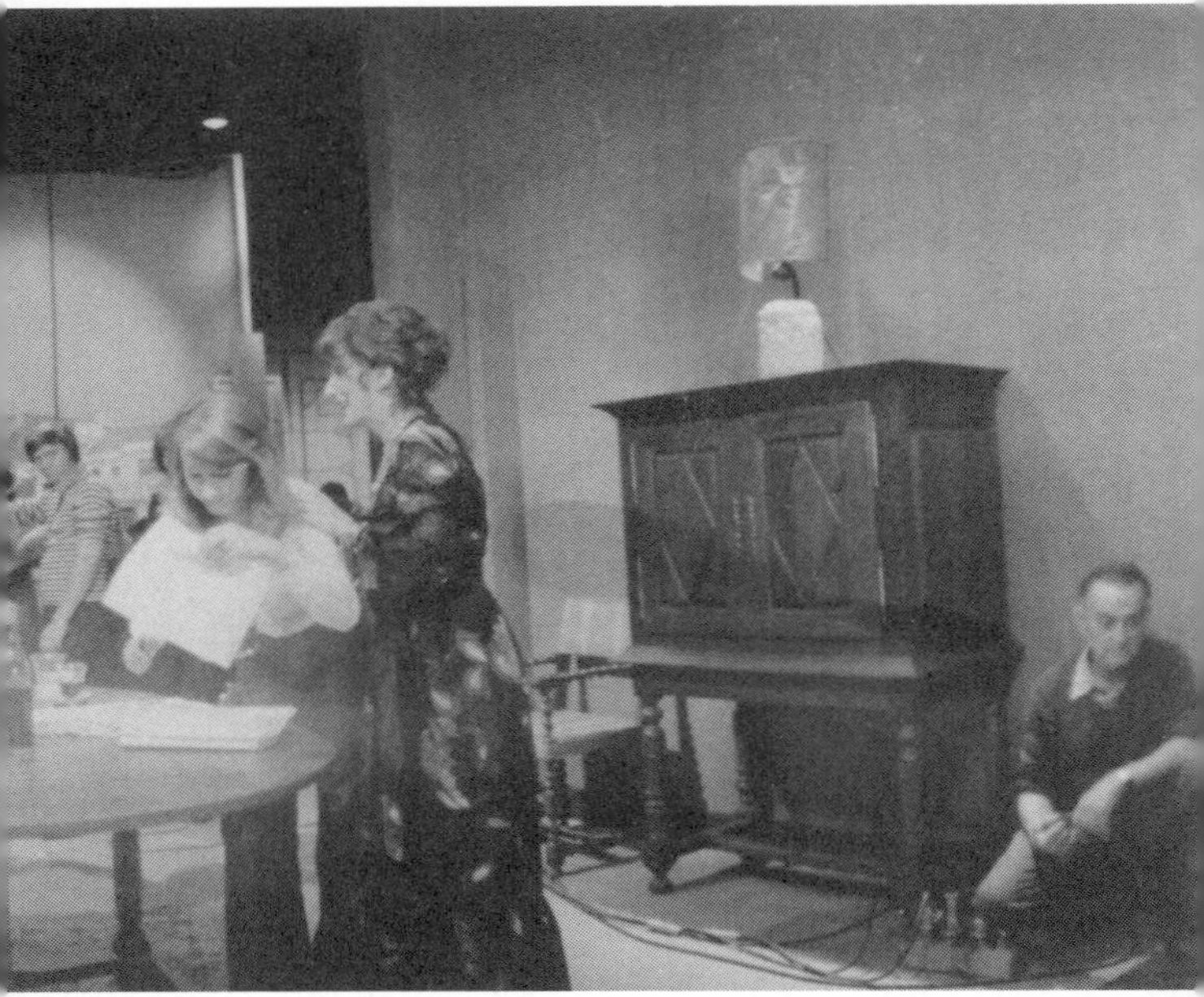

夫婦の食後のシーンの撮影風景（左より小道具のベルナール、フェラン監督、テーブルにつくアレクサンドル、中央奥に撮影スタッフ、テーブル右に記録のジョエルとセヴリーヌ、右端に録音のルネ・ルヴェール

の方式を演じてみせる。

「〝そうよ、アレクサンドル、近ごろのあなたって……〟というところを、こうやるの。〝22、83、16、72……5、3……18、9、14……7、9……〟」

アレクサンドルが笑いをこらえている。

セヴリーヌはとうとうとつづける。

「〝17、10、10、4、18、69……〟。ね、どう？」

フェラン監督が笑いながら寄ってきて、

「ダメ、ダメ、セヴリーヌ、ダメだよ」

「どうして？」

「名案だが、使えない」

「だって、せりふはあとでシンクロさせればいいじゃない」

「フランスではそうはやらない。ダメ、ダメ。ちゃんと最初からきちんとせりふを言わなければならない。ほら（とセヴリーヌの頭の上に吊るされた録音用のマイクを取って見せて）、同時録音だからね。せりふは正確に言わないとダメなんだよ、どうしても」

「だって、あなたが悪いのよ、ギリギリになってから台本をくれるんだもの」

イライラしはじめるセヴリーヌ。

「それじゃ、せりふを紙に書いて貼って。いいでしょ?」

フェラン監督も同意する。

セヴリーヌは記録《スクリプター》のジョエルを呼ぶ。

「ジョエル、おねがい」

そして、フェラン監督に、

「あなたが悪いのよ」

ジョエルは画用紙を何枚か持ってきて、そこにセヴリーヌのせりふを順番に抜き書きする。セヴリーヌ、読む。

「〝そうよ、アレクサンドル、近ごろのあなたって、まるで変よ。きのうだって、夕食の途中で立っていってしまって……〟」

かたわらで、小道具のベルナールがフィルム缶のふたを利用して、アレクサンドルがすうたばこをハサミで三分の一に切り刻んでいる。アレクサンドルはこのシーンがはじまったときにはすでにたばこを半分以上すっているという設定なので、本番《テイク》のたびに、ベルナールが三分の一に切ったたばこに火をつけてすわせてやらなければならないのである。

「たくさん切っとかないとダメよ。何度もやりそうだから」

とジョエルがお説教調で耳打ちする。

「わかってる。余計なお世話だ！」とベルナール。

ジョエルはせりふの抜き書きをしたカンニングペーパーをキャメラの死角にあたる壁の隅や柱などに貼り付けて、

「どう、セヴリーヌ、こんなぐあいでいい？」

「そう、それでいいわ」

「いいわね、これで。それから、最後はあそこの柱の裏よ」

「わかったわ」

セヴリーヌは少し元気を取り戻して、

「はじめましょう」

「よし、最初からいこう、セヴリーヌ」とフェラン監督。

いよいよ本番撮影である。

「ちょっと待って。音がこないよ！」とキャメラマンのワルテルの声。

「だいじょうぶ、入ってます！」と録音技師。

ベルナールがアレクサンドルのたばこに火をつけている。

「急いで、ベルナール」とフェラン監督。

「よし、静かに！　カチンコ！」

録音部から合図のブザー。

瞬時にカチンコが入る。

「『パメラ』、シーン36、テイク1！」

「セヴリーヌ、どうぞ！」

とフェラン監督が芝居のきっかけの合図をおくる。

セヴリーヌが芝居をはじめる。

妻「そうよ、アレクサンドル、近ごろのあなたって、まるで変よ。きのうだって、夕食の途中で立っていってしまって、とても……パメラに失礼だったわ。息子のアルフォンスの妻なのに。まるで毛嫌いして……口もききたくないみたい……」

セヴリーヌは柱のかげにまわり、うまくカンニングペーパーをのぞき見て、せりふのほうは快調そのもの。

小間使の扮装をしたオディィルが、食卓の後片づけをするために入ってくる。

妻「(小間使を見て) そこで何してるの？　わたしは旦那様とお話し中よ。おさがり。(小間使がドアをあけて去ると、食卓のアレクサンドルに向かって) あなたの態度にわたし、がまんできないのよ」

そして、くるりと背を向け、ドアをあけて出ていくところまでワンシーン＝ワンカットの撮影なのだが、最後の瞬間にセヴリーヌはあけるドアを間違え、食器戸棚のほうの戸をあけてしまう。部屋のドアと食器戸棚の戸がならんでいるのである。しかし、

セヴリーヌは、せりふを間違えずに芝居をやりおおせたことに満足し、監督の「カット！」という声を聞くと、

「やったわ！　どう、よかった？」

フェラン監督がきて、

「ダメだ、いや、とてもよかったが、もう少しのところだった。つまり……」

「よかったでしょ」

「とてもよかった。ただ、ドアが違う。こっちじゃない、ほら」

と戸棚をあける。

「同じかと思ってたわ」

「いや、こっちは食器戸棚だ。本物のドアはこっちだ」

とあけてみせる。ドアの向こうには、オディルが小間使の扮装で立っている。

「あ、そう。同じかと思ってたわ。いいわ、すぐやりましょ」

「よし、もう一回、最初からだ」

「ごめんなさい、どっちも同じドアと思ってたの」

「だいじょうぶ、気にしないで、セヴリーヌ」

フェラン監督はキャメラのところへ戻る。

アレクサンドルがセヴリーヌをなぐさめるように言う。

「たしかに、両方とも同じドアに見える」

二重の上から下の様子を心配げに見入る照明のスタッフ。

「うしろのほう、お静かにねがいます！」とジャン＝フランソワ。

フェラン監督が叫ぶ。

「ヨーイ・スタート！」

キャメラが回りはじめる。

録音ブザーが鳴る。

「『パメラ』、シーン36、テイク2！」とカチンコを鳴らすジョエル。

「セヴリーヌ、どうぞ！」とフェラン監督。

セヴリーヌの芝居を追って移動するキャメラとキャメラマンをのせた移動車を押す特機部のスタッフ。

セヴリーヌはふたたび見事に芝居をやりおおせるが、最後にドアをあけると、またも食器戸棚である！

「カット！」とフェラン監督。

こんどはアレクサンドルが立っていって、いらだつセヴリーヌにやさしく説明してやる。

「ほら、よくごらん。たしかに、どっちもよく似てるけど……」

「(イタリア語で)わかってる、わかってるわ!(フランス語で)これじゃなくて、これね!(英語で)わかってるの。ばかじゃないもの、わたしだって……」

泣きはじめる。

「(英語で)どうしたのかしら、わたし」

ドアがピカピカして光が目立つので、ベルナールがスプレーして艶消しをする。

セヴリーヌは泣きじゃくりながらベルナールに抱きついてキスをし、

「ああ、ベルナール、あなただけよ、わたしのこと、わかってくれるわね。わたしの控室に来ていいわ。きっと会いに来てね。こなくちゃダメ」

セヴリーヌの腕からのがれたベルナールは、スタッフに向かって「彼女は酔ってる」というしるしに鼻をねじる手ぶりをしてみせる。

セヴリーヌは二つのドアをたたきながら、泣き声で、

「こっちじゃなくて、こっちね」

フェラン監督が容赦なく叫ぶ。

「最初からいこう。各パート、いいか。本番!」

「お静かに!」とチーフ助監督のジャン゠フランソワ。

「『パメラ』、シーン36、テイク《テイク》3!」とジョエルの声。

セヴリーヌは三回目の本番に挑戦。

固唾を呑んで見まもるスタッフ。

酔っぱらってはいるが、セヴリーヌはうまく芝居をこなした。ところが、最後の最後に、どちらのドアか一瞬迷ったあげく、やはり間違えて食器戸棚のほうをあけてしまう。

「ダメだ、絶望的だ」

とフェラン監督がつぶやく。

セヴリーヌも絶望的になり、泣きながらヒステリックに叫ぶ。

「わたしのせいじゃない！」

「カット！」

フェラン監督はセヴリーヌのほうに走り寄る。

「もう一回いこう。気にしないで」

「わたしのせいじゃない！　フェラン、わたしのせいじゃない！」

セヴリーヌは、突然、目の前のオディルに八つ当たりする。

「だいたい、この子がいけないのよ。迷うじゃないの、急に女優をやったりして。女優かメーキャップか、どっちかわからなくなっちゃうじゃないの。昔は女優は女優、メーキャップはメーキャップだった。それなのに、どっちがどっちか、こんがらかっちゃうじゃないの！」

セヴリーヌ、こらえきれずに泣きくずれる。

「気にしないで、だいじょうぶだ、セヴリーヌ。もう一回、落ち着いてやってみよう」とフェラン監督は、自分に言い聞かせるかのように、セヴリーヌに言う。

当惑顔のスタッフ。

棒立ちになって、言葉もなく、心配げにセヴリーヌを見まもるアレクサンドル。

フェラン監督はチーフ助監督のジャン＝フランソワを呼び寄せ、スタッフ以外の見学者を全員セットから追い払うように合図をする。

「すみません、関係者以外の方はセットから出てください！」

セットから出ていく一般見学者たち。そのなかにアルフォンスの姿を認めて、フェラン監督があわてて呼びとめる。

「アルフォンス、きみまで出ていくことはないんだ。ここにいていいんだよ」

「いいえ、いいんです。映画を見にいきますから」

とアルフォンスは出ていく。

「顔を直さなきゃ……鏡をとって」というセヴリーヌの声。

スクリプターのジョエルに、見習い助手のリリアーヌが怒りをこめて言う。

「だいたい飲みすぎよ。何もかもめちゃめちゃにして、ひどい女ね！」

「彼女の身にもなって。息子さんが死にかけてるのよ、白血病で。毎日、電話で死亡の知らせがくるのをおそれているの。そのためにこの映画に出るのもすごく迷っていたのよ」

混乱と中断のあと、撮影再開である。

カチンコ。

「『パメラ』、シーン36、テイク4！」

顔をつくり直したセヴリーヌは、もう一度、これを最後に芝居をはじめる。

見つめるスタッフ。

妻「そうよ、アレクサンドル、近ごろのあなたって、まるで変よ。きのうだって、夕食の途中で立っていってしまって、とてもパメラに失礼だったわ。息子のアルフォンスの妻なのに。まるで毛嫌いして……」

セヴリーヌはそれ以上つづけられず、カンニングペーパーの貼ってある柱にもたれかかって、嗚咽する。

フェラン監督は、「カット！」と言ってから、セヴリーヌのかたわらに走り寄り、やさしく肩をおさえて、

「だいじょうぶだよ、セヴリーヌ。気にしないで。だいじょうぶ。少し休めば、よくなるよ」

「わたし、ほんとにどうしたのかしら。きっとこのかつらのせいよ、頭痛がして……」

悲しきピエロ…カツラをとったセヴリーヌ（ヴァレンチナ・コルテーゼ）

移動マスク…アレクサンドルとセヴリーヌ

セヴリーヌがかつらをとると、髪の毛がネットの下で頭にぺったりとくっついている。そして、その顔はまるで化粧をはがされた哀しきピエロである。

「わたしって……ほんとに……（あとはイタリア語で）こんなこと、初めてのことよ……ほんとにどうしてなのかわからない……」

「だいじょうぶ、心配しないで、セヴリーヌ」

とは言ったものの、フェラン監督はがっくりと肩を落とし、やむを得ずスタッフに撮影中止を告げる。

セヴリーヌはかつての恋人アレクサンドルに幼い子供のようにしがみつく。

「オディルは？　オディルはどこ？　オディル……メーキャップのオディルよ。彼女はどこ？　わたしのスカーフを持ってきて」

画面は移動マスクでワイプのように右から左へ黒くつぶされていって、左端の古い恋人たち、アレクサンドルとセヴリーヌを一瞬きわだたせ、そしてフェイド・アウト――瞳が完全に閉じられたように真っ暗になる。

夢――少年とステッキ

その夜。

フェラン監督はやっと眠りについたものの、いろいろな思いにとり憑かれ、うなされる。

「アメリカ側と話し合った結果、どうしても七週で撮り上げなければならんのだ」

というプロデューサーのベルトランの声が迫る。

「あんたはなぜ政治映画を撮らんのかね？　なぜポルノ映画を撮らんのかね？」

という山高帽の小男の声が追いかけてくる。

モノクロの画面――夢のなかの人気《ひとけ》のない暗い夜道を一人の少年が大きなステッキをついて歩いてくる。

水着姿になりたがらない女優

ヴィクトリーヌ撮影所の入口。

きょうも快晴である。

「ヘアメイクのオディルはすぐマダム・セヴリーヌの控室へおいでください」

という呼出しのアナウンス。

フェラン監督が歩いてくる。

一人の中年の女が道のまんなかに椅子にすわって編物をしているのが見える。そのかたわらで製作部のラジョワが何やら一所懸命になって話しかけている。

フェラン監督がチーフ助監督のジャン゠フランソワをつかまえて、

「ジャン゠フランソワ、あの女は誰だ、いつもいるけど」

「あれが有名なラジョワ夫人ですよ、製作進行の女房ですよ。亭主のあとにくっつい て離れないんです。この映画だけじゃなくて、いつもそうです。もしお邪魔になるようでしたら、言って出てってもらいましょうか」

「いや、いや、気にしないようにするよ」

「そうですか」

二人が去ったあと、女優のステイシーと記録《スクリプター》のジョエルが話しながら歩いてくる。

ステイシーはアレクサンドルの秘書の役に起用された女優である。

「だって、ほんとに、なぜフェラン監督がわたしに役をくれたのかわからないの。わたしが嫌いなのよ、あの人、がまんならないって……」

「どうしてそんなことがわかるの」

「だって、ほんとにそうなのよ。それに、わたしはダメな女優だって……でも、正直のところ、彼の言うとおりなのよ……」

「そんな……」

「彼がわたしを選ぶはずがないわ。きっとプロデューサーが選んだのね……それにしても、わからない。この映画にわたしが出るなんて……変だわ」

「この役には最初からあなたの名前しか出なかったわ」

「ほんと?」

「ほんとよ。さあ、行きましょう」

とジョエルはステイシーの腕をとる。去りがけにステイシーはチラッとうしろを見る。

アルフォンスとリリアーヌが口論をしているのだ。

「わかんないのか、役に立つからって言ったろう」

「役に立つから、どうなのよ!」

「まったく、わかってないな。ぼくは何も無理にと言ってるわけじゃないのに!」

「あんたこそ何もわかってないわ! もうどうでもいいわ」

「どうでもよくない。何を言ってるんだ、ひどい話じゃないか。気が滅入る!」

女優のステイシーは、やはりどうもフェラン監督とはウマが合わないらしい。

「申し訳ありませんけど、わたしは秘書の役なんでしょう。なのに、水着を着るなんて、絶対にいやです。だって、困ります……知っていたら持ってきたのに……でも、そんな……絶対いやです!」

「たしかに脚本《ホン》には書いてないけれども、そのほうが話の筋がとおるんだよ。アレクサンドルは夏のバカンスに彼の秘書を別荘に招く。お客としてね。だから、きみは最初はプールで泳いでいる。それから、アレクサンドルに呼ばれて、プールから上がり、彼の口述で手紙のタイプを打つ。それだけだよ」

「ダメです、困ります、そんなこと急に言われても。悪いけど、できません。タイプを習っておくようにと言われたのでレッスンを受けました。でも、プールに入って泳ぐなんて、そんなこと……やっぱり、とてもできません！」

とステイシーは強硬だ。

フェラン監督はあきらめて、スクリプターのジョエルのところへくる。

「ジョエル、別のシーンをやろう。あのわからず屋の女の気をしずめるには時間がかかりそうだ」

「でも、あとはジュリー・ベイカー待ちです。それまでは、撮り残しているのはこのプールのシーンだけです。どうしても、きょう上げてしまわないと」

「そうか、わかった。それじゃ、きみがステイシーを説得してくれ。こう言うんだ、一九七二年になって水着姿をいやがる女優なんて滑稽だって」

「いいわ」

それから、まもなく、プールのシーンの撮影がはじまる。ジョエルが見事にステイシーを説得したのである。

別荘の庭のなかにあるプール。

「『パメラ』、シーン14、カット1、テイク5！」
　カチンコを鳴らす音。すでに本番撮影である。
「電報配達、どうぞ！」
というフェラン監督の合図の声とともに、電報配達がプールサイドにやってくるのが見える。妻が電報を受け取り、
妻「あなた、あの子から電報よ。花嫁を連れて帰ってくるって。（電報配達に）息子が結婚したんですよ」
夫「二人でやってくるのか」
妻「そうよ、あさって」
夫「よかったな」
妻「ええ」
夫「スタンレーにたのんで家をさがしてもらおう」
妻「そうね」
　それから、夫はプールで泳いでいる秘書を呼ぶ。
夫「すまんが、上がってきてタイプを打ってくれないか。きょうじゅうに手紙をだしたいんだ」
秘書「すぐいきます」

夫「(妻に) 心配はいらんよ。スタンレーにまかせればいい。できたらわたしたちの真向かいに家を借りてもらおう」

妻「そうね。できるだけ近くに住んでほしいわ」

夫「(水から上がってきた秘書に) 泳ぎの邪魔をしてしまって申し訳ない。スタンレー宛ての手紙だ。〝スタンレー殿、私たちの息子夫婦が帰ってきます。ついては……〟」

といったようなせりふのやりとりが聞こえてくる。

プールの右端から左端へ橋のようにかけられた足場の上にレールがタテに敷かれ、キャメラがその上をすべりながら後退移動できるようになっている。足場の上には、キャメラマンと撮影助手と特機部のスタッフ。

プールサイドで撮影を見まもるフェラン監督と記録のジョエル。

プールから上がってタイプを打ちにいくステイシーを見ながら、ジョエルが、

「水着姿になるのをいやがったわけがわかったわ。ほら、見て」

「とてもきれいじゃないか」

「わかってないのね。よく見なさいよ」

「そうか、やられた!」

とフェラン監督もそれに気づく。

しかし、キャメラはもう回っている。

上・下／プールで泳ぐステイシー（アレクサンドル・スチュワル）とその撮影風景

製作部のオフィス

プロデューサーのベルトランに怒りをぶちまけるフェラン監督。

「ステイシーにだまされた。彼女は妊娠三か月だ。それを言わずに隠していた。契約を破棄して別の女優を見つけよう」

「そうはいかんよ。あの程度なら、それほど目立たんと思うが」

「そうは言うが、ちょっときて見てくれ」

とフェラン監督は壁に貼り付けられた撮影スケジュール表のところへ行き、

「これが進行表だ。ステイシーはあすもう一日出て、それから五週、出番がない。一と月半後に戻ったときには、彼女は妊娠五か月だ。誰の目にもわかる身体になっているだろう。ダメだ、別の女優をさがそう」

フェラン監督はプロデューサーの机のうしろの本棚からぶ厚い映画年鑑を取りだし、俳優名簿のページをひらき、めくる。

「女優はたくさんいる。すぐ選んで、マネージャーに電話をしよう。ほら、こんなに女優がいるんだ……」

「ステイシーの契約は動かせないだろう」とプロデューサー。

「彼女のマネージャーに電話をしてみるが、結局はこっちが泣くしかないだろう。いろいろ問題があってね、この世界はどうしても力関係だから」

製作進行のラジョワが、

「フェラン監督に小包が届いてます」

と言って持ってくる。

「ああ、そうだ、注文しておいた本だ」

電話がかかる。ラジョワが受話器を取る。

「もしもし」

「ジョルジュ・ドルリューだ」

という声が受話器の奥から聞こえる。

ラジョワがフェラン監督に、

「パリからです。音楽担当の方です。お出になりますか」

「もちろん。ジョルジュからだ」

待ち兼ねていたように受話器を取るフェラン監督。

「ジョルジュか」

受話器の奥から、

「フェランか。そのまま待ってくれ。仮装パーティのシーンの音楽を聞かせる」

ジョルジュ・ドルリューからの音楽を聴くプロデューサーと監督

プロデューサーのベルトランも補助の受話器を取って耳にあてる。

音楽が聞こえてくる。

その間、フェラン監督が注文した小包をほどくと、次々に偉大な映画監督の名前が表紙になった研究書が出てくる。

「ブニュエル」「カール・ドライヤー」「ルビッチ」「イングマール・ベルイマン」「ジャン＝リュック・ゴダール」「ヒッチコック」「ロベルト・ロッセリーニ」「ハワード・ホークス」「ブレッソン」、そしてルキノ・ヴィスコンティ監督の『地獄に堕ちた勇者ども』（一九六九）の写真が表紙になった映画雑誌。

フェラン監督は、ジョルジュ・ドルリュー作曲の音楽を聞き終わり、

「すばらしいよ、ジョルジュ、じつに美しい旋律だ。とてもいい。ありがとう。それじゃまた」

と言って電話を切る。

「いい音楽だろう？」

「とてもいい」

とプロデューサーもうなずく。

フェラン監督はよほど気に入ったらしく、

「すごくいい。最高の音楽だ」

と満足げだ。

プロデューサーのベルトランは上着を着て出かける支度をする。

「飛行場に行かなければ。ジュリーが着く。すぐ記者会見だ。遅れるわけにいかん」

それから、出がけに、ふと思いついて、フェラン監督に、

「きみは即興と間に合わせの名人じゃないか。アレクサンドルの秘書が妊娠しているということにしたらどうだね」

「そうか、それは名案だ」

と乗りかけたフェラン監督だが、

「やっぱりダメだ。それでは相手がアレクサンドルだと思われてしまう。でなければ、話の筋とは関係ないことになってしまう。やっぱりダメだ」

プロデューサーのベルトランはオフィスを出かけたところで、また、ふと思いついて、

「なるほど、そういえば、そうだ。ステイシーは独身だ。相手は誰なのかな……」

記者会見

ニース空港に飛行機が着陸したところである。

『パメラを紹介します』のヒロインを演じるハリウッド女優、ジュリー・ベイカーを迎えてひしめき合うカメラマンやリポーターやジャーナリストの群れ。

プロデューサーのベルトランがバラの花束をジュリーに手渡す。

空港の小サロンで、記者会見がはじまる。

宣伝担当が記者たちに向かって言う。

「みなさん、どうぞご質問を」

月並な質問からはじまる。

「こんど出られるのはどんな映画なのですか」

ジュリー・ベイカーは、やや訛りがあるものの、流暢なフランス語で答える。

「『パメラを紹介します』は若い英国女性の物語で、夫の父親と恋におちて、駈け落ちをするのですが、たしか、これは実際に起こった事件にもとづいて書かれたものです」

「結末はどうなるのですか」

「悲劇ですから……つまりは悲劇的に終わる物語です。でも、映画の内容はあまりバラさないほうがいいと思いますが」

「若い女が最初は息子と寝て、次に父親と寝るくらいで現代の観客が興味を持つとでもお思いですか」

という挑発的な質問も出る。ジュリーはちょっと狼狽し、かたわらのプロデューサーのベルトランから助言を受け、質問をうまく回避して、こう答える。

「わたしが読んで気に入った脚本ですから、出演を承諾しました。観客にもきっと気に入られる作品になると思います」

「本心ですか」と女性記者。

「ええ、もちろん。心からそう思い、心からそう願っています」

「少々私生活に立ち入った質問で申し訳ありませんが、アメリカの新聞によりますと、あなたは病気になられたときに治療を受けた主治医とご結婚されたとのことですが……」

「違います。わたしは主治医と結婚したのではありません。わたしが結婚した男性がわたしの主治医だったのです」

「そのしあわせな男性はごいっしょにこられなかったのですか」

「もちろんいっしょに来てくれました。いまも、ここに、みなさんのなかにまじっております」

「ここにいるって、どこに？」

記者席がざわめく。みな、それぞれ隣やうしろを見てさがす。

ジュリーはたのしそうに笑って、

「それは言えません。夫は人前に出るのが苦手なので」

と、なごやかな雰囲気になったところで、司会役の広報担当が立ち上がり、

「では、この小さな謎を残して、記者会見を終わらせていただきます。ジュリー・ベイカーさんはこれから宿舎のホテルに向かいます。ありがとうございました」

「記者たちが出てから、わたしたちは車のところへ行くことにしましょう」

と広報担当がジュリーに言う。

知的な美しい顔立ちをした五十歳代の白髪の男性がジュリーのところへくる（記者会見のときに記者席にすわっていた男性である）。

「ああ、マイケル」

とジュリーがその白髪の男性の腕を取って、みんなに紹介する。

「主人のドクター・ネルソンです」

ジュリーは幸福そうに微笑む。

パメラを紹介します

青年が花嫁のパメラを両親に紹介するために連れて帰ってくるシーンの撮影がはじまろうとしている。

キャメラは両親の別荘の二階正面のベランダにセットされ、キャメラマンと助手、そしてフェラン監督と記録《スクリプター》のジョエルが本番に入ろうと構えている。

ところが、ふと見ると、キャメラのフレームのなかに、例の製作部のラジョワの夫人がどっかりとすわって陣取っているのだ。かたわらでラジョワが一所懸命何やら弁解がましいことを言っているようだが、夫人のほうは平然と編物をつづけて耳を傾けようともしない。

「すみませんが、奥さん、ほんの二、三メートル退《さ》がってくれませんか。キャメラに入ってしまいますから」

とフェラン監督がベランダから声をかける。

やっと夫人は腰を上げる。

「ありがとう、奥さん」

とは言ったものの、フェラン監督はかたわらのジョエルに、

「まったく信じられないあの女、いつでも、どこでもいる」

「知らなかったの、ラジョワ夫人よ」

「知ってる。だが、いつもああやって、何をしてるんだ。見習いか」

「まさか。嫉妬に狂って亭主を見張ってるの。亭主がすごく女にモテると信じているのよ。あれではラジョワもダメになるわ。でも別れられないのね、度胸がなくて。み

んながあの夫婦を何と呼んでるか知ってる? 〝悲しみと憐れみ〟だって」

ジョエルとフェラン監督、笑う。

ラジョワが夫人にまだつかまっているのを見て、フェラン監督が叫ぶ。

「ラジョワ、本番だぞ!」

ラジョワはあわてて夫人のもとを離れる。

ところが、こんどは庭の片隅の木かげでアルフォンスの恋人のリリアーヌが別の男(スチールマンのピエロである)と抱き合ってキスしているのが目に入り、

「なんということだ。これは困ったことになるぞ」

とフェラン監督は眉をしかめる。

アルフォンスは、パメラ役のジュリー・ベイカーといっしょに、本番を控えて別荘の門の外で、車に乗って待機している。

「おびえ《トラック》はない?」

とアルフォンスがジュリーにたずねる。

「おびえ《トラック》って何?」

「(英語で)舞台恐怖症《ステージ・フライト》。舞台恐怖症《ステージ・フライト》はない?」

フェラン監督が叫ぶ。

「どうした、リリアーヌ、カチンコを!」

木かげでスチールマンのピエロと抱き合ってキスをしていたリリアーヌがあわてて身を離し、カチンコを打つために走っていく。

「スチールマンもよろしくやってるな」

とキャメラマンのワルテルがつぶやく。

「ヨーイ・スタート！」とフェラン監督。

キャメラのスイッチが入る。

録音ブザーが鳴ると同時に、カチンコ。

「『パメラ』、シーン18、テイク1！」

チーフ助監督のジャン＝フランソワが門の前で、アルフォンスとジュリーの車に入ってくるように合図をする。

「車、どうぞ！」

アルフォンスの運転する車が門から入ってきて、とまる。

青年（アルフォンス）とパメラが車からおりる。

「アルフォンス！」

母親の歓びの声が二人を迎える。

母「二人とも、よく来てくれたわね！」

青年は二階のベランダを見上げながら、妻のパメラに言う。

パメラを紹介します…ジャクリーン・ビセットとジャン＝ピエール・レオー

ます！」

青年「ぼくの両親だよ。（それからベランダの両親に向かって叫ぶ）パメラを紹介し

　二階のベランダでは、フェラン監督がキャメラマンに、

「ワルテル、二人がくるぞ、階段に向かってパンだ！」

　キャメラはベランダから室内に百八十度パンし、階段から二階の部屋に入ってくる

二人（青年は父親といっしょに、パメラは母親に案内されてくる）をとらえる。

母親「きっとここが気に入ると思うわ。家がちょっと狭すぎるのが残念だけど。でも、

来て見て。ベランダからは海が見えるの」

と母親はパメラをベランダまで連れてくる（セヴリーヌとジュリーはキャメラのかた

わらをすり抜けるようにしてベランダに出る）。

「いい娘《こ》じゃないか」と父親が息子に言っているのが聞こえる。

　母親とパメラはベランダに落ち着く。

母親「どう？」

パメラ「すてき」

母親「うちの子は何も言わないんですよ、どうやってあなたと知り合ったのかも」

パメラ「そう？」

母親「そうなの」

室内に息子と父親、そして手前のベランダのパメラと母親

パメラ「わたしは二人の従姉《いとこ》といっしょに夏のバカンスをヨークシャーですごしていたんです。ドロシーとエリザベスといっしょに。彼はドロシーと散歩にいくはずだったんです。ところが、ドロシーが急に水疱瘡にかかってデートに行けなくなってしまい、それでわたしが代わりに行ったんです」

母親「そうなの。ドロシーには気の毒だけど、水疱瘡にかかったのがあなたでなくてよかった」

息子といっしょにベランダに出てきた父親が、聞きとがめて、

父親「誰が水疱瘡にかかったって?」

母親「誰だと思う?」

そこで、フェラン監督の「カット!」。

録音ブザーが二回、本番終了を告げる。

「ああ、また!」

とセヴリーヌがつぶやく。極度の緊張のあとがうかがわれる。

アレクサンドルが、

「どうでした?」

フェラン監督は、記録のジョエル、チーフ助監督のジャン゠フランソワ、ヘアメイクのオディルらとともに、キャメラがパンしたときにフレームに入らないようにべ

ランダの片隅にしゃがみこんでいる。

「いまのはなかなかよかったが、もう一回いこう」

「何か抜けてたかな」とアレクサンドル。

「いや、いや、そうじゃない」

「もう一回、最初から?」

と言ってアルフォンスは急いで外に出ていく。

「出てくるのが遅すぎたかな」とアレクサンドル。

「キャメラ位置変えて、もう一回」

とフェラン監督がキャメラマンに言う。

　セヴリーヌがヘアメイクのオディルを呼ぶ。

「ちょっと時間かかるから休んでいいよ、セヴリーヌ」とフェラン監督。

　ジュリーのアップとモノローグ。

「(英語で) フランス語のおさらいをもっとしなきゃ……」

　庭先で、アルフォンスとリリアーヌの口論がはじまっている。

「いつもぼくのそばにいてほしいから、きみにこの記録見習い《スクリプター》助手の仕事を見つけてやったんじゃないか。ぼくたちはいつもいっしょだ、それがいやなら……」

「だって、仕事が全然おもしろくないのよ。記録の見習いなんて、何も覚えられないし。編集のほうがいいわ」

「編集だって?」

「そうよ」

「それならそうと最初から言ってくれればよかったんだ。編集をやりたいなら、編集の仕事を見つけてやったのに」

二階の部屋では、キャメラの位置を変えての撮影準備にいそがしい。

フェラン監督がスチールマンのピエロをつかまえて言う。

「ピエール、きみの仕事はスチール写真だ。そのことを忘れないでくれ」

「わかりました」

キャメラマンのワルテルが助手の不手際をどなっている声がひびく。

「キャメラに気をつけろ、このバカ!」

ベランダでは、セヴリーヌが、一度はシャンペンを飲みかけるが、思い直して、いまいましげにテーブルの上にドンとびんを置いて、

「ああ、オディル、このびんをかたづけて! もう見たくないわ!」

アレクサンドルがジュリーのところへやってきて話しかける。

「お母さんは元気かね?」

「ええ、とても。この映画であなたといっしょになるって話したわ。よろしくって」

「ありがとう。すばらしい人でしたよ。ハリウッドで本当に誰からも愛された女優だった」

「ほんとに？」

「あんなに早く引退してしまうなんて」

「いまもいろんなことはしてるんですけど」

「映画の撮影というのはきれぎれのやりかたでしょう。それに彼女はついになじめなかったんですよ。いまでも覚えているけれども、彼女がハリウッドで撮った最初の大作のプレミアのときでしたよ。わたしは彼女のエスコートをしていきました。すばらしい夕べでした。映画が終わると、彼女はスクリーンをまじまじと見つめて、こう言ったものですよ。〝あんなこと、わたしやったかしら？　ただ待たされてばかりいた記憶しかないわ〟って」

「そうね、ほんとに映画ってそうですものね」

　下の庭の片隅では、アルフォンスとリリアーヌがまだ言い合いをしている。アルフォンスはひどく興奮している。

「興奮なんかしてない。きみの言うことだってちゃんと聞いている。きみが誰とでもいちゃつくからいけないんだ」

「そんなことしてないわよ」

「してるじゃないか。だから、ぼくはつらくて、がまんできないんだ。撮影中もぼくは気が気でない。リリアーヌはどこにいる、何をしてる、と思って、落ち着かない。早くこのカットが終わってほしいと、いつもそればかり願ってるんだ。あちこち走りまわって、さがしまわって、ぼくは何をしてるのかわからない。気が変になりそうだ……」

「もうやめてよ」

二階の部屋では、ほとんど撮影の準備ができており、キャメラマンのワルテルがキャメラの前に助手を立たせて、

「そこはかげになるから、もうちょっと右へ」

などと位置を指示し、キャメラアングルを決めたりしている。

　フェラン監督があわてている。

「困ったぞ、アルフォンスがいない」

「アルフォンスなら、どこにいるか知ってるわ」

とジョエルがフェラン監督をベランダの端に連れていく。すぐ下の木かげで、アルフォンスが狂ったようにリリアーヌに向かって叫んでいる。

「心配でおちおち演技もできないんだ」

「アルフォンス」

とフェラン監督が二階のベランダから呼ぶが、アルフォンスはリリアーヌにどなりつづけている。

「精神状態が悪いと演技にひびくんだ。それを考えてほしいな。いつも冷静《クール》な状態でいないとダメなんだ。（ベランダのほうに向かって）わかった、すぐいく。（それからまたリリアーヌに）冷静《クール》な状態が必要なんだ。わかるだろ」

フェラン監督がふたたび呼ぶ。

「アルフォンス、早くしろ」

アルフォンスは急いで立ち去る前に、リリアーヌに言う。

「ぼくの芝居がまずかったら、きみのせいだぞ」

撮影所の上空をニース空港から飛び立った旅客機が轟音とともによぎっていくのが見える。

やがて撮影が終了。セットに使った別荘からフェラン監督とアレクサンドルが歓談しながら出てくる。

「こんどもわたしの映画であなたは死ぬ役になってしまって……」

「死ぬ役には慣れてますよ。これまで出た八十本の映画のなかで、二十四回も死にましたよ。電気椅子にかけられたのが二回、絞首刑が二回、ナイフで刺されて殺されたり、自殺をしたり、自動車に乗って何回事故で死んだことやら。しかし、自然死だけは一度もない。光栄ですよ、むしろ。自然死なんて信じられませんからね」

正面階段をおりたところで、ジュリー・ベイカーを迎えに来たドクター・ネルソンと出会う。

アレクサンドルは英語で挨拶を交わしてから去る。

フェラン監督がフランス語で話しかける。

「ジュリーをお待ちですね。もうすぐ出てくるでしょう。いま着がえていますから」

「彼女はどうでしたか」

「とてもよかった。うまくいきました。ジュリーとは初めてでしたから心配でしたが、その心配は吹き飛びましたよ。すべてうまくいっています。ジュリーは強さともろさを同時にそなえていますから、この役にはぴったりなのです。彼女に決めてよかったと思います。これからもうまくいきますよ。それじゃ、先生」

フェラン監督はドクター・ネルソンと握手してから去る。

かつらを取り、衣裳をぬいでジーンズ姿になったジュリーが出てくる。

スタッフの一人がリンゴをかじりながら画面いっぱいによぎっていく。

突如、欲望に駆られたかのように、ジュリーは夫の手をひっぱって木かげに連れていく。

「(英語で)どうしたんだね?」

ドクター・ネルソン（デイヴィッド・マーカム）とパメラ（ジャクリーン・ビセット）

「(英語で) キスしたかったの」

と言って、ジュリーはこらえきれないように夫にはげしくキスをする。

上空を飛ぶ飛行機の轟音。

編集機《ムビオラ》で見る

それからしばらくあと。

フェラン監督は編集室に向かう。

女優のステイシーが旅支度をして表で待っている。小道具のベルナールがスーツケースのかたわらに立っているところを見ると、このあとステイシーを空港まで送っていくらしい。

「ああ、ステイシー、ごめん、待たせてしまって」とフェラン監督。

「だいじょうぶ。(それからベルナールに) 五分待ってね、ベルナール」

と言って、ステイシーはフェラン監督とともに急いで編集室に通じる階段をのぼる。

「そう、すぐ終わるよ。飛行機には間に合うさ」

「あした、テレビの仕事が入ってるものですから」

などと話しながら、編集室に入っていく。

「ベルトラン様……製作部までおいでください」

という呼出しのアナウンスが聞こえる。

編集機《ムビオラ》のヤンと助手のマルチーヌが編集機《ムビオラ》に画《え》と音のフィルムをかけて——画と音のフィルムの両方のパンチを合わせて同時にシンクロさせて流せるように——待機している。

「プールのシーンか」とフェラン監督。

「そうです」

「よし、すぐ見よう」

編集機《ムビオラ》の画面にステイシーがプールで泳いでいるシーンがうつる。アレクサンドルの声が聞こえ、水着姿のステイシーがプールから上がり、プールサイドのテーブルでタイプを打つ。

画面をじっと見つめるフェラン監督。ステイシーも真剣な目つきだ。

「だいじょうぶ、ステイシー、全然目立たない」

「ほんと？　よかった」

「ほら、ごらん、とてもきれいだ」

「おなか、大きくない？」

「いや、全然わからないよ。ＯＫだ」

「だいじょうぶ、ほんとに?」

「だいじょうぶだ、ステイシー。安心して行っていいよ」

「ありがとう、ほんとに」

ステイシーはフェラン監督にお別れのキスをする。

「さよなら、ヤン。さよなら、マルチーヌ。おつかれさま」

「さよなら、おつかれさま。またね」

ステイシーが去ったあと、フェラン監督はふたたび編集機《ムビオラ》に向かい、

「さあ、つづきを見よう」

編集機《ムビオラ》が回転し、画面にはプールのシーンのつづきが次々にうつる。

画と音のフィルムが並んで編集机のわきのバスケットのなかに流れこむ。

軽快な音楽が高まる。

女は魔物か?

きょうの撮影は「不倫の宿」のシーンである。美術のダミアンが設計したバンガローが撮影所の一角に建て込まれている。

呼出しのアナウンス。

「ジュリー・ベイカーとアレクサンドルは十五分後バンガローのセットへお入りください」

セットに向かうプロデューサーのベルトランと製作進行のラジョワ。

アルフォンスがリリアーヌを抱きかかえるようにしてやってくる。

リリアーヌの胸を撫で、くちびるにキスをする。

「ねえ、わかるかい、きみにいつもふれていたいんだ。（目の前のバンガローを見て）何のセットだ？」

「〝不倫の宿〟のセットよ。台本にあるでしょ」

「台本は絶対読まない主義だ」

「（台本をいじりながら）父親が息子の嫁のパメラと駈け落ちするでしょ。二人はその種のカップルのためにつくられた特別なホテルに泊まるの。わかるでしょ。朝になるけど、二人はセックスをしたいので、外から邪魔が入らないように朝食をすませたお盆を彼女が部屋の外にだしにいくの……」

アルフォンスがうるさくキスしてくるので、

「ねえ、わたしはもう行かなくちゃ。とにかく、あんたの出る幕じゃないわね、ここは」

去っていくリリアーヌを不満げに見送るアルフォンス。

「それじゃ、ぼくはこのへんをぶらついてるか……」

そして、向こうからやってくるチーフ助監督のジャン＝フランソワをつかまえ、

「ジャン＝フランソワ」

「なんだ」

「教えてくれ、女は魔物か?」

「いや、女は魔物じゃない。男だって魔物じゃない。女が〝すばらしい男たちを知ってるわ〟と言っても、それはいろんな男たちに惚れたというくらいの意味さ……」

呼出しのアナウンス。

「ラジョワ様、『パメラ』組の製作ルームにおこしください」

バンガローのセットの前で、フェラン監督は特機のジャコモに呼びとめられる。

「すみませんが、監督、お話ししたいことがあるんですが」

フェラン監督はセットから離れて歩きながら話を聞く。

「急に申し訳ないのですが、三日ほど休みをいただけないでしょうか」

「この組を降りるのか」

「いえ、そうではなくて、つまり、母が亡くなりましたもので……」

「そうか。急だったのか」

「いえ、もうずっと長いあいだ病んでいたものですから、むしろ母にとっては救いだ

ったのですが」

「わかるよ。そうだったのか。休みは三日間でいいのか」

「ええ。でも心配なさらないでください。アナはあけません。誰か代わりの者を見つけますから」

「そうか。たのむ。きみを信じてるよ」

「ありがとうございます」

上空をよぎる飛行機の轟音。

「不倫の宿」のシーンの準備ができる。

バンガローのなかには、ベッドから起きがけの父親（アレクサンドル）とパメラ（ジュリー・ベイカー）。二人ともガウン姿である。ヘアメイクのジュリーがアレクサンドルの口ひげを直してやっている。

「よし、では本番いこう」とフェラン監督。

そこへ妻のジュリーに別れを告げるためにやってきたドクター・ネルソンが、撮影本番前の緊張した雰囲気に気圧されて、

「あ、失礼！」

と思わずひっこむ。

フェラン監督が追いかけるようにしてドクター・ネルソンの腕をひっぱってくる。

「不倫の宿」のセット　手前右手にフェラン監督とキャメラマンのワルテル

「いいんですよ、先生、どうぞご遠慮なく。さあ、どうぞおすわりください。これからおもしろい撮影が見られますよ」

と言って、キャメラのすぐわきのディレクターズチェアに腰かけさせる。

ドクター・ネルソンは恐縮して、

「いえ、わたしはただお別れの挨拶をしに来ただけなんですよ。一時間後に飛行機が出ますので」

バンガローの窓から、ジュリーが愛のキスの合図を夫に送る。

アレクサンドルがドクター・ネルソンに、

「このカットが終わったら、空港までお送りしますよ。ついでがありますから」

撮影準備が整ったのに、何かが不足しているのかと、フェラン監督が記録のジョエルにたしかめる。

「まだ何かあるのか」

「ベルナールがぐずぐずしてるのよ、いつものように」

「どうした、ベルナール?」

とフェラン監督が小道具のベルナールに声をかける。

「だいじょうぶ、いつでもいけますよ」とベルナール。

「それじゃ、ミルクを!」

とフェラン監督。

ベルナールはあわててワゴン車のなかから牛乳びんを取りだす。ワゴン車のなかから子猫の鳴き声が聞こえる。

ベルナールは牛乳びんを持ってバンガローの窓ぎわまでいき、アレクサンドルの持っている盆の上の皿に牛乳を注ぐ。

「ミルク……これさえあれば、だいじょうぶ」

そして、

「どうぞ！」

と言ってひっこむ。

録音ブザーが鳴る。

「静かに！」

とフェラン監督。

「本番いくぞ。アレクサンドル、いいかね」

「いいですよ」

「ジュリーも？　よし、ヨーイ・スタート！」

助監督の一人がカチンコを鳴らす。

「『パメラ』、シーン24、テイク1！」

「アレクサンドル、どうぞ」

とフェラン監督が声をかける。

バンガローのなか——アレクサンドルがパメラ（ジュリー）の顔を両手でやさしく包みこむようにしてキスをする。

「アレクサンドル、キスはあまりロマンチックになりすぎないように」とフェラン監督。

ベッドの上には朝食をすませた盆。アレクサンドルがそれをテーブルのほうに移しかけるところをパメラが取り上げてドアの外に置くまでを、キャメラがパンして追う。

「猫をだせ」とフェラン監督。

ベルナールが籠のなかから、グレーのかわいい子猫をだし、頭を撫でて、

「さあ、行くんだ」

と、朝食の盆のほうに向けて放す。猫が皿にこぼれた牛乳をなめるという設定のシーンなのである。

だが、子猫はどうしても行きたがらない。ベルナールが尻を押してやるが、すぐ戻ってきて、逃げていってしまう。つかまえて、もう一度やろうとするが、盆に近づこうともせず、おびえて逃げだす。

スタッフ一同、呆然。

猫をだせ！…小道具のベルナールは必至だ

フェラン監督はちょっとイライラして、

「これじゃ、全然ダメだ」

録音ブザーが二回鳴り、テイク1が失敗に終わったことを告げる。

フェラン監督は目の前でマイクをサオにつるして音を録《と》っていた録音部の助手にあたる。

「おまえのせいだ、ヨリク。そのばかみたいなサオのために猫がこわがって逃げたんだ。このカットは音を録《と》らなくていい。猫の声だけ別録《ど》りしろ」

キャメラのわきで録音機《ミキサー》を操作していた録音技師のルネも、これにはクサって、レシーバーを耳からはずして投げだし、

「そうしましょう。ラップ街で猫撫で声でも録《と》ることにしますよ！」

ふたたび本番。

カチンコ。

「『パメラ』、シーン24、テイク2！」

「ベルナール、猫を！」とフェラン監督。

キャメラは盆にフォーカスをあてて待っているが、猫がこない。

「ベルナール、早く猫を！」

とキャメラマンのワルテルが催促する。

子猫はやっと盆の近くまでくるが、すぐまた逃げていってしまう。

全員、失望の声。

「ダメだ、これでは」とワルテル。

「カット！　もう一回いこう！」とフェラン監督。

ベルナールが子猫を抱いて言いふくめる。

「いいか、こんどこそうまくやれよ。さもないと痛い目にあわせるぞ」

「ワルテル、こんどは猫にフォーカスをあてていこう」

とフェラン監督が言う。

「よし、ベルナール、猫だ！」

とワルテル。

ベルナールが放った子猫はようやく盆に近づくが、しばらくうろついて、またもや逃げだしてしまう。

失望のどよめき。

キャメラマンは腹立たしげに舌打ちする。

「ちくしょう！　どうしたというんだ」

ベルナールがジョエルに子猫をつかんで見せ、

「おかしいな、三日も食わせないで腹をすかさせといたのに」

撮影は猫のために難航し、すでに「テイク8」である。

「しくじるな！」とフェラン監督。

こんども子猫は盆のところでちょっとにおいをかいだりするが、またもや逃げていってしまう。

「カット！　カット！　もうこれ以上やっても無駄だ、やめよう。別の猫をさがすんだ、芝居のできるやつを！」

とフェラン監督がこらえきれずに叫ぶ。

ジョエルはベルナールに、

「だから、猫は二匹用意しといたほうが安全だって言ったでしょ」

と言って、バンガローのセットから出ていく。

「口の悪い女だ！」

とベルナールは子猫を撫でながらブツブツ言う。

撮影の中断を利用して、ドクター・ネルソンはバンガローの窓辺に行き、ジュリーと話をする。

「（英語で）どう、気分は？」

「（英語で）とてもいいわ。あなたはもうそろそろ出発ね」

「（英語で）そう……」

アレクサンドルがやってくる。ドクター・ネルソンがアレクサンドルと話しているあいだに、ジュリーがハンドバッグから小さなケースを取りだしてきて、夫の上着のポケットにそっとすべりこませるのが見える。

「十五分と言ったけれども、二十分か二十五分はかかりそうです。それから化粧《メイク》を落としますから……でも、ぜひごいっしょに」

とアレクサンドルはこのシーンのあとドクター・ネルソンを空港まで自分の車で送っていく旨、念を押す。

ベルナールはまだ子猫に未練がましく話しかけている。

「なぜうまくやれなかったんだ、このバカ！　困るのはこの俺だぞ。悪い子だ」

「ジョエルはどこだ」とフェラン監督。

「別の猫を見つけたわ」

と言って、ジョエルが一匹のもっと大きな猫を持ってくる。

「撮影所の守衛さんの猫よ」

「なんだ、そいつは。しまらないツラした猫だ。そんなやつにできるもんか」

とベルナールが抗議。

「つべこべ言わずに、その猫でやってみよう」とフェラン監督。

カチンコ。

A JOUR
SONORE
Je vous présente "PAMELA"
Metteur en Scène
FERRAND
Chef Opérateur
W. WILLIAM
24
13

シーン24、テイク13！…

「『パメラ』、シーン24、テイク13！」

フェラン監督がアレクサンドルに、

「キスを」

バンガローのなかの寝室で、アレクサンドルが、すでに起き上がっているパメラにキスをする。

「お盆を取って」

パメラが盆を取る。

「ドアをあけて」

パメラはドアをあけ、表に盆を置いてひっこむ。

「猫をだせ」

新しい猫が勢いよく盆のところへ走ってくる。そして、あちこちにおいをかぎまわる。

「フォーカスを合わせろ！」

とキャメラマンのワルテルが助手に注意する。

「バカ！　猫にフォーカスだ！」

猫はぐるぐる盆のまわりをまわっていたが、ついに皿のなかの牛乳を見つけて、うまそうになめる。

その様子を、バンガローの窓から、アレクサンドルとジュリーが微笑みながら見ている。

「カット!」

とフェラン監督の声がはずむ。

スタッフ一同の安堵と歓びの声がどよめく。

撮影所の上空を飛んでいく旅客機。

アレクサンドルとドクター・ネルソンが歩いてくる。ドクター・ネルソンはスーツケースを持っている。

一台の車が待っている。二人をニース空港まで乗せていく車である。

「アレクサンドル!」

とアルフォンスが追いかけてきて、つかまえる。

「お急ぎのところを申し訳ないんですが、どうしても教えてもらいたいことがあるんです」

「何だね」

「女は魔物かどうか……」

アレクサンドルは微笑んで、

「そういう女もいるよ……だが、そうじゃない女だっているさ」

「そうですか……」

アルフォンスは、どうもよくわからないといったような顔つきをする。それから、ドクター・ネルソンと握手し、別れの言葉を言って、去る。


車、走りだす。


空港に向かう車のなかで、アレクサンドルとドクター・ネルソン。

「ドクター、ジュリーは心配ないですよ」

「ええ、この映画に出られてとてもよろこんでいます。こんどこそ最後までやれるでしょう」

「俳優というのは本当に傷つきやすく、もろい人種ですからね」

「当然ですよ。人間誰しも他人に見られたり評価されたりするのはこわいものです。それがあなたがたの職業では生活の一部になっているんですから。映画に出ているときも、出てないときも」

「そうなんです。だから、わたしたちは誰かに会うとすぐ、その人にどう思われているか、その人に愛されているかどうかということが気になってしまうのです。その点では、たぶんあらゆる芸術家が同じだと思います。モーツァルトは子供のころ、演奏をたのまれると、いつもこう言ったそうです、〝何でもお望みのものをやります、でもその前にまず、ぼくを愛してるって言ってほしい〟と」

アレクサンドルの話を聞きながら、ドクター・ネルソンは何気なく上着のポケットに手を突っこみ、何かが入っていることに気づき、取りだして見る。バンガローのセットで妻のジュリーがそっとしのばせたケースである。ひらいてみると、なかには金のキーホルダーが入っている。それを胸のポケットにしまいこみながら、ドクター・ネルソンが言う。

「それに、映画ほどキスをし合う職業はないでしょう」

「そのとおりですよ。ひまさえあれば抱き合い、キスをしている。握手は、人間が武器を手に持っていないこと、つまり敵ではないことを相手に知らせるために考えだされたものだそうです。しかし、わたしたちにとっては、それだけでは充分ではないのです。愛し合っていることをおたがいに確認し合うために、〝モン・シェリ、マイ・ダーリン、マイ・ラブ、きみはすばらしい〟としょっちゅう言い合う。それが生活の糧になるのです……」

車はやがて空港に着き、アレクサンドルはドクター・ネルソンに別れを告げて、到着ロビーに向かう。

一人のブルネットの髪の美青年が旅行客の列から離れてやってくる。

うれしそうに迎えるアレクサンドル。

待ち人は女性ではなかったのだ。

差し込み台本

翌日の夕方。

セット撮影を終えてステージから出てくるフェラン監督とアレクサンドル。

昨日ニース空港でアレクサンドルが出迎えた青年が待っている。

アレクサンドルがフェラン監督に青年を紹介する。

「クリスチャン・フェルゼンです。（そして青年に）フェラン監督だよ」

フェラン監督は青年と握手しながら、

「はじめまして。外で待っていたんですか。なかに入って見学してくれててもよかったのに。秘密の撮影ではありませんから」

ちょっと離れた場所で、小道具のベルナールが、アレクサンドルの「恋人」の美青年に好奇の目を向けながら、アルフォンスに、

「おい、あれを見たか」

だが、アルフォンスは彼自身の問題で頭がいっぱいだ。

「ねえ、ベルナール」

「なんだい」

「女は魔物か?」

「女は魔物じゃない。魔物は女の脚だ。早い話、男はズボンをはくが、女はスカートだろ」

リリアーヌが来て、アルフォンスに、

「つまらない話はやめて。今夜は映画に行きましょ」

「そうだ、映画に行こう」

リリアーヌは記録のジョエルも誘う。

「ジョエル、最終回は何時?」

ジョエルは腕時計を見て、

「もうはじまるわ。すぐ行かないと」

そんな様子をいかにも軽蔑した苦々しい表情で見すえながら、製作部のラジョワの夫人が夫に連れられて通っていく。

プロデューサーのベルトランがフェラン監督に、

「フェラン……キッチンの夜のシーンだが、絶対にあすの晩に撮ってほしいんだ」

「なぜ?」

「組合がうるさくて、スタッフを十二時間休ませなきゃいかんのだ」

フェラン監督はジョエルを呼んで、

「ジョエル、キッチンのシーンをあすの晩撮らなければならなくなった」

「そうなんだ。なんとかたのむ」

とプロデューサーのベルトランも言って去る。

「あすの晩ですって？」

「そうなんだ。今晩、これから二人でシーンを組み立てたいんだが、いいか」

「わかった、いいわ」

それから、リリアーヌやアルフォンスに、

「わたしは映画に行けないわ」

ジュリーが話を聞いていたらしく、フェラン監督に、

「キッチンのシーンをやるの？」

「そうなんだ、あすの晩撮らなければならなくなった」

「台本がほしいわ」

「今夜、届けるよ、食事のあとで」

「もっと早くほしいわ」

「そうしたいんだが、これから手直しするんだ。でも、いいかい、食事のあと届ける

から、眠る前に一度読んで、枕の下に敷いて寝るんだ。すると、あすの朝には、びっくり仰天、もうすっかり暗記しているよ」

去っていくフェラン監督に、ジュリーは、

「お気軽《オプチミスト》ね」


ホテル・アトランチック。電話交換嬢の声。

「ホテル・アトランチックでございます……パリが出ました……」

夕食のテーブルで、プロデューサーのベルトランがジュリーを相手にまくしたてている。

「ジャーナリストってのはみんな同じさ。いつも同じ質問ばかり。〝女優になって何か変化がありましたか？〟〝有名になって、サインを求められた感想は？〟〝街で買物などしていると声をかけられますか？〟……テレビでもしょっちゅう映画のルポをやるけれども、映画女優の真の姿をとらえた番組は見たことがない。だから、わたしはいつも言ってやるのだ、女優は撮影に入ると、朝は六時に起き、家に帰るのは夜の九時だ。つまりは十五時間労働だって」

「まあ、十五時間労働だなんて……十三時間くらいね。ラッシュ試写の時間を合わせて十四時間」

ジュリーはワイングラスを口に持っていき、いたずらっぽく、にっこり笑う。

ホテルの電話交換嬢の声。

「セヴリーヌ様はお部屋にいらっしゃいません。バーのほうにおつなぎいたします」

ホテルの階段、廊下のカットが入る。

「ホテル・アトランチックでございます。ベルトラン様におつなぎいたします……」

フェラン監督の控室。

フェラン監督が新聞の映画案内欄を読み上げる。

「キュルサール座も『ゴッドファーザー』、レキシー座も『ゴッドファーザー』、フォーラム座も『ゴッドファーザー』……どこもかしこも『ゴッドファーザー』で、ほかの映画はすべてコケてしまってるみたいだ。

記録《スクリプター》のジョエルがタイプライターを前にしてすわっている。

「名付親《ゴッドファーザー》といえば、アレクサンドルの名付子《ゴッドサン》を見た？　きょうの撮影中ずっと外で待っていた青年よ。みんな、見事に臆測がはずれたわね。だって、みんな、アレクサンドルのことだから、かわいらしい美少女《ロリータ》を待っていたのかと思っていたら、空港に降り立ったのはあの美貌の貴公子《ロレンザッチョ》だった。ねえ、あの青年をパメラの車の事故のシ

午後の撮影のための打ち合わせ…フェラン監督とスクリプターのジョエル

ーンのスタントマンに使えないかしら」

「まさか！　それは絶対無理だ。本当に危険なシーンなんだ。本物のスタントマンを使うしかないよ」

ジョエルは何も言わず、たばこを口にくわえてライターで火をつける。

フェラン監督は立ち上がって、

「キッチンのシーンにとりかかろう」

そして、壁に大きく貼り付けられたシーンの抜き書きを読む。

「〝夜、キッチンで父親は息子の嫁に会う〟」

「なぜキッチンなの？」

「キッチンなら自然だからね。同じ家に住んでいるんだから、誰にも疑われない」

フェラン監督は机に戻り、原稿を取ってジョエルに見せる。

「第一稿を書いてみたけど、どうも気に入らない」

ジョエル、原稿を読む。

「父親、〝覚悟はあるんだね？〟。パメラ、〝ええ……〟。この〝ええ……〟があいまいでダメね。パメラは夫の父親に恋をし、彼を愛しているわけでしょう。それがはっきり出ないと、人物そのものが無気力な感じになるわ。どうもここがうまくないわ。何か一つアイデアが足りないわ。ジャン＝マリウスの助けを借りたら？」

「そうなんだ、わたしもそう考えた。だが、いま、彼はパリにいない、日本に行っているんだ。ツルゲーネフの『初恋』を現代の日本に舞台を移して脚本を書いている。すばらしいアイデアだろう。『パメラ』よりずっといい企画だ。そっちをやりたかったくらいだ」

フェラン監督は食事をすませた盆を机の上からベッドのほうに運び、朝刊紙「ニース・マタン」を取って第一面を読みながら、ほとんどやけくそ気味に、

「どんなアイデアからでも映画はつくれるさ。キッシンジャーが極秘に視察というのでもいいし、心臓移植だっていいし、宝石商が妻に火傷を負わせるだっていい……」

ジョエルが抑えて、

「さあ、まじめに仕事にとりかからなきゃ。あなたが口述して、わたしがタイプを打つから。ジュリーに約束したんでしょ、今夜せりふを書いて渡すって」

フェラン監督も腰をすえる。

「よし、キッチンのシーンだ。二人の人物の性格をはっきりさせよう。あいまいな、やましい感じはすべて切り捨てよう。二人は自分たちの行動に関してははっきりした自覚を持っている。ただひたすら恋に狂って、自分たちが何をしようとしているのかわからないのとは違うんだ。二人は泥棒のように家を抜け出る覚悟でいる」

「パメラがせりふでそれを言ってもいいんじゃない、〝泥棒のように家を抜け出るの

ね〟って。このシーンでは、パメラという女の明晰さを強くだすほうがいいと思うの。彼女は最初息子のほうを愛していたけれども、もう愛することができず、父親のほうに恋をしてしまう。この気持ちの移り変わりを強調したほうがいいわ」

「そう、そのとおりだ。実際、それはジュリーが見事に記者会見のときに言っているよ。ほら、〝新聞のインタビュー〟に出ている。〝ヒロインは自分の結婚した青年は幻影にすぎず、その実体は父親のほうであったことに気づくのです〟と。ジュリーがこの映画をいちばんよく理解していたわけだ」

「そうね」

「なぜかというと、ジュリーの母親は有名な女優だったし、彼女自身ハリウッドで仕事をし、ハリウッドで生活しているからだと思う。ハリウッドには親子のスターが多い。だが、名優の子は名優とは限らない。フェアバンクス父子、バリモア父子、みんなそうだ。さあ、つづけようか。（口述する）父親、〝覚悟はあるんだね〟……」

ジョエルがタイプを打つ。

電話が鳴る。

「ちくしょう、電話だ」

フェラン監督は立ち上がり、電話をとる。

ホテルのフロントからの電話である。

「フェランさん？　ドミニクさんというお方がおたずねです。お部屋に上がってもらってよろしいでしょうか」

「いや、今夜は仕事があるので会えないと言ってくれ。あす、こちらから電話するから、と」

「わかりました、フェランさん。そう申し伝えます」

フロントの青年が電話を切ってから、若い娘に、

「フェランさんは今夜はお仕事でお会いできないそうです。明日お電話をさしあげるとのことです」

「ありがとう。おやすみなさい」

若い娘、去っていく。


ロビーでその姿を見ていた小道具のベルナールとチーフ助監督のジャン＝フランソワが品定め。

「あの女をどう思う？」

「肉づきはよいが……」

「地方色あふれる美人」

「田舎のコールガールか」

「いや、いや」

「〝戦士の休息〟ってのはどうだ」

とジャン＝フランソワがロジェ・ヴァディム監督の一九六二年の映画の題名にひっかけて言うと、ベルナールも納得して、

「それをぼくも言おうと思ってたんだ」

映画狂の二人はうなずき合う。

「あ、映画クイズがはじまるぞ。行こう」

二人はロビーにあるテレビの前に急ぐ。

映画評論家のピエール・チェルニアが司会するクイズ番組がはじまる。

「ジャンヌ・モローがロシアの女帝を演じた映画の題名は？」

ジャン＝フランソワが即座に答える。

「『キャサリン大帝』！」

第二問。

「ジャンヌ・モローがオーソン・ウェルズと共演したオーソン・ウェルズ監督によるシェイクスピア劇の映画化の題名は？」

フロントの青年も耳を傾け、考えている。

「簡単だ」とベルナール。

そして、ジャン＝フランソワと異口同音に、

「『フォルスタッフ』！」

テレビのなかの回答者も同じ答である。

「そのとおり」と司会者のピエール・チェルニアの声。

第三問。

「ジャンヌ・モローがフランス王シャルル九世の妹で、新教徒ナヴァール公の妃に扮した映画の題名は？」

テレビの声に耳をすませて聞き、考えているフロントの青年。

ベルナールが指を鳴らしながら、

「ほら、あれだよ……ほら、アンリ四世の……」

「『バルテルミーの大虐殺』！」とジャン＝フランソワ。

「そう、そう」

テレビのなかの回答者も同じ答である。

「お見事、なかなかお詳しいですね」とピエール・チェルニアの声。

ジュリーの部屋。

記録《スクリプター》のジョエルが外からノックし、ドアの下から、せりふをタイプした一枚の紙

をすべりこませる。

「ジュリー、あしたの分の台本よ」

ジュリーは紙をひろい上げ、浴室に入って洗面台の鏡の前に置き、髪を上に束ね上げながら、読む。

「〝ええ、あなたを愛しています……仮装パーティのときからずっと……もうここにはいられません……あした発《た》ちます〟」

化粧を落としながら、もう一度読む。

「〝……仮装パーティのときからずっと……〟」

音楽が高鳴る。

雨降らしの装置

翌日の夜のキッチンのシーンの撮影風景。

キャメラマンのワルテルと助手たちがキャメラを四角い便利箱の上にセッティングする。

キャメラポジションを定めるキャメラマンのワルテルと撮影スタッフ。ライトをセッティングする照明スタッフ。準備を終えて待機する録音技師。

雨降らしの装置も装飾（小道具）のベルナールの仕事だ

セットの台所のなかでは、父親役のアレクサンドルとパメラ役のジュリーがシーンのリハーサルをしている。その奥にある冷蔵庫の上に花びんを置くチーフ助監督のジャン＝フランソワ。

台所の窓の外の上方には雨降らしのパイプ――スプリンクラー――が取り付けられ、ベルナールがわきで雨を降らす装置を操作している。

アレクサンドルの「恋人」、美青年のクリスチャンがアレクサンドルの椅子《チェア》に腰かけて、撮影を見学している。

何回かテストがおこなわれたあと、フェラン監督がキッチンにきて、

「窓をしめるからね、ジュリー」

そして二人の俳優に最後の注意《アドバイス》をする。

「このシーンでは、ただ一つ、芝居がセンチメンタルにならないように気をつけてほしい。きびしく、冷たく、突き放すような感じで演じてほしい。これまでのテストではとてもよかった。そのままの調子でやってくれ」

いよいよ本番撮影である。

ジョエルが窓ごしにカチンコが見えるようにして打つ。

「『パメラ』、シーン33、テイク1！」

キャメラマンのワルテルが、

パメラと父親（キッチンのシーンの本番）

「ライトを消して！　雨！」

ベルナールの操作で、パイプの小さな数々の穴から出る雨がしたたり落ちて、キッチンの窓ガラスを濡らす。

「もう少し雨を少なく！」

パイプから出る雨の量が抑えられてやや少なくなる。

「これでいいですか？」とベルナール。

「いいぞ」とキャメラマンのワルテル。

キャメラは窓ごしに二人をとらえる。

窓をつたって流れる雨の音と静かにキャメラが回りつづけるノイズのみが効果音のようにセットの静寂をきわだたせる。

暗いキッチンにあかりがつく。あかりをつけたのは父親（アレクサンドル）である。

パメラがいる。

パメラ「（ちょっとふりむき、それから牛乳をコップに注ぎながら）眠ってるものとばかり……」

父親「いや、足音が聞こえたので、きみだとわかった。きみも眠れないのか……」

パメラ「あなたのことを思っていました」

父親「覚悟はあるんだね」

パメラ「ええ、あなたを愛しています」
父親「いつから、そんな……？」
パメラ「仮装パーティのときからずっと……もうここにはいられません。あした発《た》ちます」
父親「わたしも同じ思いだった。二人でいっしょに発《た》とう」
パメラ「二人のほうがいいんです。二人でいっしょに発《た》ったら、夜逃げみたいになりますから」
父親「夜逃げだって構わない、きみを一瞬でも失いたくない」
パメラ「わたしも。いっしょに逃げましょう、いますぐ。泥棒のように」
夜の静寂のなかに、二人の声がしみじみと、やさしくひびく。まるで本当の美しいラブシーンを見ているような感動が高まる。やがて二人の姿がキャメラのファインダーのなかに吸い込まれていく。
フェラン監督の「カット！」の声。
「どうだった、ワルテル？」
「OKですよ、いい感じ。次はどうします？」
「もう一回いこう」
ファインダーのなかの恋人たちの画像が移動マスクで黒く閉じられる。

夢――泥棒のように

その夜。

フェラン監督はまた、いろいろな思いにとり憑かれ、うなされる。

パメラのせりふが追いかけてくるように聞こえる。

「いっしょに逃げましょう、いますぐ。泥棒のように……泥棒のように……泥棒のように……泥棒のように……」

モノクロの画面――ステッキの音がひびき、夢のなかの人気《ひとけ》のない暗い夜道をふたたび少年が大きなステッキをついて歩いてくる。そして映画館の前でとまる。

撮影中盤にさしかかる

オープンセットが向こうに見える。

フェラン監督がアルフォンスをどなりつけている。

「どうしたんだ、一時間も前からさがしていたんだぞ」

「ぼくを？　ぼくは控室にずっといましたよ。知らせてくれたらよかったのに。控室にいたんですから」

「前の晩に知らせといたろう」

「言ってくれれば、ぼくは何でもやりますよ。何も言ってくれないからいけないんですよ。全然知らなかったんですから。予定表ももらってないんです」

「とにかく、すぐはじめよう」

それから、フェラン監督はチーフ助監督のジャン＝フランソワをつかまえ、いっしょに歩きながら、あわただしくこれから撮るシーンの打ち合わせをする。その間にフェラン監督のモノローグが入る。

「やっと撮影が中盤にさしかかった。撮影に入る前は、すばらしい映画ができるにちがいないという無限の希望にみちている。ところが、撮影に入ったとたんに難問が続出し、希望は次第に失せ、あとはただ映画が完成してくれさえすればいいと願うだけになる。撮影中盤にさしかかると、わたしは自問自答し、自分を責めさいなむ。これでいいのか、もっと身を入れてやるべきではないのか。前半はもう取り返しがつかない。これから、後半で盛り返すのだ。スクリーンにうつしだされるものをすべて、よりいきいきとさせるように努力しなければならない。『パメラを紹介します』はやっとなんとか軌道に乗ったように思える。俳優はみな役になじんでいるし、スタッフ間のチームワークもいいし、面倒なもめごとも起こっていない。ただ映画あるのみだ……」

アルフォンスは移動用のレールの枕木をまたぎながら歩く

撮影快調のムードを高めるヴィヴァルディ調の音楽。

アルフォンスのほうに顔を向けるジュリーのアップ。

フェラン監督がやってきて、ジュリーにもう少し顔を上のほうに向けるように指示する。

キャメラの回転。

本番合図の赤ランプがともる。

何かつぶやきながら歩いてくるアルフォンス。歩きかたがちょっと変な感じだ。キャメラを引くと、じつは移動撮影用に敷いたレールの枕木を一歩一歩またぎながら歩いていることがわかる。

赤いセーターに黒のネックバンドをしたジュリーの手を取って、どのようにして指を窓の枠に置くか、小さな動きをつけるフェラン監督。

ライトマンがドアがひらいたり閉じたりするようにライト（照明器具）のハネで光量を調節し、アレクサンドルの顔を明るく照らしたり、やや暗くしたりする。

手に手を取って走るアルフォンスとジュリーをキャメラがすばやくパンして追う。

近くのスタッフ連中はフレームに入らないようにキャメラの前で急いでしゃがみこむ。

かつらをとってリラックスするセヴリーヌ。

台本をひらいてセヴリーヌにせりふを教えるオディル。

スチールマンのピエロが通行人として出演するために黒い僧侶の帽子をかぶる。

セヴリーヌとジュリーがスチール写真のコンタクトを見ながら印をつけている。

キャメラが回りつづける。

フェラン監督の横顔のアップ。

新聞をひろげて顔を隠して立っているアルフォンス。

リリアーヌが来て、新聞のかげに顔を突っこみ、アルフォンスにキスをする。

それからリリアーヌはカチンコを打つ（ボールドには「シーン34、カット19、テイク１」の数字が読める）。

アルフォンスが新聞を閉じ、キョロキョロあたりをうかがう。

ストップウォッチで芝居の間を測る記録《スクリプター》のジョエルの手。

本番終了、赤ランプが消える。

巨大なバルザック像が運ばれていく。

オープンカーの後部トランクにキャメラを肩にのせた撮影助手のジャン＝フランシスが乗り、運転席のパメラと助手席のアルフォンスをフレームにおさめる。フェラン監督がわきからすばやくカチンコを打ってひっこむと、オープンカーがスタートする。

走るオープンカー（こんどはアルフォンスが運転している）を別車（キャメラカー）

オープンカーのパメラとアルフォンスを別車（キャメラカー）より後退移動しながら撮影

より後退移動《トラック・バック》しながら狙う。オープンカーはキャメラとキャメラマンとフェラン監督を乗せた移動撮影用のキャメラカーにひっぱられており、さらにトラックの屋根の上から同時録音用のマイクも吊るされ、スチールマンもいっしょに乗っかっていることがわかる。

　もう夜だ。キャメラカーにはライトが取り付けられ、まるで昆虫のつがいのように一体になったキャメラカーとオープンカーが闇のなかを光を放ちながら移動していく。

　広場のオープンセットにアーク灯がともる。

　そして、翌日の午後。

　キャメラとキャメラマンと助手を乗せた大クレーンが舞い上がるように上昇し、カットを撮り終え、止まる。

「カット！」というフェラン監督の声。

　と同時に、すかさず何でも屋の小道具ベルナールが叫ぶ。

「みんな、待ってくれ。このあとアレクサンドルのおごりで食前酒《アペリチフ》だ！」

　スタッフの歓声が上がる。

アメリカの夜

夕方、といってもまだ明るい。

撮影所の一角の木かげで、アレクサンドルがスタッフに食前酒《アペリチフ》をふるまうささやかなパーティ。

小道具のベルナールが給仕役をひきうけ、いそいそと立ちまわる。

アレクサンドルがシャンペンを二つのグラスに注ぐ。びんが空になる。

「シャンペンはまだあるか」

ベルナールは持ってきたパスティスのびんとサンドイッチを即製のスタンドに置き、

「いえ、シャンペンは三本しかとらなかったもので……でもパスティスがありますよ」

「シャンペンなしじゃ、もう酔えないな」

とアレクサンドルは隣のアルフォンスに笑いかけ、二つのグラスを両手に持って歩きだす。途中で照明や特機のスタッフに、

「みなさん、ごゆっくりやってください」とにこやかに声をかけ、それからセヴリーヌとクリスチャンのところへやってきて、シャンペンのグラスを一つセヴリーヌに手渡す。

「ありがとう」とセヴリーヌ。

クリスチャンはすでにシャンペンのグラスを持って飲んでいるので、

「おまえは、あるね」

と言って、アレクサンドルはもう一つのグラスを自分のためにとっておく。

クリスチャンから離れて、セヴリーヌとアレクサンドル。

「クリスチャンは美男子ね。俳優になる気はないの？」

「俳優に？　彼は映画が大嫌いでね……」

しかし、周囲を興味深げに見まわすクリスチャンの顔には映画への好奇心がありありとうかがえる。

アレクサンドルはセヴリーヌにつづけて言う。

「いや、あの子はテニスがうまいんだ」

「あら、そうなの」

「それで、一つきみにたのみがあるんだ……というのも、わたしはあの子を養子にしようと決心した。ずっと昔から、わたしは子供がほしかった……」

「ええ、そうだったわね」

「それに、バカだと思われるかもしれないが、でもやっぱり……なんというか……わたしの姓を継いでくれる誰かがほしいんだよ」

「素敵な考えじゃないの」

とセヴリーヌはアレクサンドルの頰をやさしく手で撫でる。

「ただ問題があるんだよ……法律上の問題だ。わたしはいまは結婚していない、クリスチャンはフランスのパスポートを持ってない」

「それなら、わたし、裁判所の人を知ってるから……」

あちこちで歓談する仲間たち。

給仕役にいそがしい小道具のベルナール。

男の子と女の子が「映画家族ゲーム」というトランプ遊びをしている。

「照明さんの家族で、お父さん」

と言って、女の子がカードを一枚とる。

「じゃ、キャメラさんの家族で、お母さん」と男の子。

プロデューサーのベルトランがブルネットの髪のたくましい青年を連れてきて、歓談しているジュリーとフェラン監督に紹介する。

「こちらはマーク・スペンサー、イギリスから来てもらったスタントマンだ」

ジュリーとフェラン監督がフランス語で「こんにちは《ボンジュール》」と挨拶して迎える。

「ロンドンから着いたばかりだ。フランス語は全然ダメ、一語もわからない」

「それじゃ、ジュリーに通訳してもらうよ」とフェラン監督。

プロデューサーが去ったあと、フェラン監督はジュリーに、

「あした撮るのは車の事故のシーンで、アメリカの夜で撮影するからって言ってほしい」

「〝アメリカの夜〟って何のこと？」

「夜のシーンを昼間撮るときに、ほら、キャメラのレンズにフィルターをかけて……」

「ああ、擬似夜景《デイ・フォー・ナイト》のことね。英語では〝day for night《デイ・フォー・ナイト》〟っていうの」

「なるほど」

ジュリーはスタントマンのマーク・スペンサーに向かって、フェラン監督の言ったことを英語に直して伝える。

「(英語で) あしたのシーンは擬似夜景《デイ・フォー・ナイト》になるんです」

「(英語で) 俺は誰の吹替えをやるんですか」

ジュリーがこんどはスタントマンの質問をフランス語に訳してフェラン監督に伝える。

「誰の吹替えをやるのかって」

「ジュリーの」

とフェラン監督はジュリーを指さす。

スタントマンは大よろこびで、

「（英語で）それはすばらしい。（ジュリーを見て）その恰好で？」

フェラン監督はうなずき、

「そう、まったくその恰好で、彼女と同じものを着て」

「かつらを付けてね」とジュリー。

スタントマンが、フェラン監督に、

「（英語で）イギリスでは映画を撮らないんですか」

ジュリーが笑いながら、フェラン監督に、

「おかしい、あなたが英語をわからないなんて……」

すると、フェラン監督が、突然、へたくそな英語で、

「英語は非常に上手に話せるが《アイ・スピーク・イングリッシュ・ヴェリー・ウエル》、全然理解できません《バット・アイ・ドント・アンダスタンド・イット》」

三人、大笑いする。

ロケーション

翌朝。ホテルの部屋。

アルフォンスがまだベッドのなかにいる。きょうの撮影には出番がないのである。

リリアーヌはすでに起きて、出かける用意ができている。

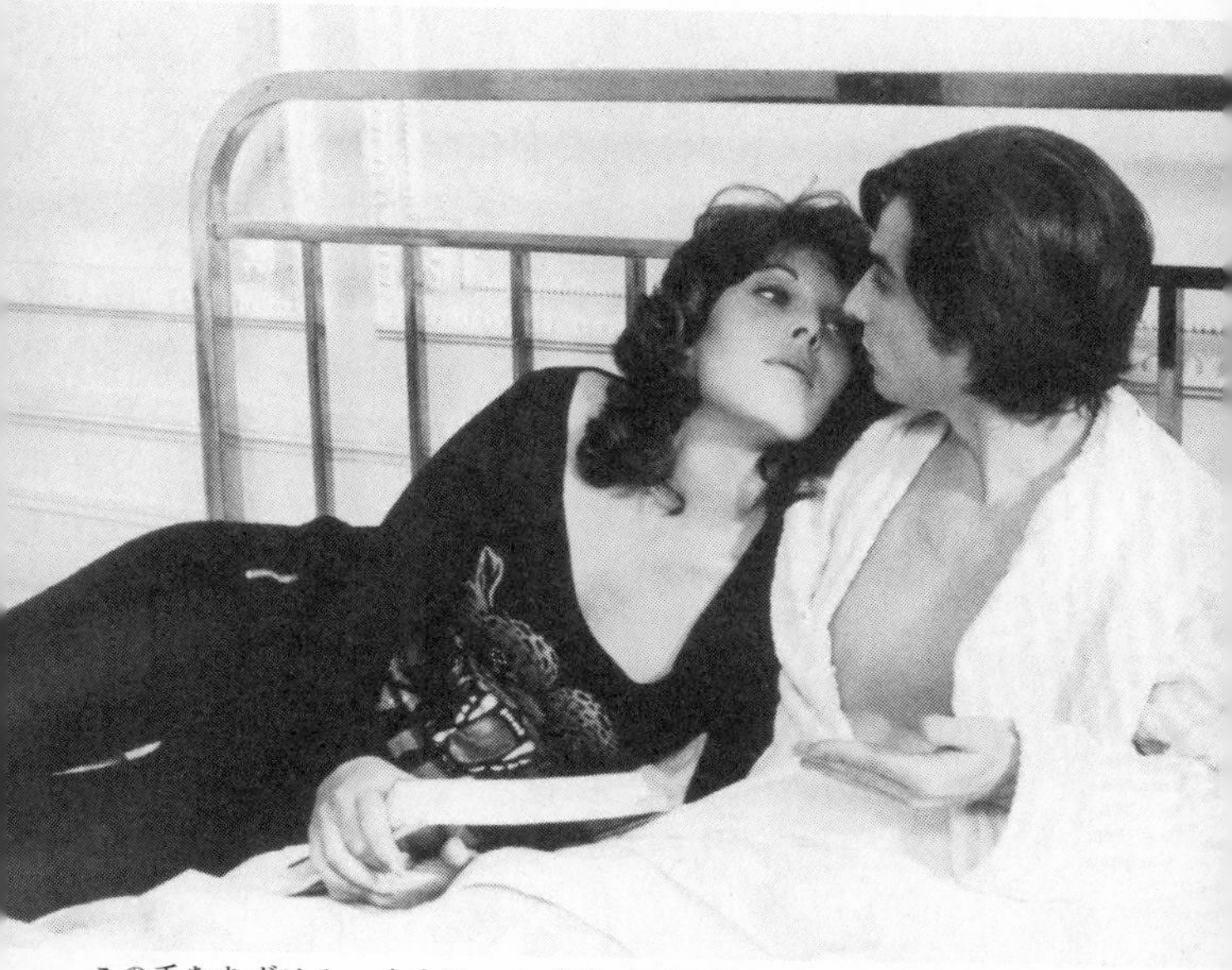

この手をあずける…リリアーヌ（ダニ）とアルフォンス（ジャン＝ピエール・レオー）

「リリアーヌ、けさはもう少しいっしょにいてくれよ」

「体のぐあいでも悪いっていうの？」

「ねえ、きょうは何を撮るんだ？　どうせきみなんかいたっていなくたっていいシーンだよ」

「そんなことないわ。パメラが死ぬシーンよ、車の事故で。そのためにイギリスからスタントマンを呼んだのよ」

「それなら重要なシーンじゃないだろ」

リリアーヌは窓ぎわにきて、外の様子をのぞいて見て、

「ダメ、やっぱり行かなくちゃ。もうみんないるわ」

ロケ隊が出発しようとしている。

「あとにつづけ。トラックも。はぐれても、道筋は矢印をたどればわかる」

と叫ぶチーフ助監督のジャン＝フランソワの声が聞こえる。

リリアーヌは急いで台本と記録用紙を取り、ベッドのアルフォンスにキスをして出かけようとするが、アルフォンスがはなさない。

リリアーヌの腕時計に気づいて、

「あ、これはなんだ、この時計は？」

「ピエロのよ、貸してくれたの。わたしの時計、修理中でしょ」

「すぐ時計はスチールマン氏に返すんだ。時計ぐらい買ってやる！」

「はい、はい、わかりました」

リリアーヌはやさしく笑ってアルフォンスを抱き寄せてキスをする。

アルフォンスの手がリリアーヌの股間にふれる。

「わたしを行かせない気？」とリリアーヌ。

「いや、行けよ。だけど、ぼくの手はきみのそこにふれたままだ。大事にしろよ。きみにあずけとく」

「いいわよ、大事にするわ」

リリアーヌは急いで外へ出る。

「さあ、みんな、急げ。出発だ！」とチーフ助監督のジャン＝フランソワ。

それぞれ車に乗りこむ。

オディルが車のなかからリリアーヌに「早く、急いで」と手招きする。

リリアーヌは乗りこむ前に、二階の部屋の窓ぎわに出てきたアルフォンスを見上げ、アルフォンスの「ぼくの手を忘れるな」というジェスチャーに答えて両手を股の間にやって「大事にするわよ」という合図をしてみせる。

ジュリーも、彼女の部屋の窓から顔をだして、ロケ隊の出発を見送っている。彼女の吹替えのスタントマンが車の事故のシーンをやるので、彼女もきょうの撮影には出

ジャン・ヴィゴ通りを通ってロケ地へ…

番がないのである。

「きょうは何をするの？」

とジュリーが隣の窓からアルフォンスに声をかける。

「あなたは？」

「わたしは骨董さがし」

「ぼくは映画を見に」


ニースの町並をロケ隊の各車輌がキャラバンを組んで走る。

「ジャン・ヴィゴ通り」のプレート。

ロケ隊は山道のほうへ向かう。

道のところどころに、『パメラ』というタイトル入りの矢印の標識がある。

ロケ隊の最後を走る小道具のベルナールの車が、崖っぷちの険しい道にさしかかる。

先方に立ちはだかる記録《スクリプター》のジョエル。車がパンクして立ち往生している。

ベルナールが車をとめて、

「どうしたんだ」

「どうしたもこうしたもないわ、パンクよ。自分でやろうとしたけど、見て、ダメなのよ」

ベルナールが車からおりてくる。ジョエルの車を調べて、

「タイヤの交換もできないのか」

「お願いよ。撮影に遅れるわ」

ベルナールはジョエルの手からジャッキを取り、

「そいつをよこしな」

そして、タイヤの交換にとりかかりながら、このときとばかりジョエルに悪態をつく。

「運転してるときは男手なんかいらないと威張ってるくせに」

「ねえ、撮影に遅れるわ」

「どいてくれ、邪魔だ。前からやろう……まったく、ジャッキの使いかたも知らんのか」

「そうよ、修理工じゃないもん」

「ぼくだって修理工じゃない。だからといって修理できないわけじゃない。ガソリンが切れたときは、どうする？」

「ガソリンが切れたら、ガソリンを入れるわよ」

「そうだろうな。キャブレターにでもガソリンを入れるんだろう」

キャメラがパンすると、一台の自家用車が二人を無視して走りすぎていく。

急流の快く勢いのよい音がひびく…ジョエルとベルナール

「ほら、終わったぞ。（ジョエルのシャツが汚れているのを見て）汚れっちまったな」

ジョエルは車のドアをあけて、セーターを取り、

「セーターに着がえるわ」

二人は河原におりて、手を洗う。

「持ってて」

とジョエルはセーターをベルナールの肩に投げかけ、シャツをぬぎはじめる。

上半身ブラジャーだけになったジョエルを見て、ついその気を起こしたベルナールが戸惑いがちに誘いをかける。

「ねえ、ジョエル、つまり……きみさえよければ……」

「わたしさえよければ、何よ？」

「つまり……ぼくらは二人っきりだし、ここで……」

「そうね、いいわよ」

ジョエルがあまりにも簡単に承諾したので、ベルナールは、

「なんだって？」

と逆に度胆を抜かれて、絶句。

「なにさ、吠えるばかりで、嚙みつけないの？」

ベルナールはまるでおうかがいでもするかのように、

「ほんとにいいのか」

「いいわよ」

ジョエルは腕時計を見て、撮影に間に合うかどうかをたしかめ、

「でも、あとを引くのはいやよ」

ジョエルはさっさとジーパンをぬぐ。

そして、まだ呆気にとられてぐずぐずしているベルナールに、

「さあ、急いでよ！」

ベルナールは信じられないような面持ちでジョエルにしたがう。

急流の快く勢いのよい音がひびく。


ロケーションの現場では、スタッフが撮影準備にいそがしい。

急流を五十メートルほど下にのぞむ崖っぷちの道の曲り角である。ここでパメラの運転する車の事故が起こる。

フェラン監督が記録《スクリプター》のジョエルがいないことに気がつく。

「ジョエルはどうしたんだ？」

キャメラ助手が答える。

「まだ来てません。ベルナールも」

パメラの衣裳を着たスタントマンのマーク・スペンサーに、ヘアメイクのオディルがかつらを付けている。

スタントマンの胸は、空気でふくらませたゴム製の乳房を入れたみたいに大きい。スタントマンにはフランス語が通じないと知っているので、チーフ助監督のジャン＝フランソワが下品なフランス語でひやかす。

「ダッチワイフだな。車の助手席にぴったりだ」

リリアーヌがやってきて、スタントマンをかばう。

「やめてよ。（それから、スタントマンに、英語で）時計をあずかるわ」

と言って、スタントマンの腕時計をはずしてやる。

ジャン＝フランソワはスタントマンをからかいつづける。

「ダッチワイフと風呂に入るのもいいぜ」

リリアーヌは本気になって怒り、

「ひどいことを言うのね。この人にフランス語がわかったら、顔に一発拳固をお見舞いされるわよ。みんな、欲求不満のかたまりね！　下品な言葉ばかり吐いて、もっとまともなことを言えないの？」

キャメラが移動しながら、スタッフの立ち働く姿をとらえていく。

キャメラマンのワルテルが助手をどなりつけている。

「このバカ、間抜け！　映画学校でそんなことを学んできたのか」

二人の農夫が、ロバに荷車をひかせて、通りかかる。

「やけに人が多いじゃねえか。よお、映画だな。スターが不足なら、わしらでどうだね」

キャメラマンのワルテルが取り合わずに、

「大地に生きる農民だ。通してやれ」

そして、助手のジャン＝フランシスに、

「な、そうだろ、われわれも農民だ」

「そうですね、映画も大地に生きる」とジャン＝フランシス。

すると、誰かが、すかさず、

「われわれはみんな大地のユダヤ人だ」

みんな、笑う。

道のまんなかで、スチールマンのピエロが自転車に乗った若い女の子に、これから撮影するシーンをとくとくと説明している。

ライトマンのココが、

「おい、ピエロ、奥さんと子供は元気か？　相変わらずやってるな」

とひやかす。

みんな、笑う。

そこへ、記録《スクリプター》のジョエルと小道具のベルナールが急いで走ってくる。

「遅いじゃないか」とチーフ助監督のジャン＝フランソワ。

「だって、車がパンクしたのよ」

とジョエルが弁解する。

「そこへぼくが通りかかってね」とベルナール。

ジョエルはリリアーヌのところへ走っていき、進行状況をたずねる。

「どこまでいった？」

リリアーヌの興味は、そんなことよりも、ジョエルの着ているのがシャツからセーターに変わったことに注がれる。

「あら、裏返しじゃないの、あんたのセーター」

河原のセックスのあと、あわてて裏返しに着てしまったのだ。

さいわい、そのとき、

「いいですか、本番いきます！」

というチーフ助監督の声がかかり、ジョエルは面倒な説明をしなくてもすみ、ホッとする。

女装のスタントマンが車に乗り、いったん曲り角の向こうにバックしてから、かなりのスピードをだして走らせてきて、崖の上で横すべりするところまでリハーサルをする。

「準備いいか《イッツ・オーケー》、マーク？」とフェラン監督。

「いいですよ《アイム・レディ》！」

とスタントマンが答える。

　車が道から外れて崖の下に転落するという二度はくり返すことのできない危険な撮影なので、ぶっつけ本番にそなえて緊張するスタッフ。

カチンコ。

「『パメラ』、シーン42、テイク１！」

曲り角の向こうから、車が疾走してくる。

　崖っぷちで横すべり。

　その一瞬、スタントマンが車のドアからすばやく抜け出て、地面にころがる。

　崖から転落していく車が、あちこちの岩にぶつかり、めちゃくちゃに破壊されて、五十メートル下の急流にはまる。

　フェラン監督が地面に転倒したスタントマンのところへ走り寄って抱き起こし、

「だいじょうぶか《イッツ・オーケー》？」

「ええ、だいじょうぶです《イヤー・イヤー・オールライト》」

とスタントマンはケロッとしている。

崖の上から、フェラン監督がトランシーバーで、下の急流の川べりにセッティングされたB班のキャメラに向かって、

「下のBキャメラ、どうだ、うまく撮れたか」

Bキャメラのチーフが手を上げて「OK」の合図をする。

最もむずかしいと思われたシーンが、こうして、一発《ワン・テイク》でOKになった。

ジョエルがフェラン監督に、

「どう？　スタントマンは？」

「もうすんだよ」

「じゃ、撮影所に送っていって荷物をまとめてもらうわ」

ところが、スタントマンは自分の車にリリアーヌを乗せてさっさと出発してしまう。ジャン＝フランソワとジョエルがおどろいて、追いかけるが、車は全速力で逃げるように去っていく。

「どうしたのかしら」

「さあ、わからない……スタントマンのやつ、俺を撮影所まで乗せてってくれる約束だったのに、リリアーヌをさらって行っちまった。お見事……」

映画を捨てた女

ヴィクトリーヌ撮影所。

ジュリーが赤のオープンカーを運転してくる。

イギリス人のスタントマンとリリアーヌが車のトランクにスーツケースを詰め込んで、出発しようとしている。

「ハロー、マーク！」

とジュリーが車からおりて挨拶する。

「ハロー！」とスタントマン。

「（英語で）どうだった？」

「（英語で）うまくいった、問題なしに！」

「（英語で）お別れの挨拶に来たのよ。おつかれさまでした。ほんとにうまくいった？」

「（英語で）もちろん。一発《ワン・テイク》でＯＫ！」

「（英語で）すごいわ」

それからジュリーはリリアーヌのほうを向き、

「二人で旅支度して、どうしたの？」

「あんたには正直に言うわ。あたし、彼に恋をしてしまったのよ。彼のほうもそうよ。

いっしょにロンドンへ行くの」

「映画はどうするの？　まだ終わってないわよ！」

「どうせ、あたしなんかいなくたって……役立たずだもの」

「途中で映画を捨てるなんて」

「でもあたしはスタッフじゃないし、アルフォンスの紹介で見習いでついただけ」

「アルフォンスはわかってるの？」

「今夜わかるでしょ」

「わかったら、大変よ」

「いつも大変な人よ。気まぐれで、あまったれで、いつまでも子供なのよ」

「あなたを愛してるわ。結婚すればいいのに」

「彼がしたくても、あたしはまっぴら。結婚って言葉を聞いただけで、ぞっとするわ。それに、彼は結婚なんて言うけど、妻だけじゃなくて、愛人もほしい、乳母もほしい、看護婦もほしい、かわいい妹もほしいという人よ。そのすべての役を全部いっぺんにあたしにやらせようたって無理よ！」

「とにかく、いけないわ、そんなことしては。わからないの、ひどい人ね」

ジュリーは何を言っても無駄と悟り、去っていく。

リリアーヌが追いかけるように言う。

「アルフォンスとは終わったのよ。もう何も聞きたくないわ！　うんざりよ、アルフォンスなんて。だいいち、自分の子供時代が不幸だったからといって、みんなにそのつぐないをさせようとするなんて、どうかと思うわ！　でしょ？」

ジュリーはふりむくが、何も言わずに、車に乗って立ち去る。

ジュリーの車が「両親の別荘」に入ってくる。

「ジュリーよ！」

「来て、早く！　写真を撮るのよ」

みんな、くちぐちにジュリーを呼ぶ。

なごやかな雰囲気。

ラジョワ夫人が庭の片隅に陣取って編物をしながら、軽蔑と憎悪をこめたひややかな一瞥を与える。

別荘の石段には早朝のロケーションを終えて帰って来た『パメラ』のスタッフとキャストが勢ぞろいしている。

「ジュリー、来て。写真よ」

「何の写真？」

「記念写真よ、わたしのために。きょうがわたしの最後の日なのよ」とセヴリーヌ。

スチールマンのピエロが三脚に写真機をのせて、記念撮影の準備をしている。

「ちょっと待った、ステイシーが来た」

とベルナールが石段の列から出ていって、ステイシーを迎える。

もう誰にも隠しようがないくらい大きくおなかのふくらんだステイシーである。

ベルナールはステイシーの両手からスーツケースとバッグを取って、

「みんな、あなたがくるのを待っていたんですよ」

「みんな?」

と言ってから、ステイシーは石段に集合したスタッフ・キャストに気がついて、

「ワァー、ほんとにみんないるのね」

石段のところへ行く途中、ステイシーは、ラジョワ夫人にていねいに挨拶する。

「おはよう、奥さん」

ラジョワ夫人は編物の手をとめ、悪意にみちみちた目つきでにらみ返す。

「さあ、ステイシー、来たまえ。みんな、きみを誇りに思ってるよ。さあ、ここへ」

とプロデューサーのベルトランが石段の一段目のまんなかに招き入れる。

「もうじきだな、その大きさでは」

「双子かと思ったくらい。でも一人だって」

セヴリーヌが上の段の中央から、

「彼女は運がいいわ。もう顔のクローズアップを撮ってもらうしかないんだもの」

みんな、どっと笑う。

「そのために妊娠したのよ」

とステイシーもやり返す。

「まあ、そんなこと言って」

とセヴリーヌ。

和気あいあいの『パメラ』組の面々を嫌悪の情をあらわにして見ているラジョワ夫人。

「撮りますよ、動かないで、そのまま」

とピエロが写真機のスイッチを押しかけると、

「あ、待て。リリアーヌがいないぞ。リリアーヌはどこだ？」

とアルフォンスが騒ぎだす。

ジュリーはアルフォンスに彼女の見てきたことを話す決心をする。

「アルフォンス、話したいことがあるの」

ジュリーはアルフォンスを連れだし、

「リリアーヌはもう戻らないわ」

と、リリアーヌがイギリス人のスタントマンといっしょに去ったことを伝える。

何事かあったらしいことを察して、二人を見つめるスチールマンのピエロ、ラジョワ夫人、『パメラ』組一同。

「彼女が逃げたのもわかる。結局はこうなる運命だったんだ」

とアルフォンスがジュリーに言う。

二人は石段の列に戻る。

「そのままじっと動かないで」とピエロ。

「ダメよ、アルフォンスがいないわ！」

とセヴリーヌが叫ぶ。

いつのまにかアルフォンスの姿がない。

すでにアルフォンスは必死になって遠くへ狂ったように走っていく。

こんな状態ではみんなで記念写真が撮れそうにない。

みんながっかりする。

セヴリーヌが髪のほつれを直そうとして、

「オディル！　オディルはどこ？」

ジョエルがジュリーにたずねる。

「いったい、何があったの？　教えて」

「リリアーヌがイギリス人のスタントマンと駆け落ちしてしまったの」

「アルフォンスは知ってるの？」

「ええ、だって、いずれわかることだし、さっきわたしの口から……」

ジュリーはそれ以上話したくないので去っていく。

「スタントマンと……？」

ジョエルは一瞬絶句するが、こう断言する。

「まったく……わたしだったら、映画のために男を捨てても、男のために映画を捨てたりしないわ！」

夢――『市民ケーン』

フェラン監督がまた夢にうなされる。

映画館のネオンが次々にフェラン監督の顔にダブって二重写しになる。

モノクロの画面――夢のなかに、またステッキを持った少年が現われる。

少年は寝静まった夜の街を一人でやってきて、鉄柵で閉じられた映画館の前でとまる。それから、鉄柵のあいだからステッキをさし入れ、衝立看板を引き寄せて、そこに貼られたオーソン・ウェルズ監督・主演の『市民ケーン』のスチール写真を全部はがして盗むや、走り去っていく。

『市民ケーン』のスチール写真（ロビーカード）を盗む夢のなかの少年

逃げ去る恋

翌日。

セヴリーヌの「最後の日」はアルフォンスが現場から消えてしまったために、きょうに延期された。しかし、きょうもアルフォンスがホテルの部屋に閉じこもって出てこないので、アルフォンスなしで撮影がおこなわれることになった。

パメラが朝起きて、二階の寝室の窓をあけると、真向かいの別荘の二階の窓からアルフォンスの両親が顔をだして挨拶をするというシーンである。

アルフォンスとパメラの寝室は高いやぐらの上に窓とベランダだけの簡単なセットを組んで、そこに（ちょうどベッドのある位置くらいに）キャメラをセッティングし、キャメラマンと助手、そして監督とチーフ助監督が上がって撮影準備にかかっている。

ピンク色のナイトガウン姿のジュリーが裸足でやぐらの梯子をのぼっていく。

すごく高い。

フェラン監督が上から手をさしのべ、

「だいじょうぶか？」

「ええ」

ジュリーが上がってくると、フェラン監督はすぐシーンの説明にかかる。

やぐらの上に簡単なセットを組んで…

「さあ、いいかい。このセットはきみとアルフォンスの寝室で、両親の別荘の真向かいにある」

キャメラはちょうどベッドの位置から、パメラ（ジュリー）を入れ込んで、窓ごしに向かい側の二階の両親をとらえることになる。

赤ランプがつき、録音ブザーが鳴る。

「本番いこう！」とフェラン監督。

「『パメラ』、シーン44、テイク１！」

と記録《スクリプター》のジョエルがカチンコを打つ。

アルフォンスがいないので、

「わたしがアルフォンスの代わりに返事をするよ」

とフェラン監督がジュリーに言うと、キャメラマンのワルテルが冗談をとばす。

「アルフォンスのやつ、またも逃げ去る恋か」

「そいつはいい」とフェラン監督。

「いつか、『逃げ去る恋』という題の映画をつくるよ！　さあ、ジュリー」

向かい側の別荘の窓から、

母親「おはよう！」

父親「アルフォンス！」

母親「パメラ！」
父親「急いで！」
パメラ（ジュリー）がカーテンを引き、窓をあける。
母親「おはよう！」
パメラ「おはようございます！」
父親「いっしょに朝食をどうかね？　それから仮装パーティの衣裳をさがしに行こう」
パメラ「アルフォンスはまだベッドよ」
キャメラのこちら側から、フェラン監督が小声でジュリーに、
「ふりむいて、せりふを言って、ジュリー、せりふを！」
パメラ「（ふりむいて）朝食をいっしょにって」
フェラン監督がアルフォンスの代わりに、「いいよ」と返事をする。
パメラ「（両親に向かって）ええ、すぐおうかがいします！」
「よし、まあまあだ。カット！　もう一回いこう」とフェラン監督。
本番開始の赤ランプがつき、ふたたび同じシーンの撮影がはじまる。
パメラが窓をあける。向かい側の窓から、
母親「おはよう！」
パメラ「おはようございます」

父親「いっしょに朝食をどうかね？　それから仮装パーティの衣裳をさがしにいこう」

パメラ「アルフォンスはまだ眠ってるの」

フェラン監督が小声で、

「〝眠ってるの〟じゃなく、〝ベッドよ〟！」

パメラ「（ふりむいて）朝食をいっしょにって」

キャメラが回り、撮影快調のムードを高める音楽。

本番終了、赤ランプが消える。

編集室で、編集機《ムビオラ》をのぞきこむフェラン監督と編集のヤンと助手のマルチーヌ。

スタントマンを使った車の転落シーンのラッシュが編集機《ムビオラ》の画面に流れる。

次いで、その逆回転の映像。

スタントマンが車からとびおりるところで「切る」という手真似をしてみせるフェラン監督。

映画か人生か

ホテル・アトランチック。夜。

電話交換嬢の声。

「ホテル・アトランチックでございます。ムッシュー・アレクサンドルは明日ヴィクトリーヌ撮影所に連絡してくださるようにとのことです……」

記録《スクリプター》のジョエルが二階に上がってきて、一室のドアの前にとまる。

鍵穴に鍵が差し込まれたままになっているので、そのままドアをあけて、おどろく。ベッドのなかに裸でいっしょに、ヘアメイクのオディルと小道具のベルナールがいる。

不意をつかれて二人は起き上がる。

シーツのなかに隠れるオディル。

バツの悪そうなベルナール。

ジョエルは笑みをこらえながらドアをしめ、めがねをかけてルームナンバーをたしかめる。部屋を間違えたことがわかる。

隣の部屋をノックする。

「アルフォンス……アルフォンス……いるんでしょ。あけてよ。みんなが下で待ってるわ。みんなが呼んでるわ」

「誰にも会いたくない」

と部屋のなかからアルフォンスの声。

「セヴリーヌが今夜イタリアに発つのよ。だから……」

「だから、どうした？　会いたくないんだ、誰にも！　帰ってくれ、ジョエル」

ジョエルはやむなく去っていく。


下のレストランでは、『パメラを紹介します』のメインのスタッフ・キャストが集まって、セヴリーヌの「おつかれ」の会食会がおこなわれている。

セヴリーヌは、すでにアルコールがだいぶまわっているらしく、アレクサンドルやジュリーを相手に陽気にしゃべりまくる。

「……その役者の夢はハムレットを演じることだったの。そして、ついに念願の舞台に出ることになったのはいいけど、大根だったのね。ひどい大根役者だったの。それで、毎晩、ハムレットを演じるたびに、客席から口笛と野次が飛んでね。ある晩、彼はもう耐え切れずに、〝生きるべきか、死ぬべきか〟というあの有名な長ぜりふの途中でやめてしまったの。そして、観客のほうを向いて、こう言ったのよ、〝I didn't write that shit!〟——〝俺のせいじゃないぞ、せりふが悪いんだ！〟って」

みんな、大声で笑う。

「ああ、やっとシャンペンが来たわ」

とセヴリーヌが立ち上がって叫ぶ。

フェラン監督とプロデューサーのベルトランが入ってくる。

二人を迎えるセヴリーヌ。

「(フェラン監督にキスして) 監督はまだまだこれからね」

「そうなんだよ」

と言って、フェラン監督は少し離れたもう一つのテーブルのほうへ行く。男四人、キャメラマンのワルテル、チーフ助監督のジャン゠フランソワ、スチールマンのピエロ、撮影助手のジャン゠フランシスがすわっている。

セヴリーヌがそれを見て、

「まあ、みんな、女嫌いなの? こっちへ来なさいよ」

フェラン監督も四人の男たちをせき立て、

「さあ、女嫌いのテーブルはこっちへ。セヴリーヌの近くへ」

みんなでテーブルを寄せる。

セヴリーヌはさらに反対側の離れたテーブルを見て、

「あなた、たった一人で何してるの? 悲しいのね、恋をしてるのね。恋の悲しみ?」

ジャン゠フランソワがあわてて小声でセヴリーヌに耳打ちする。

「セヴリーヌ、ダメですよ、そんな。あれはホテルのお客ですよ」

「ホテルのお客ですって? それがどうしたの? (お客のほうに向かって) お客さん、

こっちへ来なさいよ」

ジャン＝フランソワは、かしこまって、ホテルのお客のテーブルに近づき、

「もしよろしかったら、どうぞ。映画の仕事仲間の内輪の夕食会ですが……彼女のお別れの会なんです」

お客を連れてきて、セヴリーヌに紹介する。

「こんばんは。（イタリア語で）さあ、いらっしゃい、いっしょにシャンペンを飲みましょうよ」

とご機嫌のセヴリーヌである。

プロデューサーのベルトランがスチールマンのピエロから写真を受け取って、セヴリーヌに見せる。

「ほら、あなたの写真ですよ」

「（イタリア語で）まあ、きれい」

とセヴリーヌはいよいよ陽気になる。

ジュリーがそっと席を立って、ジョエルのところへやってくる。

「ちょっと来て……」

ジュリーは記録《スクリプター》のジョエルを片隅に誘い、

「ねえ、ジョエル、やっぱりアルフォンスを呼ぶべきだわ」

「部屋に閉じこもって出てこないのよ。だいいち、あの精神状態ではね。無理して引っぱりだしても、こっちが迷惑するだけ」

「ひどいわ」

「いいえ、慣れっこになってるの。いまにはじまったことじゃないのよ」

「それじゃ、わたしが行く」

ジョエルはしかたなしに、

「わかったわ。もう一度行ってみる」

と言って出ていく。

「ジュリー、来て見て。写真ができてきたわ。すてきよ」とセヴリーヌ。

『パメラを紹介します』のカラーのスチール写真——アルフォンスがアレクサンドルに平手打ちをするカット、ベランダのシーン、ジュリーのクローズアップ、等々を次々に見ながら、セヴリーヌは大仰に声を上げる。

「あれ、まあ……(パメラ役のジュリーの写真を見て、イタリア語で)なんてかわいい……(自分の写真が出てくると)なんてひどい顔……」

セヴリーヌを囲んでいっしょにスチール写真を見るアレクサンドル、ステイシー、スチールマンのピエロ、プロデューサーのベルトラン、そしてジュリー。

セヴリーヌが急に思いに沈む。

「奇妙なものね、わたしたちの人生って。みんなが一か所に集まって、いい出会いをして、いっしょに仕事をして、愛し合って、それから、やっと何かをつかみかけたところで、別れ別れになる……」

てのひらを見せ、「何も残らない」というジェスチャーをしてみせる。

セヴリーヌの「おつかれ」の夕食会を終えて、みんながホテルの階段を上がってくる。ステイシー、アレクサンドル、ジュリー、フェラン監督、ジャン゠フランソワ、ワルテル、ドミニク、ピエロ。

アレクサンドルがセヴリーヌについての思い出を語りながら、

「それはすばらしい女優でしたよ、セヴリーヌという人は。イタリアで一本いっしょに撮ったことがあるんですが、監督は彼女のすばらしさに圧倒されて、あの伝説的な大女優、エレオノラ・ドゥーゼをしのぐ存在だ、ドゥーゼ以上だ、と絶讃したものでしたよ。そこで、わたしは彼女を〝12½《ドゥーゼ・ドゥミ》〟と名づけてね……」

「なるほどね」とステイシー。

ジュリーが笑う。

みんなが「おやすみ」「おつかれさま」の挨拶を交わす。

ホテルの電話交換嬢の声。

「フランクフルトが出ました、どうぞ……」

ジョエルが廊下を歩いてくる。

「アルフォンスに会ったのか？」とフェラン監督。

「ダメなの、全然出てこようとしないんです。部屋のなかに閉じこもったきりで……何を言っても聞かないんです」

「どんな様子だった？」

「わかりません」

「困ったやつだな。セヴリーヌはもう発《た》ってしまったし……」

と、そこへ、突然、部屋のドアをあけて、寝巻き姿のアルフォンスが夢遊病者のように現われ、右手を差しだして近づいてくる。

「誰か一万フランくれないか。娼婦を買う金がいる」

みんな、困って顔を見合わせる。

フェラン監督がアルフォンスの腕を取り、部屋の入口まで連れていき、

「さあ、アルフォンス、部屋に戻って。それから台本を読み返すんだ。せりふを覚えて、それから眠るんだ。あしたは仕事だ。忘れるな。仕事がいちばん大事なんだ。バカな真似はよせ、アルフォンス。きみはとてもいい俳優だ。仕事も順調だ。もちろん、私生活があることはわたしも承知だ。だが、私生活は誰の場合も不安定でギクシャク

したものなんだ。映画のほうがその点では実際の人生よりもずっと調和のとれた世界だ。映画はよどみなく進む。映画には死んだ時間がない。言ってみれば、映画は列車のようなものだ。ノン・ストップで疾走する夜行列車のようなものだ。知ってるはずだ、わたしたちの幸福は仕事にしかないことを。わたしたちには映画しかないんだ」

じっと聞き入るアルフォンス。

「それじゃな、アルフォンス。たのむぞ」

フェラン監督はアルフォンスを部屋のなかに入れ、ドアをしめる。

ジュリーの部屋。

ベッドのなかで、台本と携帯用のカセットテープレコーダーを前にせりふの練習をしているジュリー。

「アルフォンス、土曜日のパーティの夜にはどんな扮装をしたらいい？」

夜のホテルの廊下のカットが入る。

電話交換嬢の声。

「二二七号室から四一五号室へおつなぎいたします」

ジュリーの部屋の電話が鳴る。

ジュリーが受話器を取る。

「ハロー!」

受話器の奥から、アルフォンスの声が聞こえ、早口で一方的にまくしたてる。

「ジュリー? アルフォンスだ……ジュリー、ぼくは今夜発《た》つ。あなただけには言う。あなただけはわたしにいつもとても親切だったから。フェラン監督には何も言ってない。あなたから伝えてほしい」

「アルフォンス、話がしたいわ。待って」

「さよなら、ジュリー、いろいろとありがとう」

「待って」

ジュリーはあわてて立ち上がり、ナイトガウンにコートを羽織っただけで廊下に出て、アルフォンスの部屋へ急ぐ。

アルフォンスはベッドの上にスーツケースを置いて、衣類などを詰めている。

「どうしたっていうの、アルフォンス? 本気で発《た》つ気なの?」

「ぼくは行くよ、ジュリー、何もかも捨てる」

「ダメよ、アルフォンス、映画を終えるまではいなきゃダメ」

「こんな状態で最後までいたところで、仕事もろくにできない。身も心もボロボロなんだ。だって、いっしょにいた女性が、気がついたらもう愛してもくれない、そして突然姿を消してしまうなんて、ぼくには耐えられない。すべてがウソだったんだ。すべてが無意味だったんだ……」

「あなたの感じてること、よくわかるわ、アルフォンス。とても苦しいと思うの。でも、リリアーヌだってあなたを愛してるんじゃないかしら……。あなたもちょっと勝手すぎるわ。リリアーヌのような外部の、普通の人間にとって、俳優といっしょに暮らすのがどんなに大変なことか、あなたにだってわかるでしょ」

「だけど、なにも行き当たりばったりにイギリス人のスタントマンなんかと……」

「あら、わたしだってイギリス人よ！」

「……」

「そう、だから、わたしはあの連中を知っているわ、イギリス人のスタントマンのやりくちを。彼らの情事の結末は目に見えてるわ。最初はリリアーヌもあちこち連れて行かれる。でもすぐに飽きられて見捨てられるわ。彼女はロンドンでひとりぼっちになる。賭けてもいいわよ、二週間もしたら彼女は戻ってくるわ」

「そうだろうか」

「そうよ」

「でも、たとえ彼女が戻ったところで、もうすべてが終わったんだ。ぼくには何の意味もない……ぼくは苦しむしかない。そのほうがいい。それに、ジュリー、ぼくはおそろしいことを発見した。どんなに軽蔑していても、どんなに嫌悪を感じていても、身振り一つ、言葉づかい一つにイライラするくらいなのに、そういう女を死ぬほど愛することができるってことだ……」

「軽蔑とか嫌悪とか、そんなことを言っちゃダメよ、アルフォンス。たとえ間違いだったとしても、愛したことを恥じてはいけないわ。愛する女を軽蔑することは、自分自身をおとしめることよ」

「あなたの言うとおりかもしれない、ジュリー……でも、リリアーヌの前から、ぼくの恋愛は破局の連続だった……ぼくはあまりにも長いあいだ、女は魔物と信じていたんだ」

「もちろん、女は魔物じゃないわ。男も魔物なら、女も魔物よ。みんなが魔物よ」

「それに、ぼくはフェラン監督に反対だ。映画よりも人生のほうが大事だ。ぼくは行く……ありがとう、ジュリー。いろいろとありがとう」

アルフォンスは荷づくりを終え、スーツケースのふたを閉じる。

「バカな真似はよして、アルフォンス。最後まで残って、仕事を終えるのよ」

寝静まったホテルの廊下。

階段。

そして、朝。

へアメイクのオディルがソファで眠りこけているフロントの夜番を起こしにくる。

「ねえ、ねえ、リュシアン、あの時計、動いてんの？」

リュシアンはねぼけまなこで返事をする。

オディルは壁の時計を見上げて、

「六時よ。コーヒーの時間よ」

オディルはジュリーの部屋に行き、ノックをする。

「ジュリー」

返事がない。鍵もかかっていないので、ドアをあける。

「ジュリー」

ベッドも乱れておらず、寝た形跡がない。

やむを得ず、ジュリーの部屋を去るオディル。

廊下で、きょう撮る仮装パーティのシーンでジュリーが着る衣裳をハンガーにかけて持っていく記録《スクリプター》のジョエルに出会う。

「ジョエル、ジュリーを見なかった？」

「いいえ、わたしはラジョワをさがしてるのよ。あのバカ、何をしたと思う？」

「何？」

「仮装パーティのシーンはもう撮り終えたものと一人合点して、衣裳を全部パリへ送り返す手続きをしてしまったのよ」

「まあ……それでもう起きてたの？」

「一睡もしなかったわ。衣裳が飛行機にのせられる前に取り返さなくてはならないので、空港で徹夜よ。きょうの撮影、中止になるところだったわ」

「そうだったの。ジュリーはどうしたのかしら……」

「彼女の部屋は見たの？」

「ええ、部屋では寝てないの。ベッドもそのままだし……」

「まったく、この映画ではみんな狂ってるわ」

ジョエルとオディルは階段をおりていく。


アルフォンスの部屋。

ベッドのなかでいっしょに眠っているアルフォンスとジュリー。

ジュリーが目を覚まし、かたわらのアルフォンスを見る。アルフォンスはまだ眠っている。

ジュリーは静かにベッドから抜け出て、目覚まし時計を見る。六時をちょっとまわっている。

目覚ましのネジをまく音で、アルフォンスが目を覚ます。

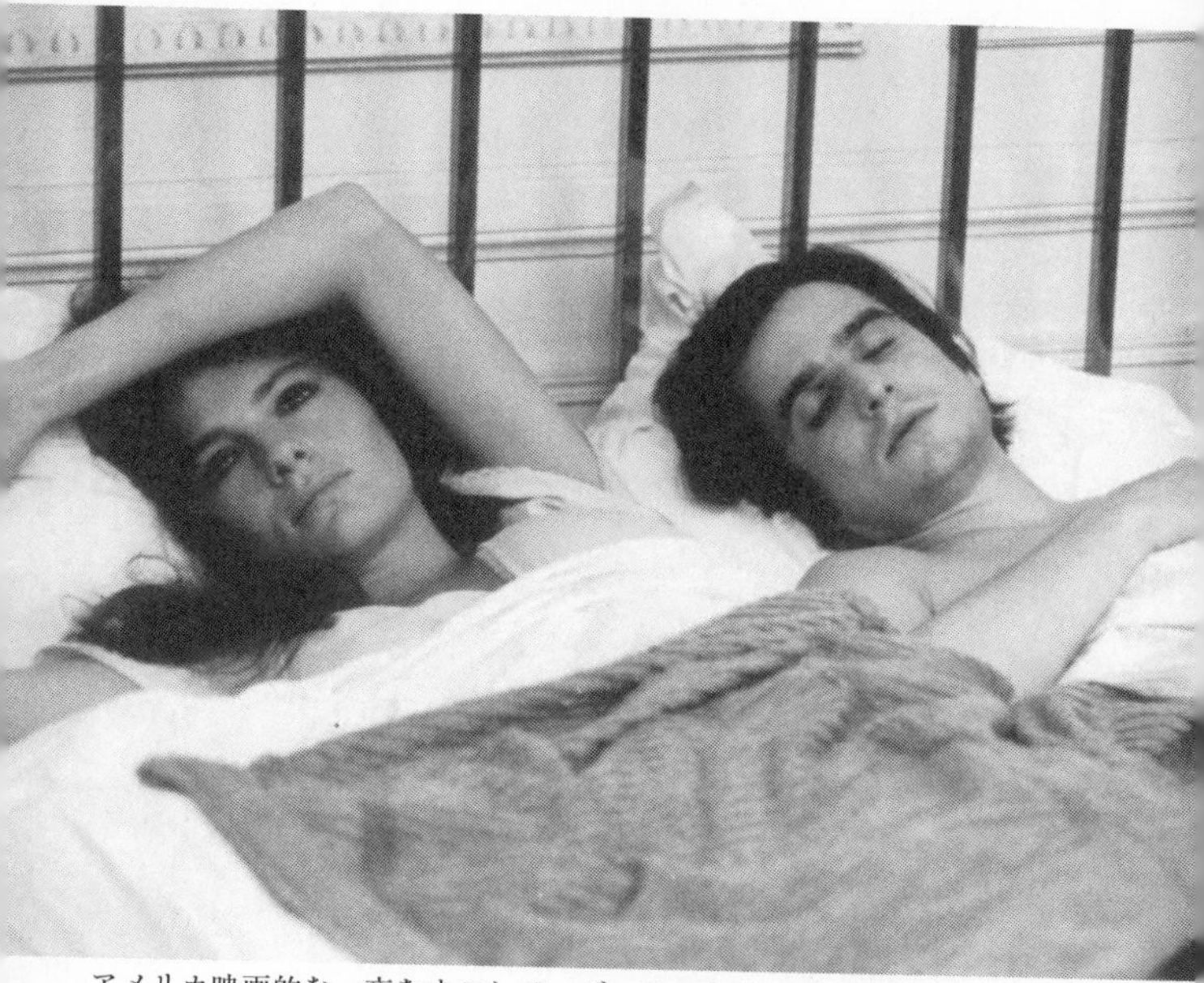

アメリカ映画的な一夜をすごして…ジュリーとアルフォンス

「何時？」

「まだ六時よ」

アルフォンスは起き上がり、手を伸ばしてジュリーの腕をつかまえ、

「どこへ行くんだ？」

「仕事よ。あなた、まだ二時間あるわ。目覚ましをかけといたわ」

ジュリーはアルフォンスに対して母親のようにやさしくふるまう。アルフォンスを病人というよりもむしろ子供のようにあつかう。

「行かないで」

とアルフォンス。

「ダメよ」

「待って」

「わたし、メーキャップがあるから、早く行かないと……それに、仮装のための結髪《ヘア》も時間がかかるのよ」

「待って。行かないで！　キスしてほしい」

ジュリーはやさしくアルフォンスを抱いてキスをする。

「忘れないで。映画が終わったら、二人してどこかへ行くんだ」

ジュリーはそれには答えずに、

「もっと眠りなさい」

とやさしく言って、静かに部屋を出ていく。

じっと見送るアルフォンス。

ジュリーは廊下に人がいないことをたしかめ、小走りに自分の部屋に戻っていく。

それから間もなく、着がえをしたジュリーがロビーにおりてくる。

ヘアメイクのオディルが待っている。

二人は挨拶のキスを交わし、肩を並べて出ていく。

音楽が高まる。

表の通りを朝の撒水車が水をまきながら通過していく。


アルフォンスの部屋。

目覚まし時計の針が八時ちょっと前をさしている。

アルフォンスがベッドに起き上がって電話をかける。

「もしもし、ドクター・ネルソンですか？　こちらはアルフォンス……アルフォンスです……あなたに言わなければならないことがあるんです。ぼくはあなたの奥さんを愛しています。ぼくは彼女と寝ました。彼女と離婚してください」

と一方的に言って切る。

ブール・アン・モット

ヴィクトリーヌ撮影所のジュリーの控室。

「ジュリー・ベイカーさん、急いでセットにお入りください」

という呼出しのアナウンス。

仮装パーティのシーンの衣裳をつけたジュリーが急いで控室から出ていく。

そのとき、内線電話が鳴る。ヘアメイクのオディルが受話器を取り、ジュリーを呼び返す。

「ジュリー、電話ですよ。ご主人からだと思いますわ」

「そう、すぐ行くわ」

とジュリーが戻って来て、受話器を取る。

「(英語で)もしもし、マイケル?」

ジュリーの顔色が変わり、手振りでオディルにちょっとこの場は遠慮して出ていってほしいという合図。

オディルは控室から出て、ドアをしめる。

製作部のオフィスでは、進行係のラジョワが電話であちこちに連絡をとっている。

アルフォンスが失踪したのである。

そんな騒ぎのさなかに、ベルナールが小道具の経費を請求にくる。

「請求書を持ってきた」

「この次にしてくれ。それどころじゃないんだ」

とラジョワはカッカして受話器にしがみついたままである。

ベルナールはあきれて、

「そうか、この次では遅すぎるが、知らないぞ」

ラジョワはそれどころではないと、電話口に向かって問い返している。

「くまなくさがしたのか？　部屋にもいないのか？」

ラジョワは受話器を投げだすように置き、プロデューサーのベルトランとかたわらで新聞を読んでいるアレクサンドルに絶望的に告げる。

「アルフォンスが蒸発です！」

アレクサンドルが新聞を読むのをやめ、めがねをはずす。

「蒸発？」

「パリに帰る気かもしれない」

とベルトランがあわてる。

アレクサンドルがすかさず、

「パリ行きの飛行機なら、八時五十分発と十時十分発の便がある」

「空港に電話しろ！」

とベルトランがラジョワに命令する。

チーフ助監督のジャン゠フランソワが来て、ラジョワに、

「きみは電話だ、ぼくは空港に行く。彼を見つけたら、つかまえて連れてくる」

と出ていこうとしてドアをあけたところで、あわてふためいて走りこんでくる記録《スクリプター》のジョエルにばったり会う。

「大変よ、面倒なことが……」

「アルフォンスがいなくなったんだろ。知ってる。これからさがしに行くんだ」

「そうじゃないのよ。ジュリーよ。急に変になって、控室に鍵をかけて閉じこもって出てこないの。誰にも会いたくないって。オディルも部屋に入れてもらえないの。ドアの向こうで泣いてるのが聞こえるのよ」

事のなりゆきの異常さに気をそそられて、製作部の秘書のカロリーヌもタイプの手をとめて聞いている。

ジョエルとアレクサンドルとベルトランが急ぎ足で階段を上がってくる。秘書のカロリーヌもついてくる。

閉じこもったジュリーの控え室の前で…左よりヘアメイクのオディル、父親役のアレクサンドル、プロデューサーのベルトラン、記録（スクリプター）のジョエル、秘書のカロリーヌ

「また彼女、ダウンしなければいいが……どうなることやら」

とプロデューサーのベルトランがつぶやく。

ジュリーの控室のドアの前で、ヘアメイクの道具を持ったオディルがオロオロしている。

「オディルがいるわ」とジョエル。

「電話がかかってきたんです。ご主人のドクター・ネルソンからだと思います。それで、あたしに部屋から出てくれって。それからずっと閉じこもったきりなんです」

とヘアメイクのオディルが説明する。

ジョエルがドアをたたき、部屋のなかに向かって叫ぶ。

「ジュリー、わたしよ。あけて」

アレクサンドルもドアをたたいて、

「ジュリー、あけてくれ。わたしたちだよ」

プロデューサーのベルトランもドアをたたき、

「プロデューサーのベルトランだ。話を聞くよ」

「シーッ、静かに」

とジョエルが部屋のなかの動きをうかがうように耳をすまし、心配そうにつぶやく。

「彼女、ばかなことをしなければいいんだけど」

そこへ、おなかの大きいステイシーもやってくる。

「どう、彼女と話した？」

「全然ダメだ。閉じこもったきりで、ドアもあけてくれんよ」とベルトラン。

「あ、そう」

「なかで泣いてるみたい」とジョエルが言う。

ステイシーはまっすぐドアに向かっていき、静かにノックをして、

「（英語で）ジュリー！　ジュリー！　ステイシーよ。入れてちょうだい。話したいの」

なかから鍵をまわす音がし、ドアが細目にあけられ、ステイシーが入ると、また閉じられる。

取り残された一同はおどろきながらも、ひと安心した面持ちでドアを離れる。

「まったく、こいつはキツイね。われわれはボイコット、ステイシーだけ部屋に入れるとはね」

とプロデューサーのベルトラン。

アレクサンドルが笑いながら、

「たぶんジュリーは母親になる人にはわかってもらえると思ったんでしょう」

そこへ製作進行のラジョワが大あわてで階段をかけのぼってきて、プロデューサーに、

「ベルトランさん、見つからないんです。アルフォンスが。空港もホテルも、あちこち全部さがしましたが、どこにもいません」

ラジョワ夫人がそのうしろにくっついてきて、様子をうかがっている。

記録《スクリプター》のジョエルが推理をする。

「そうか……ジュリーは別の部屋で一夜をすごした。アルフォンスは蒸発。ドクター・ネルソンからの長距離電話。ジュリーが泣いて閉じこもった……なるほど、察しがつくわ！」

突然、ラジョワ夫人が階段の途中から夫を押しのけて出てくる。ただひたすら編物だけして口がきけないとさえ思われていた女が猛り狂ったように、軽蔑と憎悪をむきだしにしてわめきちらす。

「なにさ、これが映画かい？　あきれた商売だ。みんな誰とでも寝て、誰とでもなれなれしくしゃべって、みんなウソつきだ。いったい、なにさ？　狂ってるんじゃないの！（次第に口をゆがめ、ヒステリックになって）あんたがたの映画ってのは、こんなものかい？　息がつまるね！　わたしゃ軽蔑するよ、映画なんぞ！」

夫人の狂乱ぶりに呆気にとられる一同。夫人のうしろでラジョワも呆然と立ちつくしている。

「わたしゃ軽蔑するよ、映画なんて最低だよ！」

プロデューサーのベルトランがラジョワに命令する。

「もう充分だ。奥さんを連れて行け」

ラジョワはあわてて夫人を取り抑え、ひっぱっていく。夫人はなおもあがきつつ、叫びつづける。

「軽蔑するよ、映画なんぞ！　最低だよ」


それから、しばらくあと。

製作部のオフィスでは、秘書のカロリーヌがすでに机に戻ってタイプを打っている。

プロデューサーのベルトランとアレクサンドルが話しながら戻ってくる。

「いや、いや、あの女はわかっていない。われわれの世界が派手に目立ちすぎることはたしかだ。人の噂にもなる。それはしかたがない。だが、愛こそわれわれの人生なんだ」

ステイシーが息せききってやってくる。

「どうだった？　ジュリーと話したか」とベルトラン。

「ええ、もちろん。彼女、ブール・アン・モットがほしいって」

「ブール・アン・モット？」

「そうよ、なんとかして見つけて。知ってるでしょ、大きな塊のバター、田舎のバターよ……」

「いったい、どうしたんだ？　なんでそんな塊のバターが……？　本気で言ってるのか？　どういうことなんだ？」

「彼女は泣いてるわ。でも、泣くのをやめるって、ブール・アン・モットを持ってきてくれたら。だから、絶対見つけて」

ベルトランは奥の部屋にいる小道具のベルナールを呼ぶ。

「ベルナール！……ベルナール、来てくれ」

「なんですか」

「ブール・アン・モットをなんとかたのむ」

「そうよ、ベルナール、なんとかしなくては」

とステイシーも口をだす。

しかし、さすがの何でも屋のベルナールも即座にはねつける。

「とんでもない！　そんなの、台本にないでしょう。予定表にものってないでしょう。ブール・アン・モットなんて、おことわりです」

ベルナールはさっさとひっこむ。

「ベルナール、待て」

とプロデューサーのベルトランが追いすがり、

「冷たいじゃないか。なんとかしてくれよ」

と迫るが、ベルナールは絶対にいやだという態度を示す。

それでもなおステイシーが説得しようとしているが、ベルトランはあきらめて、アレクサンドルのところへ戻り、

「やれやれ、映画の幸福は身内だからこそ助け合うということなのに」

アレクサンドルが笑いながら、

「でも、身内だからこそしのぎをけずって殺し合うこともありますよ、ギリシャ悲劇のように！」

「ブール・アン・モットか……ブール・アン・モットか……なんとかせにゃならんな」

とぶつぶつ言いながら、ベルトランはオフィスを出ていく。

ステイシーもそのあとから出ていく。

アレクサンドルは秘書のカロリーヌの机に腰かけ、スター女優の気まぐれについてこんなハリウッドの思い出話をする。

「プロデューサーも大変だが、バターぐらいなら安いものさ。もっともっと高くついたわがままな女優の話がたくさんある。ヘディ・ラマールというオーストリア生まれの女優はハリウッドの女王の一人だったが、故郷のチロルの雨の多い気候がなつかしくて、雨の降らないカリフォルニアの大邸宅の庭に雨を降らせる装置を取り付けさせ

たくらいだ。それにくらべたら、バターくらいはね」

撮影所の地下の洗面所。

ジョエルが通りかかると、プロデューサーのベルトランに呼びとめられる。

ベルトランは市販のバターを何十個も買い込み、一個一個バラしてはこね合わせて二百五十グラム相当の塊の特製バターをこしらえようとして、洗面台を流しに見立てて奮闘中である。

「ああ、ジョエル、いいところに来た。手伝ってくれ。ほら、こんなにバターを買ってきたんだ」

「何なの、これは？　ブール・アン・モットと違うじゃないの」

「それはそうさ。ブール・アン・モットはここらあたりにはない。アルプ゠マリチーム県にはない代物なんだ。で、普通のバターをたくさん買ってきた。これを全部いっしょにこね合わせて、いい形にして、ガーゼにくるめば、なんとかブール・アン・モットに見えるだろう。どう思うかね？」

「どうかしら……うまくいくと思う？　知らないわよ、わたしは……」

ジョエルもいっしょになってバターをくずしてはこね合わせる。

「なんとかせにゃならんのだ！　それにしても、なんという商売だ」

製作部のオフィスに電話がかかる。

秘書のカロリーヌが受話器を取る。

チーフ助監督のジャン＝フランソワからである。

「そう、ぼくだよ……そう、アルフォンスを見つけたんだ！　どこで？　言っても信じられないだろうな。とにかく連れて帰る！」

ジャン＝フランソワは電話を切り、タイヤを積み重ねた囲いを跳び越えてゴーカートのサーキットに走り出る。

一台のミニ・マシンが近づいてくる。

ジャン＝フランソワが両手をあげてとめる。

ヘルメットをかぶってミニ・マシンにブレーキをかけるアルフォンスの腕白小僧のようなむくれ顔。


撮影所の地下の洗面所では、プロデューサーのベルトランとスクリプターのジョエルがやっと特製のブール・アン・モットをつくり上げる。

大皿の上にバターを盛り、ガーゼで包みこむ。

フェラン監督が現われて、

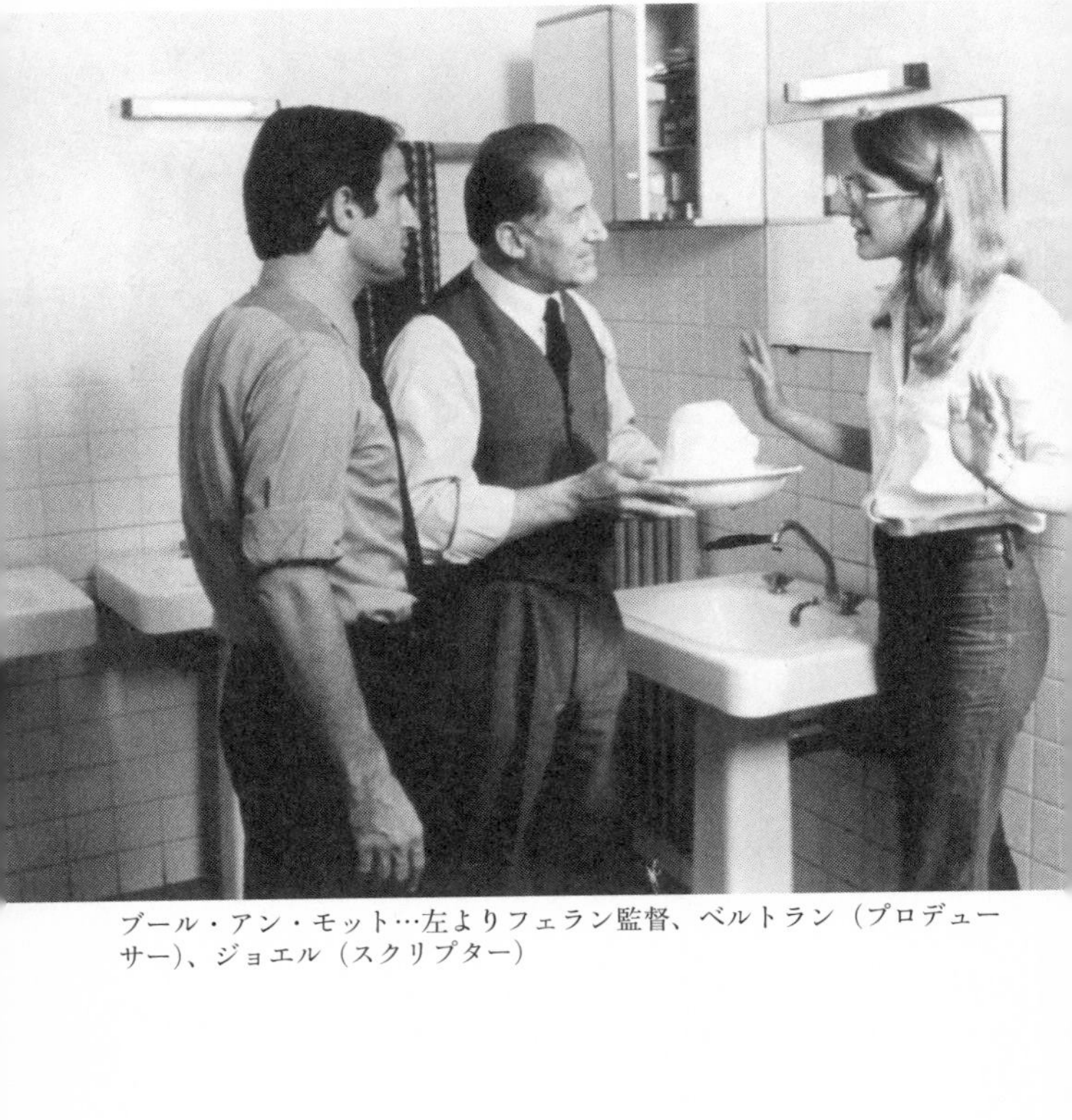

ブール・アン・モット…左よりフェラン監督、ベルトラン（プロデューサー）、ジョエル（スクリプター）

「ああ、二人ともここにいたのか。あちこちさがしていた」

「そう、ここで、まさにかのブール・アン・モットをでっち上げていた。どうだね？」

とプロデューサーのベルトラン。

「よくできてる」

「だろ。だが、これを持っていくのはわたしの役目ではない。ジョエル……？」

ジョエルは両手で拒絶の反応を示し、

「ダメ、ダメ、わたしはごめんよ！『ゲームの規則』の料理長のモラルと同じよ。

〝節食はけっこうです。しかし偏食にまで付き合う気はありません〟」

そして、特製ブール・アン・モットの大皿をフェラン監督にうやうやしく差しだし、

「監督、どうぞ」

「ひきうけた」


特製ブール・アン・モットの大皿を持って、フェラン監督がジュリーの控室の前にやってきて、ドアをノックする。

ジュリーの気持ちもややおさまったらしく、

「どうぞ」という声が返ってくる。

フェラン監督はドアをあけて入り、

「ジュリー、ほら、ご注文のメニューだよ」

仮装パーティのシーンのための衣裳を着たままソファで泣いていたジュリーは、見事な塊のバターを見て、

「まさか、そんな！（顔をそむけて）ごめんなさい、すみません、恥ずかしいわ……」

フェラン監督は塊のバターを盛った大皿を壁ぎわの棚の上に置く。壁に貼られたタピストリーの絵のサイン、「ジャン・コクトー」の文字が見える。

「もう少し待って……もう少し待ってくれたら、行きます。ひどいわね、わたしって。とてもプロとは言えないわね、みんなを待たせて、お仕事の邪魔をしてしまって。初めてよ、こんなこと……」

フェラン監督はジュリーのかたわらに来て、

「いいさ、ジュリー、なんとかなるさ。時間はまだある。ジャン＝フランソワに話してみよう。予定表を変えることもできるだろう……」

「ダメ、そんな！　わたしのために予定表を変えるなんて、ダメ。すぐ行きますから……もうすぐ……ハンカチを貸してくださる？……ありがとう。（涙をぬぐう）わたし、ひどい顔でしょ。（鼻をかむ）なぜアルフォンスはあんなことをしたの？　何もわかってないんだから！」

「アルフォンスは子供なんだ。子供みたいにしかふるまえない。こんなことを言うの

はなんだけれども、ジュリー、きみのご主人は、初めて会ったばかりのわたしにも、心のひろい人だということがわかる。だから……」

「心のひろい人……そう、だから、わたしはつらいんです……わたしが病気で倒れたとき、あの人はわたしに求婚し、奥さんと子供たちのもとを去ったんです。二十年にもなる家庭生活を捨てたんです。わたしのために。わたしを立ち直らせるために。わたしにかかりっきりになるために。それなのに、こんなことになってしまって……きっと、いま、あの人はこんな女のために、なんてばかなことをしたんだろうと思ってるにちがいないわ」

「そんなことはないと思うね、ジュリー。真実を言えばわかってくれるさ。許してくれるさ。（ジュリーの髪と頬を手でそっとやさしく撫でるようにして）何もかも忘れて、すべて元通りになるだろう」

「そうかしら……でも、たとえあの人が許してくれても、わたしは自分を許せない。あの人のおかげで、わたしは身も心も強くなれたんです。だから、わたしは決心したんです。これからは一人で生きていきます。自分をいつわるのは、もういや。映画も捨てます。つまらない人生ですもの……」

ガランとした撮影所のステージ。

撮影はない。

その間を利用して、チーフ助監督のジャン＝フランソワは、予定されていた仮装パーティのシーンのガヤガヤいう雰囲気の音だけを録《と》るために、裏方全員を集合させた。いわゆる「オンリー」「ガヤ録《ど》り」である。

「さあ、みなさん、オンリーいきます。仮装パーティのシーンのガヤ録《ど》りです。（録音技師のルネに）いいですね、録音さん」

「では、まず拍手をお願いします。ヨーイ・スタート！」と録音技師。

みんな一斉に手をたたく。二重の上の照明のスタッフも手をたたく。

録音技師が両手をあげて、

「ストップ！　ストップ！　もういいですよ。次は、つぶやき、声を落として、映画の話はしないようにしてください」

「映画の話はダメだぞ」

とジャン＝フランソワも小声でみんなに言う。

「ヨーイ・スタート！」と録音技師。

みんな一斉に声を沈めて何やらぶつぶつ言い合う。

「では、拍手をもう一回いきます。ヨーイ・スタート！」

また、みんな一斉に手をたたく。

そこへステイシーにみちびかれて、ドクター・ネルソンが入ってくる。急ぎ足で、緊張した面持ちである。

みんな、手をたたくのをやめ、二人が通っていくのを見送る。

「見たか、ジュリーの亭主だぞ！」

と誰かがささやく。

ステイシーはドクター・ネルソンをステージの奥まで案内し、

「ジュリーの控室は二階の右です」

「ありがとう、ステイシー」

ドクター・ネルソンが去ると、すぐジャン＝フランソワとジョエルがステイシーのところへやってくる。

「何事だ、ドクター・ネルソンがどうしてここに？」とジャン＝フランソワ。

「わたしが呼んだのよ。すぐ来てくれてよかったけど」

「よくやったわ」とジョエル。

ドクター・ネルソンがジュリーの控室のドアをノックし、あける。

「ジュリー！」

父親のようなやさしさにあふれた顔が微笑む。

撮影再開

それからしばらくあと。

仮装パーティのシーンがついに撮影されることになり、ステージは撮影の準備でにぎわっている。

二重の上にライトをセッティングする照明のスタッフ。

セットの裏側では、アルフォンスがベル・エポックのエレガントなフロックコートを着てすわっている。

オディルがアルフォンスの髪をととのえている。

アルフォンスは、いそがしそうに走りまわっている記録《スクリプター》のジョエルを呼んで、申し訳なさそうに弁解しつつ、相談をもちかける。

「ジョエル……ぼくは恥ずかしい。ほんとにばかなことをした。ジュリーにこれから会いに行こうと思っているんだが、どう言えばいいかわからない。あやまるだけでいいだろうか？」

ジョエルはあっさりと、

「アルフォンス、できるだけ余計なことはしないほうがいいわ」

そしてまた、いそがしそうに立ち去ろうとするところをアルフォンスが呼び返す。

「ジョエル……それから、ぼくは……ぼくは、よく考えた結果、映画をやめようかと……」

「いい考えね。そう、それはいいわ。やめなさい！」

ジョエルは笑いながらさっさと去っていく。

呆然と見送るアルフォンス。

オディルがアルフォンスの結髪をすませ、

「いいわね、これで？」

かたわらのソファで一所懸命何やら書いていたフェラン監督がオディルを呼んで、

「これからジュリーのところへ行くんだろう？」

「はい」

「それじゃ、これを彼女に渡してくれ。（と一枚の紙を差しだし）これから撮るシーンの新しいせりふの分だから覚えとくようにって」

「わかりました」


ジュリーの控室。

ドクター・ネルソンがコップ一杯の水と錠剤をジュリーに差しだし、

「（英語で）これを飲みなさい」

「(英語で)でも、これから撮影なのよ。途中で眠くなったりすると困るわ」

「(英語で)気分をしずめるだけだよ。さあ」

ジュリーは聞き分けのよい子供のようにおとなしく錠剤を飲む。

「(英語で)いい子だ」

ドクター・ネルソンは指でそっとジュリーのまぶたの下に残っている涙をぬぐってやる。

「ジュリー! ジュリー!」

とオディルが駆け込んでくる。

「化粧くずれを直したいんですけど……」

「ええ、そうね、オディル、そうだったわ」

ジュリーはオディルに挨拶のキスをして、

「うれしいわ、オディル。きれいにつくってね」

ジュリーは化粧台にすわる。

オディルがフェラン監督にたのまれた紙を鏡の前におき、

「フェラン監督があなたに、新しいせりふの分だそうです」

ジュリーが読む。

「〝たとえあの人が許してくれても、わたしは自分を許せない。わたしは決心したん

ロウソクの炎…ジュリーとアルフォンス

です。これからは一人で生きていきます。つまらない人生ですもの……〟」

ついさっきジュリーが泣きながらフェラン監督に言ったことがそのままそっくり再現されて、映画のためのせりふになっているのである。

「あきれた……まったく、あの監督ときたら！」


仮装パーティのシーンの本番撮影がはじまる。紺か緑色のビロードのカーテンに閉ざされた暗い部屋に大きな金の燭台があり、数本のロウソクがともる。

静かで荘厳な雰囲気に呑まれたかのように、フェラン監督の号令もいつになく静かで、ひそやかだ。

「ジュリー、いいかな」

「ええ」

「ヨーイ・スタート！」

パメラ役のジュリーがロウソクを持って現われる。器用なベルナールの考案による豆電球を仕込んだロウソクである。

パメラ「わたしは決心したんです。これからは一人で生きていきます。つまらない人生ですもの……」

アルフォンス「(フレーム・インして) いや、きみの人生はこれからだ」

フェラン監督が録音技師に音楽を流すように合図する。

妙なる音楽がシーンのムードを盛り上げる。

流れるような旋律に静かに歩調を合わせて、アルフォンスとロウソクを手にしたパメラがビロードの闇に包まれたセットを横切っていく。

キャメラが移動する。

じっと二人の動きを見つめるフェラン監督。

二人は立ちどまり、腰かける。

アルフォンスの手がパメラの頬にふれる。

「カット！　手のためにもう一回いこう」とフェラン監督。

アルフォンスはシーンの最後にパメラ（ジュリー）の頬にふれる左手がキャメラに対して彼女の顔を隠してしまうことにすぐ気づいたようだ。

ジュリーがロウソクの持ちかたについて、

「これでよかった？」

とキャメラマンにたしかめる。

「とてもよかったよ、ジュリー」

「さあ、みんな元の位置に戻って、最初からやってみよう」

とフェラン監督がささやくように小声で言う。

「さあ、みんな、最初からだ。早く元の位置に戻って。お静かに！」

とチーフ助監督のジャン＝フランソワの声もひそやかだ。

アルフォンスがジュリーに右手で頬にふれる仕ぐさをしながら、小声で、

「こうやって、こっちの手でやるようにするよ」

と説明している。

それを聞きつけて、フェラン監督も、

「それがいい。では最初からいこう」

キャメラが構える。

「ヨーイ・スタート！」

ジョエルがカチンコを打つ。

「『パメラ』、シーン69、テイク2！」

フェラン監督がジュリーに芝居のきっかけの合図をだす。

「さあ、ジュリー！」

ジュリーはロウソクを手に芝居をはじめる。

パメラ「わたしは決心したんです。これからは一人で生きていきます。つまらない人生ですもの……」

アルフォンス「いや、きみの人生はこれからだ」

「音楽を！」とフェラン監督。

旋律が流れる。

二人が歩く。

キャメラ、移動。

監督も、スクリプターも、チーフ助監督も、スタッフみんなが、キャメラの動きに応じて少しずつ位置を変えながら、じっと息を殺して俳優たちの芝居を見まもる。

撮影は絶好調である。

まさにそのとき、ステージの入口のほうからプロデューサーのベルトランが血相を変えて駆け込んでくるのが見える。

あわてて押しとどめるチーフ助監督のジャン＝フランソワ。次い記録《スクリプター》のでジョエルがなんとか押さえ、無事本番が終わる。

「カット！　ＯＫ。いまのは最高だった」

スタッフの安堵の吐息がもれる前に、プロデューサーのベルトランの一声がステージを震駭させる。

「アレクサンドルが死んだ」

「え？」とおどろくアルフォンス。

身を震わせ、うろたえるフェラン監督。

プロデューサーのベルトランを囲んで、みな一様にショックを隠せずにいる。落ち着きのない、うつろな声で、ベルトランは一同にアレクサンドルの死の様子を報告する。

「自動車事故だ。いつものように車でクリスチャンを空港へ迎えに行った帰りに、トラックに衝突された。クリスチャンも重傷を負ったが、命は助かる。アレクサンドルは病院に運ばれる途中で息をひきとった……」

スターの死、撮影所時代の終焉

ヴィクトリーヌ撮影所の広場のオープンセット。

雨が降ったあとの水たまりがあちこちにできている。人気《ひとけ》のない寂しい「広場」を一台の車が一周、二周する。フェラン監督の運転する車だ。

フェラン監督のモノローグが入る。

「アレクサンドルの葬儀は今朝、ニースの小高い丘の墓地でおこなわれた。撮影の再開はイギリスの保険会社の代表の到着を待ってからである。映画の運命は保険会社の手にかかっているのだ。撮影中に俳優が死んだりしたらどうしよう、とわたしはいつもおそれていた。その最もおそれていたことがついに起こったのである。こうして、アレクサンドルの死によって撮影は余儀なく中断されてしまったのである。

アレクサンドルの死とともに、映画の一時代が終わりを告げようとしている。撮影所は見捨てられ、映画は街頭で、スターなし、脚本なしで撮られる時代なのだ。『パメラを紹介します』のような映画はもうつくられることがないだろう」

苦境と即興

試写室。

映写機が回る。

スクリーンには、パメラが二階の部屋のドアをあけて向かい側の二階の両親に話しかけるシーンのラッシュが上映される（アルフォンスが部屋に閉じこもって出てこないので、アルフォンスなしで撮影された日のラッシュである）。

「さあ、ジュリー」

と芝居のきっかけを指示するフェラン監督の声。

パメラ役のジュリーがカーテンを引き、窓をあける。

向かい側の二階の窓から、アレクサンドルとセヴリーヌが扮する両親が顔をのぞかせて手をふる。

母親「おはよう！」

パメラ「おはようございます」

父親「いっしょに朝食をどうかね？　それから仮装パーティの衣裳をさがしにいこう」

パメラ「アルフォンスはまだ眠ってるの」

「〝眠ってるの〟じゃなく、〝ベッドよ〟！」と注意するフェラン監督の声。

パメラ「（こちらをふりむき）朝食をいっしょにって」

フェラン監督がアルフォンスの代わりに、「いいよ」と返事をする。

パメラ「（両親に向かって）ええ、すぐおうかがいします」

アレクサンドルが向かい側の窓から、

「どう？」

「OK、カット！」とフェラン監督。

するとアレクサンドルが、

「待ってくれ、わたしもそこへ行くぞ」

とオーバーに窓をまたいでとび出ようとするので、セヴリーヌが「キャーッ」と叫びながら大あわてでとめるというおふざけまでがキャメラにおさめられている。

「思えば、あの事故は起こるべくして起こったような気がするよ」

左より保険会社の代表に扮するグレアム・グリーン（ヘンリー・グレアムの名で出演）とマルセル・ベルベール、右はプロデューサー役のジャン・シャンピオン

とプロデューサーのベルトランが話しだす。

ラッシュの上映が終わって明るくなった試写室には、プロデューサーのベルトランのほかに、記録《スクリプター》のジョエル、フェラン監督、そしてイギリスの保険会社の代表ジョンソン氏とフランスの保険会社の代表ベルベール氏。

「そんな予感がしていた」

とベルトランがつづける。

「だから、運転手も付けてやったのに、自分で運転するほうがいいって、途中からことわってね……（椅子から立ち上がり、いっしょに立ち上がったフェラン監督に語りつづける）結局、彼は去り行く男だったのだろう。アレクサンドルはしょっちゅう走り回っていた。生き急いでいたんだ」

「わたしが思うに、彼は永遠の旅人になりきれずに、むしろ、やさしさに流された人だった。何よりも人々と話をするのが好きだったし、現在にこだわって生きていた。一つの場所から離れられなかったんだ。だから、むしろ、一か所にぐずぐずしていて、遅れをとったんだ。言い換えれば、アレクサンドルは、つまりはその寛大さゆえに死んでいったんだと思う」

とフェラン監督。

二人はスクリーンのほうに向かって歩いていく。

「そうかもしれん……」

とベルトラン。そして、ふりむき、席から立ち上がってきた二人の保険会社代表に、

「とにかく、映画は完成しなければならない。すべてはあんたがた、保険会社の決断次第だ。（フランスの保険会社の代表、ベルベール氏に）ジョンソン氏の意見はどうかね？」

通訳も兼ねているベルベール氏がジョンソン氏に耳打ちする。

ジョンソン氏が答える。

「（英語で）それは不可能です。残念ながら、それは無理です。ロンドンに電話をして、たっぷり一時間も会社と話をしましたが、ダメです。アレクサンドルのシーンをすべて他の役者を使ってこれから撮り直すなんてことは不可能です。残念ながら、ほかの手を考えていただきたい」

ベルベール氏が通訳する。

「ジョンソン氏はこう言っておられます。昨夜ロンドンと一時間電話で話したけれども、イギリスの保険会社の結論は、アレクサンドルの代わりに別の俳優を使って撮り直しをすることなどもってのほかとのこと。解決法はただ一つ、話を簡潔にして、予定どおり五日間で残りのシーンをすべて撮り上げて映画を完成させていただきたい。その場合にのみ、保険会社は全額負担するとのことです」

「五日間だぞ！」

とプロデューサーのベルトランがフェラン監督に言う。

「五日間か……」

フェラン監督は考えながら、記録《スクリプター》のジョエルのところへ行き、

「どうしても、どこかをカットしなければならないな。仮装パーティにアレクサンドルの出番があるが、このシーンは当然捨てざるを得ないだろう。どう思う、ジョエル？」

「そしたら、ジュリーとアルフォンスのロウソクのシーンが無意味になってしまうわ」

「しかたがない。仮装パーティのシーン全体をカットしよう。編集には必要ない。それがなくても物語には差障りないだろう」

「それならいけるわ。ほんとに大事なシーンは、アルフォンスが拳銃で父親を撃つところだけだから」

「よし、そこを廊下ではなく、表で、街のまんなかでやろう。アレクサンドルの代役を使ってごまかそう」

「ええ、でも代役はやっぱり遠くからでも本人とは違うことがわかるわよ。どうかしら、なるべくそれとわからないように、背中を撃たれることにしたら？」

「そうだ、そうしよう。アルフォンスは父親の背中を撃つ。そのほうがずっといい。そのほうがずっと強烈で、憎しみがよく出る」

「そうね、それなら、シーン全体を雪にしたら、どう？」

クランクアップ

撮影所の広場のオープンセット。

常ならぬ活気がみなぎっている。

消防士たちが真っ赤な消防自動車の消防用のポンプと巨大な袋のようなホースを使って、広場の石段や舗道や地下鉄の出口や樹木にコンプレッサーで人工雪を吹きつけている。

広場のオープンセットがみるみる雪景色に変わる。

毛皮の襟巻き、外套、長靴といった冬支度のエキストラが集合している。

地下鉄の出口の近くで、フェラン監督とキャメラマンのワルテルがこれから撮るシーンの打合わせをしている。

「それじゃ、ワルテル、そろそろいこうか」

「いつでもいいです。こんどもアルフォンスを追いますか」

「そう、ただ、こんどはもっと寄ったサイズでたのむよ」

「わかりました。まかせてください。問題は拳銃だけですね、はっきりと見せなきゃいけないでしょう」

「そう」

そこへ、記録《スクリプター》のジョエルが一人の男性を連れてやってくる。

「アレクサンドルの代役の方です」

アレクサンドルよりもかなり若い紳士である。

「ああ、アレクサンドルの……よろしく」

「よろしく」

おたがいに握手する。

フェラン監督がキャメラマンのワルテルを呼ぶ。

「どうだね。ワルテル?」

それから、アレクサンドルの代役に、

「すみませんが、少し歩いてみてくれませんか。感じをつかみたいものですから」

フェラン監督とワルテルが代役を観察しながら話し合う。

「首のへんの髪がちょっと長すぎるかな」とワルテル。

「だが、なんとかなるだろう……」

とフェラン監督は言ったものの、すぐへアメイクのオディルを呼んで、

「見てごらん、オディル。あそこにいる紳士がアレクサンドルの代役だ。首のあたり

の髪を心もちカットして、アレクサンドルに似た感じにしてほしいんだが……」

「わかりました」

「たのむよ」

そこへ小道具のベルナールが拳銃を手に持ってとびこんでくる。

「監督、これでいいんですね、アルフォンスの拳銃は？」

拳銃を見せる。

「そう、それでいい。それがわたしの選んだやつだ」

「では、これでいきます」

ハンド・スピーカーでエキストラに指示を与えるチーフ助監督のジャン＝フランソワの声がひびく。

「さあ、みんな急いで位置についてください。急いで……最初のスタートの位置に。地下鉄のなかにも……」

フェラン監督が広場の片隅の石段のところへやってくる。

小道具のベルナールが箒を持って石段の雪をならしている。

「ベルナール、雪をいじりすぎるんじゃないか。あんまり真っ白できれいすぎないほうがいいんだが……」

「わかってます。ご心配なく。すべて心得てます。〝雪は汚れていた〟ふうにいきますから」

「いいだろう」

石段の上からアルフォンスがフェラン監督を呼ぶ。

「なんだね、アルフォンス？」

「ほら、これ（と電報を見せ）、東京から電報が来たんです。仕事の話です、映画出演の。引き受けたいと思うんですが……」

「（電文を読みながら）ああ、ツルゲーネフの『初恋』だね。これは美しい物語だし、それに……」

「いい映画になると思いますか？」

「そう、ヒロインが日本女性、きみが恋するフランス人の青年の役なら、きっといいものになるだろう」

二人は話しながら石段をおりてくる。

「とにかく、ぼくは承諾の返電を打つつもりです。東京なら、ぼくのいろんなゴタゴタから二万キロも遠く離れていられますから」とアルフォンス。

それから、拳銃（小道具のベルナールが先ほどアルフォンスに渡したものである）を取りだし、

「撃ちかたはこういうほうがいいですか（と腕を曲げて構える）、それとも（腕をま

っすぐ伸ばして）こういうほうがいいですか」

フェラン監督はアルフォンスが腕を伸ばしたほうを指さし、

「こういうほうがいい。雪を背景に目立つだろう」

「くっきりと」

「そう、くっきりと」

記録《スクリプター》のジョエルがフェラン監督を呼びにくる。

「ドクター・ネルソンとジュリーがお別れの挨拶をするために来ていますよ」

「これからロンドンへ帰るのか？」

「いえ、オーストラリアへ三週間、医学会で」

「そうか。よし、二人に挨拶をして、それからすぐ本番だ」

「いいわよ」とジョエル。

フェラン監督はドクター・ネルソンとジュリーのところへ走っていく。

「さよなら、ドクター。さよなら、ジュリー。（ジュリーに別れのキスをして）おつかれさま。またすぐパリで、ダビングのときにね。さよなら、いい旅を！」

フェラン監督は二人に別れを告げてから、キャメラのほうに駆けてくる。

ジュリーとドクター・ネルソンがスタッフに手をふって別れの挨拶をする。

キャメラのまわりのスタッフも手をふって別れの挨拶を返す。

「さよなら」

「おつかれさま。いい旅を！」

フェラン監督の声がスタッフの気持ちをひきしめる。

「さあ、夜にならないうちに急ごう」

ドクター・ネルソンがジュリーに耳打ちをする。

ジュリーはうなずき、それからアルフォンスのところへやってくる。

硬くなったアルフォンスが、おずおずと儀礼的に握手をするために右手を差しだす。

しかし、ジュリーはやさしく微笑んでアルフォンスを抱きしめ、キスをする。

「さよなら、アルフォンス」

「さよなら、ジュリー」

二人は最後にもう一度見つめ合う。

「しっかりね！」

「ありがとう、きみも！」

ドクター・ネルソンとともに真紅のオープンカーに乗って去っていくジュリー。

最後にまたふりかえって手をふる。


いよいよ、ラスト・シーンの本番撮影である。

カチンコ。

「『パメラ』、シーン72、テイク1！」

赤ランプがつき、録音ブザーが鳴る。

フェラン監督の声、

「ヨーイ・スタート！」

雪に包まれた広場。

夕闇が迫るころ。

地下鉄の出口から人々が出てくる。

「アルフォンス！」

とフェラン監督がハンド・スピーカーで芝居のきっかけの合図の声。

アルフォンスが地下鉄から出てくる。

キャメラはアルフォンスを追《つ》けて移動。

移動レールが敷いてある。

思いつめた表情のアルフォンス。

歩きながら、拳銃を内ポケットから取りだす。

「もっと控え目に」とフェラン監督の声。

アルフォンスは拳銃をしまう。

ラスト・シーンは雪のなかで、アレクサンドルの代役を使って背中を狙い撃つ……

広場を横切っていく。

「もっと早く歩いて」とフェラン監督の声。

広場の向こう側の歩道に立つアルフォンス。

「拳銃を」とフェラン監督の声。

アルフォンスが拳銃を取りだし、腕を伸ばしてアレクサンドルの代役の背中を狙って発砲する。

「逃げろ」とフェラン監督の声。

アルフォンスがどっちに逃げていいかわからず、突っ立っている。

「道の向こうまで逃げるんだ」

アルフォンス、走って逃げていく。

撮影快調の音楽が高まる。

カチンコが鳴る。

キャメラが回る。

アルフォンスが拳銃を撃つ。

アレクサンドルの代役が石段の雪のなかに倒れる。

アルフォンスが逃げる。

キャメラ、移動。

そして——

「カット！」とフェラン監督の声。

「ＯＫ！　終わりました。ありがとう、おつかれさま！」

もうどっぷりと日が落ちて、夜である。

おつかれ

翌朝。

快晴である。

撮影所の出入口にスタッフ全員が集まる。

みんな、帰り支度をしながら、「おつかれ」の挨拶を交わし合う。

「おつかれ、アルフォンス、パリへ帰るのか」とフェラン監督。

「いや、しばらくここにいて、休養してから帰ります」

「そうか、ゆっくり休め。それじゃまたな！」

チーフ助監督のジャン＝フランソワは、自分の車が映画の撮影用に使われて壊されてしまったので（『パメラを紹介します』のなかで車が崖から落ちるシーンに使われたのだ）、パリまで誰かの車に便乗して行きたいと思っている。

そこで、まず、小道具のベルナールに交渉してみる。

「なあ、ベルナール、きみも知ってのとおり、ぼくの車は谷底に落とされて、ぶっ壊れてしまったんだ。パリに帰れば、運転手付きの新しい車が手に入るんだが……」

「ああ、そうだろうな、それはいいな……」

ベルナールは後部トランクをあけて荷物を詰めるのにいそがしく、取り合わない。

「きみの車に乗せてってくれないか」

「ぼくの車に？　とんでもない！　悪いけど、そいつはダメだ。ほら、見ろ、荷物だけでもうこんなにいっぱいなんだ。それに、だいいち、ぼくは一人旅が好きなんだ。ダメだよ……」

「わかった、わかった。それならいいさ……それじゃ」

ジャン＝フランソワはベルナールに「おつかれさま」の握手をし、こんどは編集のヤンをつかまえ、

「ヤン、ちょっとたのみがあるんだ……」

ヤンは編集助手のマルチーヌと「このあとしばらく失業手当をもらう手続きをしよう」などと話し合っている。

フェラン監督が記録《スクリプター》のジョエルとパリでこのあと編集とダビングのスケジュールなどの打合わせをしなければならないことを話したあと、ヘアメイクのオディルのと

ころへ行く。

オディルは若いキャメラ助手のジャン＝フランシスといっしょにいる。

フェラン監督が、オートバイを見て、

「きみたちはバイクで帰るのか」

「そうなの」

とオディルはニコニコして、うれしそうである。

「ええ、ぼくがオディルを乗せていきます。両親に彼女を紹介するんです」

とキャメラ助手もニコニコして、うれしそうである。

「わたしたち、結婚するんです」とオディル。

これにはフェラン監督もびっくりして、

「結婚する？　これはおどろいた！　よくも二人して隠していたな！　スタッフの誰も知らなかったぞ」

若いキャメラ助手はうれしそうに、

「彼女はたくさん男を知っています。ぼくは女を知らない。だから二人寄れば釣合がとれます」

と言って、オディルにキスをする。

「それはいい。しあわせになることを心から祈るよ。おめでとう」

フェラン監督は次にキャメラマンのワルテルのところへやってくる。

「おつかれさま、ワルテル。きみのすばらしいキャメラのおかげで傑作ができたよ」

「いや、いや、監督のおかげですよ」

プロデューサーのベルトランが去り行くスタッフに向かって叫ぶ。

「みんな、おつかれさん。元気でな！」

「おつかれさまでした。親分《パトロン》もお元気で！」

「運転に気をつけてな！」

テレビ・リポーターがカメラとマイクを持ったスタッフとともに待ち構えていて、フェラン監督をつかまえる。

「フェラン監督、撮影中に死んだアレクサンドルのことについて二、三おうかがいしたいんですが……」

「いや、それは話しにくい。とてもいまはダメだ……プロデューサーのベルトランに話を聞いたほうがいいのでは？」

「それがことわられて……」

「アルフォンスには？」

「やはりいやだと。死んだ人のことはしゃべりたくないと」

「そうだろうな。申し訳ないが、わたしも失礼するよ」

リポーターは困ってしまい、

「誰もいないのか……」

「いるとも、いるとも、ぼくがいる！」

とベルナールが走ってくる。

リポーターがベルナールをテレビ・カメラの前に立たせ、画面にきちんとおさまっているかどうかをたしかめる。

テレビのスタッフ同士がひそひそと話し合っている。

「あれは誰だ？」

「たしか小道具係ですよ」

リポーターがベルナールに鎌をかけながら質問する。

「どうでした、この映画の撮影は？　いろいろと面倒な問題があったらしいですね。毎日がバラ色とはいかなかったようで……」

「とんでもない、順調そのものでしたよ」とベルナール。

そして、キャメラに向かって、

「それはたのしい撮影でしたからね。ぼくらと同じように、観客のみなさんもきっと映画を見てたのしんでいただけると思いますよ」

キャメラが舞い上がる。

音楽が高まる。
ヘリコプターによる俯瞰撮影でヴィクトリーヌ撮影所の周辺の風景がとらえられる。
車やバイクで、それぞれ別の方向に散っていくスタッフの姿が見える。
人影もなく、見捨てられたような広場のオープンセットの跡も見える。
その風景をバックにして楕円形で囲んだ主なるキャストの顔が次々に紹介される。

もう一つの『アメリカの夜』――モデルと出典

アメリカの夜とは何か

アメリカの夜 (la) nuit américaine とは、「つぶし」、英語では「day for night」つまり「擬似夜景」を意味するフランス語だけの表現。昼間の状況を夜の効果に見せる技法で、レンズ絞りとフィルター使用によって夜の効果を生みだすこと。アンダー露出を基準に画面のイフェクト光をつくって「つぶし」の効果《イフェクト》をだすという人工の夜である。陽のあたる場所カリフォルニアに映画の都ハリウッドが築かれ、そこで初めて使われたアメリカ (映画) 的な、あまりにアメリカ (映画) 的な技法なので、フランス人はこれを「アメリカの夜」と呼んだ。「tourner en nuit américaine (アメリカの夜で撮る)」とは、レンズの絞り値とイフェクトフィルターやニュートラルフィルターで全体のムードをアンダーにして、太陽の光を月の光に、昼を夜に変えることなのである。

映画『アメリカの夜』のなかでは、フランス人のフェラン監督とハリウッド女優のジュリー・ベイカーとのあいだにこんなやりとりがある。

「ここは〝アメリカの夜〟で……」

「〝アメリカの夜〟って？」

「夜のシーンを昼間撮るときに、キャメラのレンズにフィルターをかけて……」

「ああ、擬似夜景《デイ・フォー・ナイト》ね。英語では〝day for night〟っていうの」

もちろん、フランソワ・トリュフォーは、彼が心から愛したアメリカ映画に対するあこがれや夢や讃美をたっぷりとこめて、この映画的表現をタイトルにしたであろうことが察せられる。映画『アメリカの夜』は、何よりもまず、アメリカ映画の父D・W・グリフィス監督の一九一二年の『見えざる敵』でそろってデビューした映画史上最も美しい姉妹、リリアン・ギッシュとドロシー・ギッシュに捧げられている——とくにグリフィス映画の永遠のヒロインだったリリアンに。その「世界のすべてを見つめる二つの大きな瞳」に。

トリュフォーは「リリアン・ギッシュ讃」に書いている。

「リリアン・ギッシュ——いまにもこわれそうな繊細な美しさにかがやく肉体から見えざる不思議な力が静かにあふれ出ることの奇跡。

リリアン・ギッシュは両極端を見事に融和させる天賦の才を持っている——チェー

ホフとT・S・エリオットを、成熟と幼稚を、自然さと気取りを、演劇性と非演劇性を。キング・ヴィダーの世界（『ラ・ボエーム』、一九二六）にもロバート・アルトマンの世界（『ウェディング』、一九七八）にも出演し、映画のヒロインとしても舞台のヒロインとしても成功し、情熱に走る女も演《や》れば貞淑な女も演じ、アカデミー主演女優賞は受賞しなかったがアカデミー功労賞を受賞した。

だからこそ、わたしは、心をこめて、わたしの映画『アメリカの夜』を彼女に捧げたのである——それは映画そのものを主題にした映画だったから」。

そしてまた、『アメリカの夜』では、フランス俳優アルフォンス（ジャン＝ピエール・レオー）がハリウッド女優ジュリー・ベイカー（ジャクリーン・ビセット）と「アメリカ映画ふうの一夜」をすごすのだ。

なお、この映画の撮影中に同じ題名の小説がフランスで出版されて話題になった。クリストファ・フランクの小説（邦訳は三輪秀彦訳「アメリカの夜」、早川書房）で、一九七四年、『大事なことは愛するということ』（アンジェイ・ズラウスキ監督）という題で映画化された。

「同じ題名の小説が先に出てしまったので、これは映画に不利でしたが、わたしはあえて題名を変えませんでした。わたしの気に入ったタイトルだし、映画への夢をはぐくむイメージでしたから」とトリュフォーは述べている。

バター騒動の秘密

スター女優の気まぐれ、わがまま、気むずかしさの象徴的なエピソードとして、ノイローゼ気味になって控室に閉じこもった女優のジュリー・ベイカーが「ブール・アン・モット」というフランスでもノルマンディ地方やプロヴァンス地方にしかない特製の大きな塊のバターを要求するので、窮したプロデューサーが市販の紙包みのバターをたくさん買ってきてねりまぜ、でっち上げるところがある。これは実際に、『エヴァの匂い』（ジョゼフ・ロージー監督、一九六二）の撮影中にジャンヌ・モローが同じ要求をしてホテルの部屋に閉じこもって出てこないので、撮影が中断し、プロデューサーのレイモンとロベールのアキム兄弟が苦肉の策で「ブール・アン・モット」をでっち上げて皿に盛って運び、ジャンヌ・モローのご機嫌を直したという実話にもとづいているという。

ジャンヌ・モロー自身はこんなふうに語っている。

「そう、それは女優のわがまま、気まぐれを象徴するエピソードとして伝えられています。しかし、実際は全然違います。それはわたしのわがままでも気まぐれでもなかった。ローマでジョゼフ・ロージー監督の『エヴァの匂い』の撮影中でした。プロデューサーは悪名高いロベールとレイモンのアキム兄弟で、そのときも監督を犬畜生のようにあつかうというひどさでした。

ある晩、わたしは、その日の撮影が終わったあと、何人かのジャーナリストを迎えていっしょにレストランで食事をしました。ところが、そのとき食べた何かがあたったらしく、ホテルに帰ってから急に苦しくなり、嘔吐を催し、午前一時ごろには死ぬ思いでした。吐いて、吐いて、浴室で気を失いました。朝の七時ごろになって、わたしの付人をやってくれていた親友のフロランス・マルローが、倒れているわたしを発見し、すぐプロデューサーに電話をかけ、医者を呼んでもらいました。ところが、プロデューサーの呼んだ医者は、保険会社の診査医でした！　わたしの病気を治すために来たのではなく、わたしが仮病をつかって仕事をサボっていないかどうかをたしかめるために来ただけなのです。彼は部屋に入ってくるやいなや、わたしの寝ているベッドのシーツをめくり上げて調べました。それだけです。そのまま黙って出て行きました。薬もくれずに。そんなわけで、フロランスが、わたしの友人で女優のシルヴァーナ・マンガーノと彼女の夫でプロデューサーのディノ・デ・ラウレンティスに電話をして、イタリア人の医者を呼んでもらいました。医者はすぐわたしを病院に運ばせました。わたしの体はすっかり衰弱し、点滴が必要だったからです。胃から腸の洗滌も必要でした。プロデューサーのアキム兄弟はやっとわたしが本当に病気なのがわかって、大あわてでした。撮影が中断してお金が無駄になることを恐れていたのです。

毎日、花束とメッセージを届けてきて、〝ジャンヌはちゃんと食っているか。食わせるんだ！〟。これにはフロランスも腹を立て、〝何を言ってるんですか。食べると吐いてしまうんですよ〟となってやったそうです。それでも、アキム兄弟は、〝食わせるんだ、早く元気になるように〟の一点張り。〝何が食べたい？　何だったら食べる？〟と迫るので、わたしはとうとう〝ブール・アン・モット〟がほしいと言ったのです。

小さいころ、病気になると、母がいつも〝ブール・アン・モット〟を買ってきて、スプーンですくってなめさせてくれたり、パンにぬって食べさせてくれたりしたのです。病気になると、そんな幼い子供のころ食べたものがほしくなるものです。ところが、ローマには〝ブール・アン・モット〟がない。フランスのある地域にしかない特製のバターなのです。そのあと、聞いたところによれば、ホテルの地下のバーで、ビリヤードをやりながら、アキム兄弟は、どこに行ったら〝ブール・アン・モット〟が手に入るんだと、キューを大理石の柱に叩きつけてどなっていたそうです。それから、結局、彼らの秘書のアイデアで、市販のバターを何十個か買い集め、紙包みをほどいて、ホテルの洗面所で、まとめてこねて〝ブール・アン・モット〟に似せた大きな塊のバターをこしらえたのだそうです。ホテルの洗面所で、一晩じゅうかけて！

わたしが倒れたということを聞いて、フランソワ〔・トリュフォー〕が見舞いに来てくれました。そのとき、わたしはそのバター騒動の話をしてやったのです。ひどい目にあったけど、すぎてみれば笑い話になるということですね」。

映画『アメリカの夜』のなかで、ジャンヌ・モローのイメージや存在は、チーフ助監督のジャン＝フランソワ（ジャン＝フランソワ・ステヴナン）と装飾＝小道具のベルナール（ベルナール・メネズ）がホテルのロビーでテレビを見ながら映画クイズに答えるシーンにも現われる。ジャンヌ・モローが出た三本の映画、アベル・ガンス脚本、ジャン・ドレヴィル監督『バルテルミーの大虐殺』（一九五四）、バーナード・ショウ原作、ゴードン・フレミング監督『キャサリン大帝』（一九六七）、オーソン・ウェルズ監督・主演の〝シェイクスピアもの〟『オーソン・ウェルズのフォルスタッフ』（一九六五）が引用される。

バター騒動のところで、スター女優のわがままの例として、俳優のアレクサンドル（ジャン＝ピエール・オーモン）が「故郷のチロルの雨の多い気候がなつかしくて、雨の降らないカリフォルニアの大邸宅の庭に雨を降らせる装置を取り付けさせた」オーストリア生まれの女優、ヘディ・ラマールの例を挙げる。一九三二年のチェコ映画『春の調べ』（グスタフ・マハティ監督、一九三二）で見せた全裸姿で世界中を魅惑したヘディ・キースラーで、三七年にハリウッド入りして、ヘディ・ラマールと改名、セシル・B・デミル監督の『サムソンとデリラ』（一九五一）などに出演した「華麗なる肉体美」のスターであった。

劇中劇（映画中映画）の主題

『アメリカの夜』のなかでフェラン監督が撮っている映画、つまり映画のなかの映画すなわち映画中映画／劇中劇『パメラを紹介します』の発想についてはイギリスの新聞の三面記事からヒントを得たことをトリュフォー自身が本書の序文のなかで書いているが、父親と息子の嫁が恋におちて駈け落ちをしてしまう話の最初のヒントはアメリカの映画監督ニコラス・レイとその妻であり女優であったグロリア・グレアムとのあいだに起こった事件であった。トリュフォーはこんなふうに語っている。

「ニコラス・レイには、最初の妻とのあいだに、息子が一人いました。ニコラス・レイは十五歳年下の若い女優、グロリア・グレアムに熱烈に恋をして再婚したけれども、やがて息子に妻を奪われてしまうのです。最初から結婚生活はうまくいかず、ハンフリー・ボガートとグロリア・グレアムが共演したニコラス・レイ監督の『孤独な場所で』（一九五〇）の撮影中も別れる、別れないの話でもめつづけました。映画そのものもニコラス・レイとグロリア・グレアムの私生活をそのまま描いた悲痛な作品です。しかも、その撮影中か直後に、グロリア・グレアムは彼の前妻の息子と駈け落ちし、その後結婚して子供も一人つくったのです。このような話はスキャンダルになりかねませんが、ニコラス・レイもグロリア・グレアムもすでに亡くなってしまったので、もう明かしてもいいでしょう。このニコラス・レイの話からヒントを得て、わたしは劇中劇『パメラを紹介します』の物語を考えました。ただ、そのころはまだニコラス・レイもグロリア・グレアムも存命中だったので、父親と息子の立場を逆にしてみたのです」。

さらに、「不倫の映画ということでは、わたし自身の『柔らかい肌』（一九六四）の苦い思い出に結びついている」とのこと。フランスでは『柔らかい肌』はまったく当たらず、不評だった。「不倫など誰もが知っていることで、共感する人がいなかったのです」。そこで、わたし自身の最も当たらなかった映画、すなわち『柔らかい肌』を、自己批判の意味もこめて、劇中劇のモデルにしたのです」。

『柔らかい肌』ではフランソワーズ・ドルレアックがジャン・ドサイと田舎の離れで一夜をすごした翌朝、朝食の盆をドアの外にだすと、猫が来て、皿のなかにこぼれたミルクをなめる。そのシーンの撮影の苦労が『アメリカの夜』のなかに再現されている。

ジョルジュ・ドルリューの妙なる音楽が流れ、ジュリー・ベイカーがロウソクを持って、アルフォンスとともに暗い廊下を歩むシーンは、『恋のエチュード』（一九七一）を想起させる。と同時に女と男の交わすせりふは『暗くなるまでこの恋を』（一九六九）のラスト・シーンをも想起させる。このシーンを再現したのも、やはり『恋のエチュード』が不評で当たらなかったという「苦い思い出」に結びついているからだという（日本ではヒットした『暗くなるまでこの恋を』もフランスでは不評で当たらなかった）。「『恋のエチュード』のとき、わたしは、若い娘がロウソクを持って暗い階段を昇るといったロマンチックなシーンを撮ることはもう二度とないだろう、これが最後だと思ったものです。その恥ずかしさがまだ『アメリカの夜』のときにも残っていたのでしょう。そういったロマンチシズムを唾棄するために、『恋のエチュード』のなかでも病気のシーン、熱や嘔吐に苦しむシーンをあえてリアルに撮ったものです」とトリュフォーは語っている。

ジュリー・ベイカーがカーテンと窓枠だけの高いやぐらの上に昇って、向かい側の二階の窓のアルフォンスの両親と話し合うシーンは、『二十歳の恋』（一九六二）をはじめ、『恋のエチュード』や『隣の女』（一九八一）などの向かい合う窓の構図を想起させる。

この窓の撮影のシーンで、アルフォンスが恋の悩みでホテルの部屋に閉じこもったきりと聞いて、キャメラマンのワルテルが、「アルフォンスのやつ、またも逃げ去る恋か」。そこでフェラン監督が、「それはいい、いつかその題の映画をつくろう」と言う。じつは「逃げ去る恋」と訳した原文は直訳すると「恋のサラダ」（「恋のゴタマゼ」ぐらいの意味）。トリュフォーはのちに『逃げ去る恋』（一九七八）を撮るが、そのなかでジャン゠ピエール・レオー扮するアントワーヌ・ドワネルが「恋のサラダ」という題の小説を書いて発表する。そんなわけで「恋のサラダ」を「逃げ去る恋」と意訳してみた。いずれにせよ、ここは一種の予告篇になっているわけである。(『逃げ去る恋』といえば、『アメリカの夜』のアルフォンスの恋人、リリアーヌがアントワーヌ・ドワネルの人生の女たちの重要な一人として出てくるということでも、つながりがある)。

もう一つ、これは予告されつつ撮られなかった映画だが、ツルゲーネフの小説「初恋」の映画化へのほのめかしが印象的に出てくる。トリュフォーがかつて、パリで女優の加賀まりこに会い、「初恋」のヒロインにぴったりだと言っていたことを思いだし、一九七五年にトリュフォーにインタビューしたときにそのことをたずねてみると、こんなふうに答えてくれた。

「そう、そう、そういえば、何年か前に、小柄な可愛い小悪魔といった感じの日本の女優にパリで会ったことがあります。たしかに、わたしは彼女にツルゲーネフのあの小説のヒロインを演じたらぴったりだというようなことを言った覚えがあります。実際、ジャン゠ピエール・レオーとの共演で日仏合作映画『初恋』を撮ろうとちょっと考えたことがあるのです。『アメリカの夜』を撮るときにはすっかりそのことを忘れていましたが……心のどこかにその記憶が残っていたんだと思います」。

ステッキと補聴器

フェラン監督（フランソワ・トリュフォー）は、少年が夜、ステッキで映画館の衝立看板を引き寄せてオーソン・ウェルズ監督・主演の『市民ケーン』（一九四一）の写真をはがして盗む夢にうなされる。実際、トリュフォーは少年時代に『市民ケーン』の写真（映画館の看板に貼られる大きな写真）を盗んで、それを大事に部屋に飾ったという。

「それはケーンが山積みになった新聞のあいだに立って上を見上げている写真でした。映画のなかでは二つのオーヴァラップにはさまれた三秒足らずの短いカットで、ケーンを演じるオーソン・ウェルズが、こころもち脚をひろげ、自信にあふれた感じで大地を踏みしめるかのように立っている姿をとらえた俯瞰ショットです。それは力と成功のイメージのように思えました。一九四八年、十六歳のときに、わたしはこのスチール写真を「ステュディオ・ラスパーユ」というモンパルナスの近くの映画館から盗んで、大事なコレクションにしたものでした。わたしは『市民ケーン』を権力と野心への讃歌の映画と思っていたのです。それがじつは権力と野心のむなしさを描いた映画であることを理解したのは、ずっとあとのことでした」。

「わたしは、少年時代に、実際ステッキを持って歩いたことがあるのです――自分を立派に見せようとして！　仕込み杖を盗んできて正装をして気取ってみせたのです。そのほうが人に疑われずに堂々と写真を盗めたからです。わたしは、『アメリカの夜』のフェラン監督の夢のなかに出てくる少年に、そんな自分の少年時代の悪ふざけの思い出を描くとともに、少年にあのような大人の恰好をさせることによって、映画ファンの心情が年齢にかかわりなくあることを示そうとも思ったわけです」。

　フェラン監督のフェランはトリュフォーの母親の姓モンフェランの半分をいただいたもので、その意味でもトリュフォーの分身なのである。フェラン監督は左耳に補聴器をつけているが、これは映画のなかでも説明されているように、兵役中に砲兵隊に配属され、演習で耳をやられ、その後ずっと「少々難聴という障害に悩んでいる」という監督（つまりトリュフォー）自身の体験と状態にもとづいている。

　フェラン監督の補聴器と夢のなかの少年のステッキは同じなのだとトリュフォーはその意味をこう語っている。

「それを使わなければ何もできないという意味で、少年もすでに、難聴のフェラン監督と同じように、ハンディキャップを負っているのです。わたしは、なぜか、いつも、自分の分身や自分に近い人間を描くときには、どこかに障害や欠陥のある存在にしてしまうのです」。

Continental lover——西欧の恋人

ジャン＝ピエール・オーモン扮するハリウッド帰りの中年（あるいはむしろ初老）の二枚目俳優アレクサンドルには「シャルル・ボワイエ、ルイ・ジュールダン、それにジャン＝ピエール・オーモン本人という、ハリウッドに行って成功した三人のフランス男優」のイメージが重なり合っているという。

かつてハリウッドで「西欧の恋人《コンチネンタル・ラヴァー》」と呼ばれたという言及は、ルドルフ・ヴァレンチノ、ラモン・ノヴァロに継ぐセクシーな「ラテン系の恋人」(latin lover) として人気のあったシャルル・ボワイエを想起させるが、ジャン＝ピエール・オーモンもまた、ハリウッドの「テクニカラーの女王」の一人、マリア・モンテスをはじめとする美女たちと数度の恋愛、結婚をした「女たらし」「誘惑者」(séducteur) だった。ルイ・ジュールダンはデイヴィッド・O・セルズニックに招かれてハリウッド入りし、とくにアルフレッド・ヒッチコック（同じころ、やはりセルズニックに招かれてイギリスからハリウッド入りした監督だった）がハリウッドで撮った『パラダイン夫人の恋』（一九四七）やドイツからフランスに亡命（？）したマックス・オフュルス監督が戦時中ハリウッドで撮った『忘れじの面影』（一九四八）やMGMミュージカルの最後の大作の一本『恋の手ほどき』（ヴィンセント・ミネリ監督、一九五八）などのスターとして記憶される。

　アレクサンドルという人物には、さらに、「わたしの個人的な思い出からジャン・コクトーの面影もにじませて」いるとトリュフォーは語っている。「ホモセクシャルな美男子で、子供がないので一人の青年を自分の養子にして名前と財産を継がせようとするわけです」。

　ジャン・コクトーが『恐るべき子供たち』（ジャン＝ピエール・メルヴィル監督、一九四九）や『オルフェ』（ジャン・コクトー監督、一九五〇）に出ている少年や青年、エドゥアール・デルミットを養子にしたことはよく知られている。

　ジャン・コクトーのイメージや存在は、フェラン監督が特製のバターの塊（「ブール・アン・モット」）を皿に盛って女優のジュリー・ベイカーの控室に持っていったときに、壁に掛けられたタピストリー（ジャン・コクトーのデッサンとサインが入っている）にも現われ、また、アレクサンドルの死をめぐってプロデューサーのベルトランとフェラン監督のあいだに交わされる会話に出てくる「寛大さゆえに死んでいった」人物像もトリュフォーはコクトーを念頭に入れながら書いたという。プロデューサーのベルトランが定義する「去り行く男」「生き急いでいた」という表現はトリュフォー自身によるアントワーヌ・ドワネルの人物像――自画像とも言える――の定義でもある。

『12½』――ドゥーゼ・ドゥミ

ヴァレンチナ・コルテーゼ扮する中年女優のセヴリーヌは、せりふ覚えが悪く、「フェデリコのように」数字をせりふのかわりに言って逃げたらどうかと提案する。ヴァレンチナ・コルテーゼはフェデリコ・フェリーニ監督の『魂のジュリエッタ』（一九六五）に出演している女優なので、それだけでもすでに楽屋落ち的なおもしろさがあるのだが、トリュフォーによれば、それ以上にそこにはもっといろいろな女優のイメージが重なり合っているという。「せりふのかわりに数を読み上げるという、あのエピソードは、じつはフランス女優のアヌーク・エーメがフェリーニの『8½』（一九六三）に出たとき、イタリア語ができないので、あの方式をとり、せりふはすべてイタリア人の声優によって吹替えにしたという話にもとづいているのです。あの女優の役は、そのほかにも、アンナ・マニャーニやイングリッド・バーグマンをモデルにしてつくり上げたものです。小さな息子が白血病で、撮影中も落ち着かず、アルコールで気をまぎらそうとしている姿は、わたしが助監督時代にロベルト・ロッセリーニからよく聞かされたアンナ・マニャーニのイメージです。メーキャップの係の女の子がにわか仕立ての小間使の役で出演するので、混乱してしまった彼女が、〝昔は女優は女優、メーキャップはメーキャップだったのに……〟と嘆くところは、イタリアでロッセリーニといっしょだった時代のイングリッド・バーグマンがハリウッド時代を懐しんではよくロッセリーニにこぼしたり文句を言ったりしたという話にもとづいています。せりふを書いたカンニングペーパーをセットの壁や柱に貼りつけて撮影を強行しようとした話は、フランス映画の国民的セックス・シンボルだったマルチーヌ・キャロルの晩年の悲惨なエピソードとして知られています」。

かつてのイタリアの大女優エレオノラ・ドゥーゼ以上のすごい女優というので、フェリーニの『8½』のフランス語の発音で「ユイッテ・ドゥミ」をモジッた「ドゥーゼ・ドゥミ（12½）」という語呂合わせのアダ名をつけたというダジャレが出てくるが（フェリーニと『8½』もいろいろなかたちで『アメリカの夜』のなかに影を落としていることは言うまでもない）、エレオノラ・ドゥーゼはもちろん実在の大女優で、映画出演は一九一六年のフェボ・マリ監督『灰』一作にもかかわらず（しかもそのとき彼女はすでに五十八歳だったという）、サイレント映画初期に「ディーバ（女神）」の名で呼ばれた大スターのシンボルとして知られる。

ジャクリーン・ビセットとラクェル・ウェルチ

ジャクリーン・ビセットが演じたジュリー・ベイカーは「イギリス女優で、ハリウッドに行って成功した国際的なスター」である。

カー・チェイスのアクション映画でこの女優を見たことがあると『パメラを紹介します』のキャメラマン、ワルテルは言う。当然ながら、すぐ、ジャクリーン・ビセットがスティーヴ・マックィーンと共演したピーター・イエーツ監督の『ブリット』（一九六八）が想起される。トリュフォーは、『ブリット』を見る前から、「いつか彼女といっしょに仕事をしてみたいという思いがあった」という。

「スタンリー・ドーネン監督の『いつも2人で』（一九六七）を見たときからです。『いつも2人で』のヒロインはオードリー・ヘップバーンで、ジャクリーン・ビセットはまだほんの傍役でした。彼女の出るシーンは冒頭のわずか十分くらいでしたが、それでもじつに美しく印象的でした。彼女はアルバート・フィニーとバスで同行する女学生グループの一人で、みんなと同じように水疱瘡にかかってしまい、バスからおりて入院しなければならなくなり、結局、最後に残ったオードリー・ヘップバーンがアルバート・フィニーと2人で旅をつづけることになる。わたしはこう思ったものです——オードリー・ヘップバーンが水疱瘡にかかり、ジャクリーン・ビセットがヒロインになる版を見たいものだ、と」。

『アメリカの夜』では、劇中劇のなかで交わされるパメラ（ジャクリーン・ビセット）とアルフォンスの母親（ヴァレンチナ・コルテーゼ）とのあいだのこんな会話になっている。

パメラ「わたしは二人の従姉《いとこ》といっしょに夏のバカンスをヨークシャーですごしていたんです。ドロシーとエリザベスといっしょに。彼はドロシーと散歩に行くはずだったんです。ところが、ドロシーが急に水疱瘡にかかってデートに行けなくなってしまい、それでわたしが代わりに行ったんです」

母親「そうなの。ドロシーには気の毒だけど、水疱瘡にかかったのがあなたでなくてよかった」

ジャクリーン・ビセット本人のほかに、『華氏451』のジュリー・クリスティと『恋のエチュード』の姉妹を演じたキカ・マーカムとステイシー・テンデターのイメージがまぜ合わされてつくられたのが女優ジュリー・ベイカーなのだとトリュフォーは言う。「つまり、ジャクリーン・ビセットもふくめてわたしが知り得た四人のイギリス女優のイメージの集大成なのです」。

『華氏451』の撮影日記は「ヒロインを演じる女優のジュリー・クリスティの体調がおもわしくなく、撮影に入るのが一週間延期になった」ところからはじまるが、その体験から、「こんどダウンしたら、どうしよう」という不安を感じさせる病み上がりの女優としてジュリー・ベイカーのイメージがつくられている。そして、劇中劇の仮装パーティのシーンでロウソクを持って出てくるパメラは『恋のエチュード』の姉妹（とくにステイシー・テンデターが演じた妹のミュリエル）のイメージの再現であることがはっきりわかる（因みに、ジュリー・ベイカーの夫のドクター・ネルソンを演じているデイヴィッド・マーカムは、『恋のエチュード』の姉のアンを演じたキカ・マーカムの父親である）。

フェラン監督は台本にほとんどせりふを書きこんでおらず、撮影中に毎日のように新しいせりふを書いてはジュリー・ベイカーに渡すのだが、トリュフォー自身が実際にそのようにして現場で台本を完成させていったのだという。

「ジャクリーン・ビセットがわたしの映画に出演するのは初めてで、しかもわたしたちは初対面でした。ヴァレンチナ・コルテーゼもジャン＝ピエール・オーモンもわたしの映画には初出演ですが、仕事以外で何度か会って話をしたことがあります。しかし、ジャクリーン・ビセットはスクリーンをとおして見ただけでした。ですから、『アメリカの夜』のせりふの部分だけは、劇中劇の『パメラを紹介します』の場合と同様に、まったく空白になっていたのです。そして、わたしは、フェラン監督と同じように、撮影の進行とともに、彼女を観察し、彼女と話し合い、彼女をよく知ることによって、彼女の口調とかちょっとしたくせなどを生かしながら、台本を完成させていったわけです。『突然炎のごとく』のジャンヌ・モローの場合も、『隣の女』のファニー・アルダンの場合も、同じようにして台本を書き上げていきました。女優が映画をつくるのです。『アメリカの夜』で恋人に去られた失意のアルフォンスが撮影なかばに映画をやめようとすると、ジュリーがやさしく慰めて一夜をともにすごし、思いとどまらせるところのせりふなど、まったくジャクリーン・ビセットその人の印象から生まれたものなのです」。

フェラン監督は、さらに、ジュリーが泣きながら告白した一言一句をそっくりそのまま映画のシーンのなかのせりふとして使ってしまうのだが、これも「現実の人生からの引用」に徹したトリュフォーその人の貪欲なリアリズム感覚で、トリュフォーの親友の一人であり『夜霧の恋人たち』（一九六八）や『家庭』（一九七〇）の共同脚本家であるクロード・ド・ジヴレーの証言によれば、『隣の女』のファニー・アルダンが演じたヒロインのせりふなど、まさに一言一句、そのモデルとなったカトリーヌ・ドヌーヴ自身の言葉で（トリュフォーは一時、カトリーヌ・ドヌーヴと熱烈な恋愛関係にあった）、ちょうど『アメリカの夜』のジュリー・ベイカーのように、『隣の女』を見たカトリーヌ・ドヌーヴも、「あきれた！　みんなわたしのせりふじゃない！」と怒っていたということだ。

『アメリカの夜』のジャクリーン・ビセットがそれまでの彼女の出演映画とはまったく別の（と言ってもいいくらいの）知的で繊細な魅力と美しさにかがやいていたことはたしかだ。そのために、「まったく嘘みたいな話ですが」とトリュフォーも笑いながら但し書きをつけていたが、こんなおまけのような後日譚がある。『アメリカの夜』を見て、「ジャクリーン・ビセットがとても美しく撮れていたのに感激した」女優のラクエル・ウェルチが、彼女を主演に映画を一本撮ってほしいとトリュフォーに言ってきたというのである。それも安部公房原作・脚本、勅使河原宏監督の『砂の女』（一九六四）のリメークであった。

「アメリカでは、ラクエル・ウェルチとジャクリーン・ビセットが同じタイプの女優として同格にランクされているので、そんなことから、たぶん、ラクエル・ウェルチはわたしを監督に使ってみたかったのでしょう。彼女は『砂の女』の再映画化権を自分で買い取り、メキシコで撮りたいとのことでした。わたしは『砂の女』にあまり興味がなかったし、それにリメークには興味がないし自信もないので、丁重におことわりしたのですが……しかし、ラクエル・ウェルチの『砂の女』というのはなかなかすばらしいイメージだと思います」。

ラクエル・ウェルチ主演の『砂の女』のリメークは残念ながら実現しなかったが、同様の例はたくさんあり、ユル・ブリンナー監督・主演による『とらんぷ譚』（サッシャ・ギトリ監督・主演、一九三六）のリメーク、ジュリー・アンドリュース、バーブラ・ストライサンドの競演による『天井桟敷の人々』（マルセル・カルネ監督、一九四五）のハリウッド版リメークなども実現されなかった。

即興と間に合わせ

映画は「間に合わせの芸術」とも言われる。予算がない、時間がない、あらゆる意味で余裕がないので、なんとか別の方法や代わりの（もしくは有り合わせの）もので「間に合わせ」なければならない。時間の「間に合わせ」だけでなく妊娠三か月の女優の腹部が目立たないようにキャメラのアングルを按配して撮ってうまく「間に合わせ」なければならない。二週間の予定を五日間に切りつめてラスト・シーンを撮り上げ、とにかく「間に合わせ」なければならない。「間に合わせ」の反対が「完全主義」で、ジャック・タチや黒澤明のように雲一つ撮るのに一年間もかけたりして絶対に妥協せずに一念をとおす監督は「完全主義者」と呼ばれる。

『アメリカの夜』のフェラン監督は、トリュフォーその人のように「即興と間に合わせの名人」である。『パメラを紹介します』は、『華氏４５１』のように、「いつものっぴきならぬ状態で追い立てられるようにして」撮影され、フェラン監督は記録《スクリプター》のジョエルの助けを借りて、ラスト・シーンも代役を使い、人工雪でなんとかつくろいつつ「間に合わせ」て仕上げてしまう。

ナタリー・バイが演じるスクリプターの、という以上に「すべての面で共謀者として現場で監督の補佐役をやってくれる」ジョエルは、『ピアニストを撃て』（一九六〇）

以来ずっとトリュフォーの映画の記録を担当し、『野性の少年』(一九六九)からは助監督(というよりもむしろ監督補)としてついているシュザンヌ・シフマンがモデルになっている。ラスト・シーンを雪の情景にするというアイデアも、シュザンヌ・シフマンがふと言ったことを「そっくりそのまま映画のなかでも使った」のだという。しかし、人工雪を吹きつける真っ赤な消防自動車も出てきて、いやがうえにも『華氏451』のラスト・シーンを想起させる。

あと二週間の予定を五日間に限定されてしまうという状況も、『アメリカの夜』の撮影中に実際に起こったことをそのままそっくり映画のなかに使ったものだという。「ドル・ショックで、ドルの価値が暴落し、製作費の八十万ドルが実質的に七十二万ドルの価値しかなくなってしまった。そのために撮影期間を二週間短縮せざるを得なかった。九週の予定だったのを七週で撮り上げなければならないことになったのです。そのときのわたしのショックと戸惑いをそのまま映画のなかに描いてみたのです。『アメリカの夜』にはあと二週ほしかったという思いがいまでも残っています。たとえば、撮影所のセットとスタッフの宿舎のホテルの虚実の差を明確にするために、もっといろいろ描くべきことがあったのです。しかし、とても時間がなかった。やむを得ず、いろいろなシーンをカットし、その代わり、ホテルのシーンになるときにはかならずホテルの電話交換嬢が外から電話を受けるときの声をかぶせるようにしたのです。そうすることによって、ホテルのシーンが劇中劇『パメラを紹介します』の一部ではないことだけは示すことができると思ったのです。まったくの間に合わせでした」。

女は魔物か

『アメリカの夜』には、すでに見てきたように、トリュフォーの愛した多彩な人間や作品や言葉がいろいろなかたちで引用されているが、さらにいくつか、こまかくひろってみよう。

「女は魔物か?」とアルフォンスは問いつづける。『夜霧の恋人たち』の主人公アントワーヌ・ドワネル（ジャン゠ピエール・レオー）のせりふでもあったこの言葉は、トリュフォーの映画のいろいろな男たちによってくりかえし発せられる。『ピアニストを撃て』のセルジュ・ダヴリ扮する酒場の主人は、マリー・デュボワの愛が得られぬまま、感極まって叫ぶ。「女は崇高なもの、女は魔物だ!」。狂気の愛を描いたジャック・オーディベルティの小説「マリー・デュボワ」からの引用で、そしてもちろん『ピアニストを撃て』（一九八二）でデビューした女優のマリー・デュボワはオーディベルティの小説の題からトリュフォーによって命名された。トリュフォーの最後の作品になった『日曜日が待ち遠しい!』（一九八二）の愛に見放された弁護士（フィリップ・ローデンバック）もまた、「女は魔物だ。だからわたしは魔に憑かれて……」と言い残して自殺する。

ロケーションに出発したトラックがキャラバンを組んで進んでいくときに、「ジャン・ヴィゴ通り」という通りの名前を表示したプレートが見える。ヴィクトリーヌ撮影所の近辺に新しくできた道路に一九六八年一月六日から付された本物の表示で、フランスで映画人の名を冠した地名としてはリヨンの「リュミエール通り」、パリの「ジョルジュ・メリエス広場」に次ぐものだという（なお、トリュフォーの死後、パリ近郊のサングラシアンという町の中央広場が「フランソワ・トリュフォー広場」と名づけられたという）。

「節食はけっこうです。しかし偏食にまで付き合う気はありません」と記録《スクリプター》のジョエルはジャン・ルノワール監督の『ゲームの規則』の料理長（レオン・ラリーヴ）のせりふを引用する。

マックス・オフュルス監督の息子、マルセル・オフュルスのナチ占領下のフランス人の生活を描いた記録映画『悲しみと憐れみ』（一九七一）の題名もまたジョエルによって――製作進行のラジョワとその夫人の関係を揶揄する冗句として――引用される。

ラストの「おつかれ」の挨拶のシーンで、ヘアメイクのオディル（ニク・アリギ）

と結婚することにした若い撮影助手《キャメラ》のジャン＝フランシス（ジャン＝フランシス・ゴンドル）はフェラン監督に言う。

「彼女はたくさん男を知っています。ぼくは女を知らない。だから二人寄れば釣合がとれます」。

ジョシュア・ローガン監督の『バス停留所』（一九五六）のラストでドン・マレーがマリリン・モンローに言うせりふからの引用で、すでに『突然炎のごとく』にも引用されていたせりふである。

その他、ジョルジュ・シムノンの小説「雪は汚れていた」（一九五二年にルイス・サスラフスキー監督によって映画化された）などへのめくばせやら『華氏451』の撮影日記にも出てくる「編集の名手」ジャン・オーレルがジャン・マリウスの名で言及されたりもするのだが、偶然ながら一人の小説家（それも本人）が引用（というよりも特別出演）というシーンもある。アレクサンドルが自動車事故で死んだあと、イギリスの保険会社の代表が二人やってくるが、その一人を演じているのが、『恐怖省』（フリッツ・ラング監督、一九四四）や『第三の男』（キャロル・リード監督、一九四九）や『情事の終り』（エドワード・ドミトリク監督、一九五四）などの原作者（あるいはシナリオライター）として知られる小説家のグレアム・グリーンである。この「偶然の特別出演」について、トリュフォーはこんなふうに語っている。

「映画が撮影に入ったときも、あのイギリスの保険会社の代表を演じる俳優は決まっていませんでした。そのシーンの撮影が近づいてきたので、オーディションをやることにしたのですが、あるパーティで（いろいろな人たちが南仏の別荘に来ていたので、撮影所の内外で毎晩のようにパーティがありました）、ニク・アリギという、ルーマニア人の若い女優でわたしの映画ではヘアメイク（結髪とメーキャップ）の係を演じている女の子が、恰幅のいい立派な英国紳士がいると言って、一人の紳士を指さして教えてくれたのです。かなりの名士であることはたしかだったけれども、そのときは名前も身分も知りませんでした。翌日、その紳士に撮影所まで来てもらい、ちょっとしたスクリーン・テストをやりました。彼はヘンリー・グレアムと名のっていましたが、わたしは、スクリーン・テストのあいだ、ずっと、たしかに見覚えがあるという印象をぬぐいきれませんでした。そのうちに、突如、ハッと気づいたのです。写真で何度も見ているあのイギリスの作家だということを確信しました。そこで、スクリーン・テストを終えたときに、わたしは心をこめて彼の手をにぎり、〝サンキュー、ミスター・グリーン〟と挨拶したわけです。

グレアム・グリーンはニースの別荘にわたしを何度か招待してくれました。わたしたちは食事をしながら、映画や文学について語り合いました。グレアム・グリーンは大のヒッチコック嫌い、わたしは大のヒッチコック・ファン。いつもそのことで大論争になりましたが、すばらしい時間をすごすことができたと思います。グレアム・グリーンは、彼の本名をださないこととスチール写真を撮らないことを条件に、わたしの映画に出てくれたのです」。

翻訳不可能な俗語と冗句

装飾=小道具のベルナールが「ミシェル街で細工はりゅうりゅう」と言うところは、「avoir la rue Michel」（ミシェル街をつかまえる、ぐらいの感じ）をなんとかこんなふうに訳してみたが、「計算が合う」という意味のパリの下町の俗語的表現だという。パリ三区のボーブール街のすぐ裏に「ミシェル・ル・コント街」（rue Michel-le-Comte）という通りがあって、そこに語源（というよりもダジャレのもと）があるとのこと。つまり、「ミシェル街」と言ったときには当然「ル・コント」が省略されていて、「le comte《ル・コント》」（伯爵）は「le compte《ル・コント》」（計算）とまったく同じ発音なので、そこから、金を貸したり返したりする場合に「計算が合う」「計算が合わない」にしたがって「そいつはミシェル街だ」（C'est la rue Michel）、「ミシェル街じゃない」（Ce n'est pas la rue Michel）と使われるようになったのだということである。マドレーヌ・モルゲンステルヌ夫人（前トリュフォー夫人）によれば、トリュフォーは「これでなんとかなる」「これでうまくいく」くらいの意味でこの表現を日常的によく使っていたそうである。

ジャン＝ピエール・レオー扮する俳優のアルフォンスがホテルの部屋で恋人のリリアーヌ（ダニ）といっしょにベッドを動かしながら、「ぼくはベッドを動かす名優だ！」と言うところは、じつは「僕は人の心を動かす（＝傑出した、天才的な）名優だ！」（Je suis vraiment un acteur qui déménage !）という意味のことを言っているのだが、もちろん「動かす」という言葉に二重の意味があるダジャレ。

録音技師が「ラップ街で猫撫で声でも録《と》ろう！」と言うところは、これまた「rue de Lappe」（ラップ街）と猫が舌をペチャペチャいわせながら水やミルクを飲むという意味のラップ（動詞は laper あるいは lapper）の語呂を合わせたダジャレをやむを得ずこんなふうに訳してみたもの。ラップ街もパリ十一区のバスチーユ広場の近くに実際にある通りの名で、やくざと娼婦のたむろするいかがわしいダンスホールがあったことで知られ、いまでも（一九八八年時点で）「バラジョ」（Balajo）という一九二〇年代からある有名なキャバレーが残っているとのことである。

パメラの自動車が崖っぷちから転落するシーンのロケーションのときに、スタッフの誰かが「われわれはみんな大地のユダヤ人だ！」と言うところは、原文では「われわれはみんな百姓のユダヤ人だ！」（Nous sommes tous des juifs paysans!）。一九六八年の五月革命の立役者で「好ましからざる外国人」として国外退去を命じられたダニエル・コーン＝ベンディット（ユダヤ系のドイツ人であった）を支持する学生たちのスローガン、「われわれはみんなドイツのユダヤ人だ！」をモジったもの。

ほんの小さなダジャレとはいえ、こんなにも細心なアイデアにつらぬかれているのだという二、三の例にすぎない。かつてトリュフォーはエルンスト・ルビッチについて、こんなふうに書いた。

「どんな小さなアイデアやギャグのためにも、犬のごとく苦しみ、血を吐く思いで考えぬき、そのために二十年も寿命を縮めてしまったのだ」。

この言葉はそっくりそのままフランソワ・トリュフォー自身にもあてはまるだろう。ルビッチは五十五歳で、トリュフォーは五十二歳で、この世を去った。

訳者あとがき――虚々実々のキャスティング

『アメリカの夜』の配役《キャスト》は次のようになる。

(1)

ジュリー・ベイカー（女優）／劇中劇（映画中映画）のパメラ――ジャクリーン・ビセット。

セヴリーヌ（女優）／劇中劇の母親――ヴァレンチナ・コルテーゼ。

ステイシー（女優）／劇中劇の女秘書ステイシー――アレクサンドラ・スチュワルト。

アレクサンドル（男優）／劇中劇の父親アレクサンドル――ジャン＝ピエール・オーモン。

アルフォンス（男優）／劇中劇の青年アルフォンス――ジャン＝ピエール・レオー。

(2)

フェラン（監督）――フランソワ・トリュフォー。

ベルトラン（プロデューサー）――ジャン・シャンピオン。

ジョエル（記録《スクリプター》）――ナタリー・バイ。

リリアーヌ（記録見習い助手《スクリプター》）――ダニ。
ベルナール（装飾＝小道具）――ベルナール・メネズ。
オディル（ヘアメイク＝結髪・メーキャップ）――ニク・アリギ。
ラジョワ（製作進行）――ガストン・ジョリー。
製作部の秘書カロリーヌ――ジョジアーヌ・クエデル。
マーク・スペンサー（スタントマン）――マーク・ベイル。

(3)

テレビ・リポーター――モーリス・セヴノ。
ドクター・ネルソン（ジュリーの夫）――デイヴィッド・マーカム。
ラジョワ夫人――ゼナイド・ロッシ。
夢のなかのステッキを持った少年――クリストフ・ヴェスク。
保険会社の代表――ヘンリー・グレアム（グレアム・グリーン）およびマルセル・ベルベール。
記者会見の司会（広報担当）――ロラン・テノ。
ホテルのお客――クロード・ミレール。

(4)

ワルテル（キャメラマン）――ワルテル・バル。

ジャン＝フランソワ（チーフ助監督）――ジャン＝フランソワ・ステヴナン。
ピエロ（スチールマン）――ピエール・ズカ。
ダミアン（美術）――ダミアン・ランフランキ。
ヤン（編集）――ヤン・デデ。
ルネ（録音）――ルネ・ルヴェール。
ジャン＝フランシス（撮影助手）――ジャン＝フランシス・ゴンドル。
マルチーヌ（編集助手）――マルチーヌ・バラケ。
ハリク（録音助手）――ハリク・モーリー。
ジョルジュ・ドルリュー（音楽）の声――ジョルジュ・ドルリュー。

(1)は俳優の役を演じる俳優、(2)は技術スタッフの役を演じる俳優、(3)はその他の役を演じる俳優としてクレジットされているが、(4)のキャストは、(2)のフランソワ・トリュフォーのように『アメリカの夜』の本物のスタッフが自分たちの役を演じている（キャメラマンのワルテル・バルはチーフ・キャメラマンで、撮影監督はピエール＝ウィリアム・グレンであったが、ツー・キャメラあるいはスリー・キャメラによる撮影だったので、実質的にB班の撮影監督だった）。

トリュフォーはこんなふうに語っている。「キャメラマンを演じるキャメラマンのワルテルはいつも本当にキャメラを回していました。つまり、画面にうつっているキャメラも実際回っていたのです。そのために撮影は非常にはかどりました。しかし、撮影監督はピエール＝ウィリアム・グレンで、彼自身もキャメラを回し、もう一台のキャメラを回すこともあり、ほとんどいつもスリー・キャメラで撮っていたので、これは大変でした。というのも、わたしが監督であると同時に、監督の役も演じているので、段取りが非常にややこしいものになってしまったのです。

まず、撮影するシーンのテストをやる。わたしが、〝ヨーイ・スタート〟と号令をかける。テストだから、まだ本当にキャメラを回してはいけないのに回してしまうというようなことが何度もありました。逆に、本番なのにキャメラが回っていないこともあった。「カット！」という号令はフランス語と英語で使い分けることにしたのですが、これも混乱のもとになりました。フランス語で「Coupez《クーペ》」と言ったときには劇中劇（映画中映画）のシーンの撮影中にフェラン監督が言っているのだから、そこは本当のカットではない。本当にカットのときは英語で「Cut《カット》」と叫ぶという取り決めにしたのに、キャメラマンたちはすっかり混同してしまって、一時はめちゃくちゃになりました。それに、女優のヴァレンチナ・コルテーゼなどは、最後まで、どこからが本番で、どこで撮影が終わっているのか、まったくわからなかったようです。実際、劇中劇『パメラを紹介します』のシーンの本番が終わったあとも、画面にうつっていないキャメラはヴァレンチナ・コルテーゼの動きや表情を追っていたわけです。キャメラがわたしの「カット！」の合図を間違ってとらえそこなったところもあれば、回しすぎて思いがけないイメージをとらえたところもあるというぐあいでした」。

『アメリカの夜』のその他のスタッフは以下のとおり。

脚本――フランソワ・トリュフォー、ジャン＝ルイ・リシャール、シュザンヌ・シフマン。

台詞――フランソワ・トリュフォー。

撮影――ピエール＝ウィリアム・グレン。

撮影助手（チーフ）――ワルテル・バル

撮影助手――ドミニク・シャピュイ（セカンド）、ジャン＝フランシス・ゴンドル（サード）。

監督補――シュザンヌ・シフマン。

助監督（チーフ）――ジャン＝フランソワ・ステヴナン。

記録――クリスチーヌ・ペレ。

衣裳――モニーク・デュリー。

美装（メーキャップ）――フェルナンド・ユージ、ティ・ロアン・エヌギエン。

結髪――マルー・ロッシニョル。

効果――アントワーヌ・ボンファンティ。
製作代表（プロデューサー）――マルセル・ベルベール。
製作――クロード・ミレール。
製作進行――ロラン・テノ、アレックス・メヌリ。
製作事務――クリスチャン・ラントルティアン。
一九七三年作品。仏伊合作（世界配給はワーナー・ブラザース）。イーストマンカラー、パナヴィジョン（1×1・66）。一時間五十五分。一九七三年度アカデミー外国語映画賞受賞。

ヴィクトリーヌ撮影所の入口

特別インタビュー　澤井信一郎監督に聞く

映画はこうしてつくられる――『アメリカの夜』をめぐって

映画監督の仕事は質問されるのと忍耐

――『突然炎のごとく』『恋のエチュード』に次いで、フランソワ・トリュフォーの『アメリカの夜』がリバイバル公開されることになって、その作品論というと大げさですけれども、十四年前（一九七四年）に初公開されたときにはほとんど話題にならなかった作品ですし、それに撮影所を舞台にした映画づくりの話ですので、ぜひ澤井監督にいろいろとおうかがいしながら、トリュフォーとその作品の魅力を分析してみたいと思います。

まず、フランソワ・トリュフォーが自ら映画監督の役を演じているのですが、いかがですか。

澤井　おそらく『アメリカの夜』を見る人はトリュフォーを知ってるわけでしょう。トリュフォーが死んで二十年後、三十年後に見る人たちがいろんな国にいても、トリュフォーの神話は、ヒッチコックと同じように残りますよね、トリュフォーはこういう数々のいい作品をつくった監督であったというのは。顔も覚えられるだろうし。だから、やっぱりトリュフォーでないと面白くないんじゃないかな。俳優さんでトリュフォーのやった監督の役をやったんでは、きっと面白くないんじゃないかな。だから、大成功だったし、大英断だったんだろうと思うし、よかったんじゃないですかね。

――トリュフォー自身は「これは自分自身の役だから演技しなくてもいいんだ」と言ってましたが（笑）。

澤井 まあ、演技として見るんじゃなくて、監督が俳優さんたちに芝居をつけてるとか、監督が悩んでるとか、監督が編集室に入ってるとかということは、一般の人はどうかわかりませんけど、われわれこの業界にいる人間はね、俳優さんがやると、非常にうそっぽく見えるんです、何をやってもね。

世の中でやりにくいのは、映画関係の人がみれば映画監督だろうし、それにアーチストの役というのは、ピアニストもバイオリニストも、うそっぽいのが多いでしょう。

――たえられないことがありますね。

澤井 画家も、小説家もたいがい、たえられない。俳優がやると映画監督もきっとたえられないだろうと思うんですよ（笑）。あれは、トリュフォーが何をしても、彼はこういう監督なんだな、こういうときにこういうことをする監督なんだなと、おかしいとは思わないんですよね。トリュフォーはこういう癖があるんだろうなというね。

だから、とてもよかったと思うんですね。

――トリュフォーも自分について、「らしさ」だけは成功しただろうと言ってました。

澤井　「らしさ」どころか、「そのもの」ですからね。仮にうそっぽい演技であったにしても、やっぱり説得力はありますよ。

――「映画監督とは何か」というモノローグが入って、とにかくいろいろな質問を受ける存在だという自己定義からはじまりますね。

澤井　監督ってほんとによく質問受けるんですよ（笑）、まったくあのとおりですよ。

――エリア・カザンが『アメリカの夜』を大絶讃して、やはりそのことを言ってるんですね。とにかく監督というのは質問されて答えなきゃいけない、そこで迷うと、また問題がいろいろ起きてくる。そこが見事に描かれていると。

澤井　そうなんですよ。パッと答えなきゃならないのと、答えを保留してじっくり答えるのと、ツー・タイプあるんですよ。パッと答えるのがいちばんいいんですけどね。「うん、それはあとで結論出すから、ちょっと待ってくれ」って言いながらじっくり答えるすべを会得したほうが、結果、得ですね（笑）。パッと答えると、雰囲気になっちゃうことがけっこうあるんですよ。

――ほんとにいろんな係が次から次へと来て……。

澤井　いやあ、ほんとにすごいですよ（笑）。小道具係がしつこいでしょう。よくわかりますね。あれは不安と同時に自慢もあるんですよ。ロウソクのトリックがうまくいってんですよ。彼としては力作なんですね。得意気に持ってくるでしょう、「これでいいですか」って。あれは見せたくて持ってくる。よくできたってほめられたい（笑）。で、ほんとに自信がなくて持ってくる場合でも、監督は「ダメだ」って冷たく突き放すんじゃなくて、「なかなかいいけど、もうひとつお前ならできるはずだ」と言ってみたりね。よくできたときは「さすがだ。ここまでは思いつかなかった。よくやってくれた」ってほめたりしてね（笑）。それで盛り上げていかないといけないですからね。質問されたり、人をおだてたりすることだけということですよ、監督というのは（笑）。――ほんとに『アメリカの夜』を見ていると、監督というのはスタッフの士気を盛り上げるために気を遣って、たいへんな職業だなと思いますね。

澤井　それと、忍耐の職業だということですね。面白いなと思ったのは、ヴァレンチナ・コルテーゼというおばさん女優。セリフを間違えたり、ドアを間違えたりするでしょう。あれはわかりますねえ（笑）。手を貸すことができないんですよ、本人が間違えるんだから。演技がうまい、へたじゃないんだから。たというまくやっても、最後の一カ所で間違えると困っちゃうんですよね。

それでね、監督の気が弱いと、じゃ、そこまででＯＫで、ドアを開けるところからカットを割りましょうとなるんだけどね。そうなるか、ならないかで、監督の踏ん張りどころがあるんですよ。ついかわいそうになってね、そこまでよかったから、セリフはうまく言えたから、そこでOKにして、ドアを開けるちょっと前からもう一度、カットを変えてやりましょうか、なんてなるんですけどね、それをやっちゃうと、妥協が限りなくいっちゃうからね。こういう監督だなって、スタッフとか俳優に思われたりね、作品の画面上のデメリットだけじゃなくて、スタッフや俳優さんに対する影響があったりするからね、本当はそこでカットを割ってもさして影響なくても、ああいうときはちょっと突っ張らないとね、甘く見られるなというところもあるんですよ（笑）。監督の突っ張りで俳優さんが苦しんだりすることも、あるんですよね。

――あの女優がセリフを間違えたりするのは、ロベルト・ロッセリーニといっしょだった頃のイングリッド・バーグマンがモデルなんだそうです。それとアンナ・マニャーニ。トリュフォーは一時、ロッセリーニの助監督をやっていて、そのときに聞かされた話なんだそうです。「昔は、女優は女優、メーキャップ係はメーキャップ係だった」というのはバーグマンがハリウッド時代をなつかしみながら嘆いた文句らしいですね。

澤井　なるほどね。でも、あれはね、自分ができないから、当たり散らしたというのが、非常によくわかりましたね。うまくいったらあんなこと言いませんよ。「女優なのか、メーキャップ係なのか、わたし全然わかんなくなっちゃった」というのは、自分がミステイクばっかりするから言ったんですよね（笑）。ぼくが『Ｗの悲劇』を撮ってるとき、山田さんが山根（貞男）さんや三村（晴彦）さんといっしょにセットに見えましたね。ちょうど三田佳子さんが薬師丸ひろ子と、「男が腹上死したってあんたが言いなさい」ってやってるときで、三田さんがセリフ全然出てこなくて、ものすごくイライラしてたときなんですよ。これは見せたらまずいなと思って、みなさんにちょっと席をはずしてもらって、ラッシュを見てもらったんですよ。あのときは三田さんがまったく同じように乱れてたんです。ほとんどヒステリーになってた。若い薬師丸ひろ子はそれを見ながら、若干余裕を持ってきたんですよ（笑）。

——そうだったんですか。そこで女優さんをなだめるために、われわれをちょっとセットの外へ追い出したわけですね（笑）。『アメリカの夜』とまったく同じですね。

澤井　ええ。「表に出てってください」って。ああいうことはよくあるんですよ。ああいうふうになると、ほんと、俳優さんはあらゆるところに難癖つけるんです、人がいるからとかね。人がいなくなったらうまくいくかというとそうでもなくて、また別のところに文句つける（笑）。

——八つ当たりするわけですね。

澤井　明らかにあなたが悪いんですよって言いたいんだけど、そう言うと、その日の撮影がうまくいきませんからね（笑）。それをなんとかなだめすかしてね。だから、質問されるのと忍耐する職業ですよね、映画監督ってね。

――ほんとに忍耐の職業だと思いましたね、『アメリカの夜』を見て。

澤井　そうなんですよ、いろいろありまして（笑）。俳優を代えてやろうとまでは言わないけども、この映画みたいに。女優（アレクサンドラ・スチュワルト）に「水着になってくれ」というところ。彼女は妊娠してるんでなれないって理由を言わずにぐずってもめるところがありますね。別の女優に代えようじゃないかってプロデューサーに言いますね、監督が。プロデューサーは、スター・システムでいってるから無理だろうと言うところね。ぼくなんかはもちろんあそこまでは言わないし、言えないけれど（笑）、ああいう腹立ちはよくありますね。

――だまされたというばかりでなく、水着姿はいやだ、脱がないとゴネるだけでもイライラさせられるんじゃないですか。

澤井　そうなんですよ。それも、あのときはまだ妊娠ってわかってませんからね。

――澤井監督の撮影現場を何度か見させていただきましたけれども、ああ、監督というのはずいぶんがまんしながらやってるなあと感じました（笑）。トリュフォーは、それでも女優のほうがずっと柔軟性がある、男優は虚栄心や嫉妬心がからんであつかいにくいと言っていましたが（笑）。

澤井　たしかに、男優ってけっこう神経質で自意識過剰ですよ。しかし、『アメリカの夜』のジャン＝ピエール・レオーみたいなのはね（笑）。あのアルフォンスって俳優ね。「女は魔物か？」って。それで、女にふられて、「もう映画はいやだ」って（笑）。ああいうジャン＝ピエール・レオーみたいのがいるんですよね（笑）、ほんとにどうしようもないのが。

――甘ったれで、わがままで。

澤井 あれ、女性にいいんですかね（笑）。暗いしねえ。チビでしょう。それで相変わらず、そういう時代の映画だけども、ベルボトムのパンタロンふうの裾の広がったやつで、三波春夫ふうの踵《ヒール》の高い靴をはいてるんでしょう、あれ（笑）。全然よくないよねえ（笑）。ほんと、どうしようもない。本人はどうなんですか。

――本人はもちろんあれほどひどくはないと思いますが……（笑）。いや、逆に、名優と言っていいくらい見事に演じているのではないでしょうか。ホテルの廊下にパジャマ姿でボーッと出てきて、「誰か女郎屋に行く金をくれないか」なんて言うところなんか笑っちゃいますよね。ああいう感じ、たしかに本物としか思えないくらい、うまい（笑）。しかし、失恋して映画を途中ですっぽかすなんてことは一度もやったことないのに、あんまりリアルなものだから、『アメリカの夜』以後、ジャン＝ピエール・レオーには急に声がかからなくなったらしいですよ（笑）、みんなああいう俳優だと信じて。たいへんだったらしいですよ。あれは使うなということになって。地でいってるとしか思えないですものね。

澤井　でも、トリュフォーの発想のもとはどっかにあるわけでしょ。あのキャラクターをつくるときに、完全に想像力からでなくて、ほかの俳優を見たり、とくにジャン＝ピエール・レオーその人を見たりしてね。アルフォンスのあのいい加減さっていうか、わがままさが、まるごとジャン＝ピエール・レオーそのものかどうかはともかくとして、何かある（笑）。

――ジャン＝ピエール・レオーそのものって感じですもんね（笑）。

澤井　たえられないですねえ（笑）。日本だと、ああいう人が一人いると、スタッフの爪弾きにされるんですよ。それは『アメリカの夜』にはなかったですね。スクリプターが最後に、「ぼく俳優やめようと思うんです」とアルフォンスが言うと、「やめなさいよ」って冷たく言いますね。あれは気持ちよかったね（笑）。「やめろ」ちゅうなもんですよ（笑）。

――「やめるな」って言ってほしかったのに、あっさり「やめなさい」と言われて、ジャン＝ピエール・レオーが呆然とするんですね。

澤井　あの表情は面白かったですね。なかなかシャープだった（笑）。

――あんなのが主役だったらたいへんでしょうねえ、ほんとに。

澤井　たいへんですよう。たまんないですよう。「やめろ」ちゅうなもんですね（笑）。

——トリュフォーはそれでもジャン＝ピエール・レオーをなだめたり、すかしたりして、がまん強くたえるわけですけれども（笑）。これまで、映画監督というと、ディレクターズチェアにふんぞりかえって威張っているとか、メガフォンを持ってどなり散らすとかいったような、ある種の象徴化されたというか、ときには戯画化されたイメージがありましたでしょう。

澤井　そう、とにかく威張っててね。昔はけっこうそうだったんだろうと思うんですよ。トリュフォーは、しかし、映画好きの映画監督で、いいですね。ほら、テレビで、なべおさみが映画監督でメガフォン持ってどなり散らして、クレージーキャッツの安田伸が助監督になったのがあるじゃないですか（笑）。

——「安田ァ！」って、何かというと、なべおさみがどなりちらして（笑）。ディレクターズチェアで威張りくさった映画監督をとことん戯画化して笑わせましたね。

澤井　あれがイメージ変えましたもんね（笑）。でも、いまはね、トリュフォーなんですよ。お金がないからスケジュールを縮めろとかね、台所のシーンは、十二時間スタッフを休ませなきゃいけないから、明日中に撮り終えてくれとかってね。非召集時間ていうのが労働組合協約にあるんですよ。

——そのときはどんなに急いでいても撮影できないわけですね。

澤井　最低八時間必要なんですよ。夜中の十二時に終わりますね。そうすると、朝六時とか七時に呼んじゃいけないんですよ。八時から開始。『アメリカの夜』では非召集時間が十二時間ですね。十二時間休ませなきゃいけないから。そういう制約がいろいろのところからくるんですよね。だから監督って、偉いんだ、威張ってるんだという意味じゃなくて、いちばん苦しんでいるんだということね（笑）。

それから、スクリプターといっしょにホテルの部屋で台本直ししてると、下の受付に若い女性が来ましたね。そうするとロビーで小道具係が「戦士の休息」とか言って、結局、あれは監督が呼んだんじゃないかっていうところがあるでしょう。コールガールみたいなあれなんでしょう。エキストラの人か、よくわかんないけども。あれ、若いファンみたいな感じの女の子で、コールガールという雰囲気じゃないですけどね。で、トリュフォーは部屋から電話で、「またあした電話するから」ってごまかしてんでしょう（笑）。なかなかいいなと思ったんですよ、あすこは。

この映画見ると、監督の苦しみっていうか、監督ってどういう存在であるか、わかりますよね。監督の仕事の領分てのは、わかりにくいですもんね。映画撮るのはキャメラマンが撮影するんだろうし、光当てるのはライトマンが当てるだろうし、セットはちゃんとデザイナーがつくるし、演技は俳優がする。いったい監督って何するんだって（笑）。それが『アメリカの夜』ではけっこうわかりますね。

――澤井監督が見ても自然で、おかしくはないわけですね。

澤井　全然おかしくはないですよね。うん、そのとおりって感じが多いですね。

――ジャン＝ピエール・オーモンが演じているアレクサンドルという俳優が撮影中に突然交通事故で亡くなりますね、「恐れていたことが起こった」というトリュフォーのモノローグが入るんですが、そういう恐怖感がいつも監督にはあるものですか。

澤井　ぼくはね、火事になってフィルムが燃えやしないかって恐怖が絶えずあるんですよ。一本目は撮影してからダビングするまで、そう間がなかったんですけど、二本目の『Wの悲劇』はけっこう間があったんで、とくにそういう感じがしてたな。それがね、撮影所のなかに保管してあるんですよ。絶えず、大丈夫かな、大丈夫かなんてね（笑）。最近はあんまり思いませんけどね、一本目、二本目のころはそういう恐怖感てありましたよ。

――『アメリカの夜』でも現像中に停電で、苦労して撮影したシーンが全部ダメになったというのがありますね。

澤井　ときどきそういうのあるんですよ。現像中に停電したというのはないんですけど、フィルムがもともと感光しててね。ネガにもともと傷があって、それが写って傷があるっていうのは、何度か経験ありますよ。そういう恐怖心、よく出てますよ、『アメリカの夜』には。

――この映画のように、トリュフォーは撮影しながら、ＯＫカットが現像所《ラボ》から上がってくると全部どんどんつないでいくらしいんですね。澤井監督はどうやっておられますか。

澤井　ぼくも途中でどんどんつないでもらいますよ。それでないとたいへんですからね。ラッシュを見て編集マンが作品の流れをつかんできた分はつないでいきます。それを途中でどんどん見るんです。

――『アメリカの夜』でも、途中どんどんラッシュを見ていきますね。それでどんどんカットをつないでいくわけですね。

澤井　つないだやつをまた見るんです、つなぎの途中で。だから、クランクアップするころには、それまで撮ったやつはほとんどつなぎ込んである。単にラッシュ組みがしてあるだけじゃなくて、要らないところは切って、本物のように編集が終わってます。全部つなぎ終わってからもう一度、ほんとに細かく、極端にいえば、何コマ切ろうかというぐらいに見ていくわけですね。

――この映画を見ていると、トリュフォーはリハーサルというかテストをあんまりやらないですね。

澤井　ぼくもびっくりした。本番の多い人ですね。ぼくはテスト少なくて、本番多いからね、人のこと言えないけど（笑）、フィルムをずいぶんもったいなく使ってるな。

――映画のなかでキャメラマンがキャメラを回してますけど、あれも本当にフィルム

ないみたいですね、あれ。ほんとのキャメラマンじゃないですか。

澤井　プールのとこは、実際に回してるなという感じがありましたね。俳優さんではないみたいですね、あれ。ほんとのキャメラマンじゃないですか。

——本物のキャメラマンですね。撮影監督は別にいて、ピエール＝ウィリアム・グレンという人なんですが、実際にキャメラを回すオペレーターというんでしょうか、ワルテル・バルという人ですね。この映画ではキャメラマンを演じながら本当にキャメラを回していて、撮影監督のピエール＝ウィリアム・グレンと同時にしょっちゅうツー・キャメラで撮っていたらしいんですが。

澤井　そうでしょうね。映画中のキャメラマンとしては、全部撮影監督が回してることになってましたよね。それで、実際、彼が見てましたもんね。それを映してるキャメラは別のクレーンで俯瞰で撮ってましたね。本物の彼が撮って、それをまたこっちで撮ってるんでしょうね。ロケーションだから、ライティングが二つに分かれても、大して差がないから撮れた。セットだと、両方映すのはけっこうむずかしいもんですよ。だから、あとでムビオラ（編集機）で見てましたね、女優さん呼んできて、おなか目立たないし、けっこうきれいに写ってたから、「よかったね」って言うとこあるじゃないですか。あれは映画中のキャメラマンが撮ったカットですよね。

——ああ、そうですね。プールのところからの……キャメラの位置から見ても、たしかにそうですね。

澤井　映画中のキャメラマンの撮ったカットをずいぶん使ってますよね。それから、クレーンを使ってるのは、あれはまた、現実にキャメラを入れ込んで、入れ込まれたキャメラの被写体がいて、それを撮らなくちゃいけないから、結局、俯瞰に、高くいったりしなくちゃいけないから、クレーンをよく使ったんでしょうね。でもクレーンを使って画面の切り換えとか、そういうつなぎが、うまくやってるかなと思ったら、意外になかったですね。最初のオープンセットのときもクレーン使ってやってましたでしょ。そのわりにはこれぞというクレーンのシーンはないですね、移動はあったけども。

——トリュフォーもこんなにクレーンを使ったことはないと言ってました。それ以前には、『突然炎のごとく』の別荘の一階と二階の上下移動くらいで、ほとんどクレーンを使ったことはないそうで、だから、『アメリカの夜』でも、クレーンを駆使するという感じより、ただもうクレーンを使う楽しさみたいなものだけが出てる感じですね。

澤井　カットが細かい人だから、クレーン必要ないんですよね。しかし、カット割りはうまい人だと思ったな、この『アメリカの夜』はとくにね。

トリュフォーはヘリコプター撮影はうまいですね。だいたい、上から見るというの、トリュフォーはよくやりますね。『隣の女』でも、電話をかけながら、ジェラール・ドパルデューの出勤風景とか、子供と仲よくしてるのを、ファニー・アルダンが隣の家の二階から見下ろしたりしてますね。それから、『アメリカの夜』の最後のヘリコプター、みんなが別れ別れになっていくのを撮っていくのもいいですね。

――トリュフォーはヘリコプター撮影が好きですね。

澤井　それでうまいですね。非常にうまいと思った。

グレアム・グリーンが特別出演

――『アメリカの夜』では、ワルテル・バルのキャメラマン以外にもいろいろなスタッフが実際にその役を演じているんですね。セリフもしゃべって。最後にメーキャップの女の子と結ばれる撮影助手もそうですし、途中で監督に二、三日休ませてほしいというイタリア訛りのある特機のスタッフとか、「不倫の宿」のシーンの前に。

澤井　「母親が死んだんで、ちょっと帰らせてください」って。あれは本物でしょうね。よくわかりました。最初の広場のシーンの撮影のときに、地下鉄の出口のとこで、クレーンの上に乗るか、クレーンが上がって行くのにバランスとるんでだんだん昇っていったりするでしょう、下で何か操作してる、どっちかにいましたね、あの人は。体のしっかりしたのが。みんないいですね。とくにキャメラマンは自然でしたね。

――それから、スタッフではないんですが、作家のグレアム・グリーンが出てるんですね、イギリスの保険会社の代表の役で。背の大きい人で。

澤井 えっ、あれグレアム・グリーンですか。保険会社の人が二人で来て、試写室に来ますよね。

――オーディションで採用されたらしいですよ（笑）。ヘンリー・グレアムという名前で出てますね。オーディションやってる途中でトリュフォーも気がついたんだそうです。

澤井 はあ、そうですか。なんか奇遇だな、ぼくは実はさっきまでグレアム・グリーン原作・脚本の『第三の男』をビデオで見てたんですよ、キャロル・リード監督の。そうですか、あれ、グレアム・グリーンですか。あの撮影所、何とか言いましたっけ……。

――ヴィクトリーヌ撮影所。

澤井 劇中ではニースの撮影所と言ってましたね。ほんとのニースの撮影所なんですか。

――ええ、『天井桟敷の人々』なんかが戦時中に撮られた有名な撮影所です。サイレント時代は「フレンチ・ハリウッド」と呼ばれた撮影所で、レックス・イングラムというハリウッドの監督が南仏のニースにカリフォルニアと同じ映画の光を発見してアメリカ式の撮影所につくり上げたらしいんですね。『アメリカの夜』というタイトルには、そういう映画史へのオマージュもこめられているんじゃないかと思います。

澤井　なるほどね。ジャン＝ピエール・レオーとジャクリーン・ビセットが車のなかにいて、それを昼間テストしてて、夕方ライトつけて撮ってたとこありますね。引っ張ってったり押してったりしますね。あれ、撮影所のなかでやってるのかな。

――ええ。そうですね。

澤井　ずいぶん広い撮影所なんですね。それで海岸の近くなんですね。窓から海が見えますもんね。

――地中海の沿岸、コート・ダジュールですから。ニースの空港も近くにあって、しょっちゅう旅客機が飛んでいきますね。

澤井　で、『アメリカの夜』のスタッフはパリからニースに行ったわけですね。しかしホテルに全員泊まってたわけではないみたいですね。ライトマンなんかの顔はホテルのなかになかった。だから、おそらく、ニースの撮影所つきのスタッフもいるんでしょうね。泊まってる人は意外に少なかったですよね。助監督とか衣裳とか、俳優は別にすれば、スタッフは結髪、小道具、キャメラマンは出てきたけど、助手は出てこなかったな、たしか。映画のクイズをやるのは、小道具と助監督でしたか。

――そうです。宿舎のホテルのロビーで。

澤井　ホテルは、セットですか、本物ですか。

――本物のホテルだと思います。部分的には……どうなんですか。

澤井　セットなのかな。ホテルと撮影所の距離感がないんですね。

――あ、トリュフォーはそこを突かれるのがいちばん怖かったみたいですよ（笑）。九週の予定を七週に縮めて撮影しなければならないという話が出てきますよね。あれは実際にそうだったらしいんですね。ドル・ショックで突然、ドルの価値が下がったんで、撮影期間を二週間縮めざるを得なかったらしいんです。ワーナー・ブラザースの製作でしたから。だから、実際に撮影中に起こったことなんだそうです。それで、ホテルと撮影所のあいだをつなぐカットを全部省略せざるを得なかったとトリュフォーは言ってますね。それで、これがホテルだ、ホテルだとしつこく言いますでしょう、電話交換嬢の声で。

澤井　かならずホテルの前に実景と同時に、海のところが入るんですよね。「ホテル・アトランチック……」って。

――あれが苦肉の策というか、精いっぱいの間に合わせだったと。

澤井　でもね、意外に質感がないから、これはセットだなと思ったんですね。あれは撮影所のなかかなと思うぐらいにね。つまり、ホテルから撮影所に出勤する、ホテルを出発する風景が全然ないでしょ。ロケーションに出発する風景はありましたね。

——キャラバンを組んでいく前の。

澤井　ええ、だけども、ホテルから撮影所に出勤する風景は一つもないんですよね。

——それから、間に合わせというより、いかにもトリュフォーらしい即興で、ジャクリーン・ビセットが泣きながら監督に告白した言葉をそのまま映画のセリフに使ってしまうところがありますけど、あれはまったくトリュフォー式リアリズムなんですね。『隣の女』なんか、カトリーヌ・ドヌーヴが「あれは全部わたしのセリフじゃない」って怒ったそうですから（笑）。

澤井　でも、よくあるんですよ。あれは、シナリオは、自分の体験だとか、人が言ったことをそのまま状況を変えて流用しちゃうということを、描いたんだろうと思いますけどね。ぼくもよくあるんですよ、ああいうことは（笑）。

——『恋人たちの時刻』で河合美智子が強姦されて、その屈辱の体験を消しゴムでごしごし消してしまいたいというようなことを言いましたね。あのセリフなんか、まさにそうなんでしょうね（笑）。

澤井　あのね、映画にいちばん取り入れやすいのは、男女関係の自分の体験ないしは周囲の体験なんですよ。山田さんの体験もぼくの体験も、ほかのみなさんの体験も、一人の登場人物に、男なら男に、女なら女に集約できるんですよ、どんなに違ってもディテールですから。

――それだけ普遍的なんですね、男と女の関係や恋愛というのは。

澤井　『アメリカの夜』という映画は軽くて面白くできてて、恋愛というのはあるにはあるけれども、ジャクリーン・ビセットとジャン＝ピエール・レオーとジャクリーン・ビセットの旦那さんのお医者さんとの三角関係もそう深刻じゃないですよね。

――『恋のエチュード』が深刻な恋愛を描いた作品だったので、そこから解放されて軽快なものを撮りたかったとトリュフォー自身も言ってますね。

澤井　重かったですね、『恋のエチュード』って。重いというか、しんねりむっつりの人生ですからね。それから言うと、少し重い局面にいったのは『アメリカの夜』ではジャクリーン・ビセットだけで、夫と別れさすこともできるだろうし、だけど、あんまり深刻にすると面白くなくなるというか、『恋のエチュード』の二の舞にいかなきゃいけないからね（笑）。旦那さんはとてもいい人で、全部わかってくれて、まあ、病気の一つの過程だろうぐらいに理解して、スッと元の鞘に納まったようにつくってね。軽くて、なかなかいいんじゃないですかね。

ジャン＝ピエール・レオーがホテルから出ていくというんで荷作りしてるところへジャクリーン・ビセットが説得に行きますね、階段とか廊下のショットが三つ四つありますね。普通ああいうのがあると、もう二人はベッドで寝てるんですよね。省略するんですよね、寝に行くまでのモメントは。それを、朝にしてね、ソファで寝てるナイト・ポーターを結髪とメーキャップの女の子が起こして、それから、部屋に行くと、ベッドに人が寝た形跡がない、というのを入れてから、ジャクリーン・ビセットがジャン＝ピエール・レオーのベッドで目覚める。なかなかうまいと思いましたねえ。

——たしかに夜のホテルの廊下なんかがポンポンポンと何カットか入るところ、本当にとってもいいですね。

澤井　ちょっとびっくりしましたね。階段とか廊下のカットの三つ四つの積み重ねでね、シャープですよ。

しかし、あのジャクリーン・ビセットの同情の肉体供与って、いいですよね。

——映画の世界の人間の心意気みたいなものがよく出てるって気がしますね。映画の世界ではあるけれども、女の心意気みたいな。

澤井　いや、実にいいですよ。けっこうあるんですね（笑）。いや、ぼくには起きたことないけど（笑）。ああいうのっていいですよね。でも、だから許されてしかるべきなんですよね、あれ。ダニとかいうセクシーで淫らな女優が演じるスクリプター見習いのねえちゃんの肉体供与とは、まるで違いますもんね。

——映画を捨ててスタントマンと駈落ちしてしまうわけですからね。心意気も何もない。

澤井　それでね、たしかにジャクリーン・ビセットは自分がノイローゼから立ち直って、映画完成までこぎつけたいっていう、どっかに意志があるんですけどね。でも、ただ映画を完成させたいから、肉体を供与してつなぎとめるというんじゃなくてね、それもあるけど、ついフラフラッとして、女性が男を引きとめたり慰めたりするときには、それしかないっていうところもあるんですよね（笑）。その両方がいいですね。単に寝ちゃうと、スクリプター見習いのねえちゃんみたいに、ただ淫乱になるけど、淫乱だけじゃない、責任感ていうのかね。自分の再起のためにも、これを完成させないと自分が立ち直れないっていう、そこがなかなかいいですよね。

――それで、これはいかにもトリュフォーらしい描きかたですけど、男のほうがバカで……。

澤井　バカですよ、あのジャン＝ピエール・レオーってのは（笑）。何もわかっちゃいない。

――旦那さんに電話して、「奥さんと寝たから、離婚しろ」とか（笑）。

澤井　なってないですよね（笑）。

――結局、女のほうが得してる映画なんですね、トリュフォーの映画ってのは。どうしてこんな男にってことになりますもんね。やっぱり女のほうが引き立つんじゃないですか。トリュフォーがそういうときに使う、損な男の役を引き受けてるのが、ある意味でトリュフォーの分身であったジャン＝ピエール・レオーだったんじゃないでしょうか。

澤井　これ、明らかに損な役ってわかりますもんね（笑）。

それから、これはやっぱりジャクリーン・ビセットみたいな、有名な女優でないとだめですね。みんなジャクリーン・ビセットとして見てますよね。劇中の俳優として見ないですね。だから、これはやっぱり有名女優というか、人口に膾炙した人でないといけないですね。

――演技がうまくてもだめなんですね。

澤井　ええ、だめです。新劇のあまり知られてない人じゃ、だめですね。

――実は『アメリカの夜』を見たラクェル・ウェルチが、あんまりジャクリーン・ビセットがいいもんだから、自分も使ってほしいってトリュフォーに売り込みに行ったという後日談があるんですよ。アメリカでは同格なんだそうです、ジャクリーン・ビセットとラクェル・ウェルチが、肉体派女優として。

澤井　でも、ラクェル・ウェルチは肉体だけって感じがしますよね（笑）。ジャクリーン・ビセットは、ちゃんと頭もあるって感じがしますけどね。ジャクリーン・ビセットは、なんとなく神経質そうで、ノイローゼだったというのわかりますよね。

――あのへんは『華氏451』のときのジュリー・クリスティがモデルなんですね。繊細で、神経をやられていて、女っぽくて……。

澤井　いいキャスティングですよね。ただ、『突然炎のごとく』なんかでは非常にうまくいってる女の、極端にパッと変わるね、運河に飛び込んだりするでしょ、ジャンヌ・モローが。『アメリカの夜』では、ジャクリーン・ビセットが、初日の撮影が終わって、亭主が迎えにくると、ちょっと端へ行って「キスしてちょうだい」っていうところがあるじゃないですか。ああいう女の衝動みたいなものをあらわすのがあんまり鮮かじゃないですよね。だから何なんだっていうふうな。トリュフォーはかなり強引にやってるけど、『突然炎のごとく』みたいにはうまくいってませんね。女の狂気っていうかね、突然キュッとなるというのは、ジャンヌ・モローがいいですよね。『アメリカの夜』はね、ああいうことをやった意味があんまりよくわかんないですね。理屈をこねれば、ジャクリーン・ビセットは初日をうまくやったんで安心して、緊張からの解放と余裕から、人が見てるか見られてるか、きわどいところでキスしたいって、自分から冒険したくなったんじゃないかなって、ちょっと思ったんだけど、あんまりうまくいってないですね。女の狂気みたいな、キワキワなすけべえなところが出てないですね。

——ちょっとおとなしすぎるというか……。

澤井　理性的ですよね。ジャクリーン・ビセット自身もそうでしょ。頭のいい人でしょ、『ベストフレンズ』のプロデュースをやるぐらいで、キャンディス・バーゲンと役を取りかえるぐらいですから。
——そのせいだと思うんですけど、旦那さんが待ってて、彼女が出てきたときに、その前をスタッフの男性の一人がリンゴをかじりながら歩いてくるところをトリュフォーは画面いっぱいに撮ってるんですね。あのリンゴでアダムとイヴというか、性的欲望を象徴したんじゃないですか。発作的な何かを出せないっていうか、たしかに、狂気の部分がない女優なんでしょうね。

澤井　そうでしょうね。だって、おりてくるのつけてね、リンゴかじってる人からパンして入れ込んでるんですよね。突然カットを変えてるんですよ。あれ、普通はね、ジャクリーン・ビセットから亭主につなげばいいのにね、リンゴかじって歩いてくるのからつけてパンすると二人が入ってくるというつなぎにしてるんですよね。『突然炎のごとく』のジャンヌ・モローなんかは女そのものでしたからね。ジャクリーン・ビセットは理性的なんですよね。でも、振り返るところはきれいでしたねえ。それ以上に、トリュフォーがジャクリーン・ビセットに演技をつけるシーンで、トリュフォーが手で彼女の顔の角度を変えるところがいちばんきれいだったな。あのジャクリーン・ビセットの顔を両手でくるむようにして演出するところ、何気なくやってるようで、いいですねえ。首曲げないほうがいいと言ってるんでしょうね。こうやるよりは、真っ直ぐにしたほうがいいとかね。ぼくなんかヒロインをさわれないもん（笑）。

ジャクリーン・ビセットを演出中のフランソワ・トリュフォー監督

さわったことない。とくに顔はさわったことない。

——でも澤井監督は、セットでよく、きわどいことを言って女優さんをからかったりして(笑)。

澤井 リラックスさせるためにね(笑)。そういえば、トリュフォーって、あまり笑わない人ですね。

——『アメリカの夜』ではまだ陽気な顔してるほうですね。

澤井 もっと暗いんですか(笑)。

——暗いというのでなく、静かな人なんですね。表情をあまり出さない人だし。それと、せかせかしてる人ですからね、じっとすわってるときもないし、まったく映画の感じそのままです。

澤井 演出上で苦しんでる感じをあまり見せない人ですね。ひとりになって夢でうなされたりしてるでしょうけども。どう撮るとか、どこでどう切り返すとかって、カット割ったりするといろいろ気になったりするんだけど、そういうことをあまり気にしないで。もっとも、トリュフォーって人はすごくカット割りがうまいから。

——いつもスクリプターを相棒というか、何をするにもパートナーにしていますよね、ナタリー・バイのスクリプターそのままに。

澤井 いいですよねえ、彼女。ナタリー・バイはいいなあ。

——スクリプターってこういう感じがしますけど、すごくいきいきとしたリアリティみたいなものがありますね。

澤井　ああいう感じでしょうね、とくにフランスなんかでは。あれは私生活上ではシュザンヌ・シフマンですか。

——シュザンヌ・シフマンがモデルになっていますね。『アメリカの夜』では、監督補というんですか、「フランソワ・トリュフォーの演出助手」ということになっていますね。トリュフォーが俳優として出演した『野性の少年』以来、そうなっていますね。『アメリカの夜』でも、トリュフォーが演じているフェラン監督は何かというとスクリプターのナタリー・バイを呼びますね、コンテづくりや台本の書き直しとかで。あれはまったく実際のトリュフォーのやり方なんですね。撮影見学に行ったことがあるんですが、いつも昼食時間はレストランに行かずに、シュザンヌ・シフマンと撮影所の控室というか、オフィスにこもって、午後の演出プランを練るんですね。サンドイッチか何かつまみながら。『アメリカの夜』と同じなんですよ。

澤井　ああいうナタリー・バイみたいな人がいると助かるなあ（笑）。

——ロケに行く途中でスクリプターの車がエンコして、小道具係の青年がスクリプターと川べりへ行って、女を誘ったら、「いいわ」って言われて男がドギマギするところがありますよね。

澤井　やっぱりあるんでしょう（笑）。シュザンヌ・シフマンですか、あれ。

――あれはシュザンヌ・シフマンじゃないと思うんですね、そういう感じの人じゃないですから。古い仲間ですから、シュザンヌ・シフマンは。映画ひとすじってところがシュザンヌ・シフマンでしょうね。

澤井　あのスクリプターは本当にいいねえ。それでね、やっぱりわかるのは、あの彼女は映画に恋するあまり、現実の恋愛ができないわけでしょ。「男のために映画を捨てるなんて、わたしにはわかんない」って言ってるでしょ。それでも、欲望は消すわけにはいかないわけだ、本能だから。そういうときにパッと、誰でもいいからその場で欲望を果たしちゃうというふうなところ、なかなかうまいですね。

――渓流のせせらぎの音をうまく使ってるんですよね。

澤井　いいですね。あれ、読みすぎかもしれないけど、彼女誘ってますね。ああいうふうに無防備にシャツを脱いでブラジャー一つになって汗の体を洗おうとしたら、男を誘うなってわかっていながら、わざとやってて。だから、男はドギマギ誘うと、もう読んでたのごとくあれをするっていうのは、わかりますね（笑）。インテリの女の男誘い術みたいな（笑）うまさですね。論理からくる男誘いですよね、あれは。

――男は、誘ったつもりが実は誘われてるわけですね（笑）。

澤井　誘われてるんですね。それで、小道具のあの青年は本能で生きるふうの人だから、ああいうふうに誘ったんでね。相手がもっとインテリふうだったら彼女は絶対そうはしない（笑）。インテリというか、そんなことで気取って女としていくけども、知性的に対応してない人にはパッと本能でいくところ、あると思う。それと、あの小道具の青年がなかなかいいですよね。

——ベルナール・メネズ。フランスでは人気絶頂でしたね、『アメリカの夜』のころが。

澤井　なるほどね。俳優っていうか、あれがいいですよね。

映画はこうしてつくられる

——小道具って、あんなにいろんなことをやるんですか。

澤井　そうですよ。

——何でもやるって感じですね。

澤井　うん。いまは「装飾」というんですよね。大道具、小道具という言葉は、基本的になくなったんですよね。芝居の世界はまだ大道具、小道具と言ってるんだろうと思いますけど、映画界では言わなくなりましたね。映画界ではあれを蔑称と思ってるのかな。「装置」「装飾」となったんです。下世話には大道具、小道具といいますけどね。コップとか、小さな道具のことは小道具というんですが、「小道具係」はなくなって「装飾係」、セットを建て込む「大道具係」がなくなって「装置係」。いわゆる「装飾」は二つあるんですよ。「持ち道具」と「飾り」と別れているんです。セットがあって、この室内にはこういうテーブルが似合うとか、こういう本棚が必要だとか、こういう食器が飾ってあることが必要だという、いわゆる「飾り班」とね、「持ち道具」でカバンとか靴だとか、いろいろあるでしょ、同じ係なんだけど、「持ち道具」は若いほうがやるんですよ、助手たちが。現場について、俳優に靴を渡したりというのは若いのがやって、「飾り」、デザイナーと密接な関係を持つのは、この部屋の住人のキャラクターから見て、どういう飾りをしたらいいだろうというふうな、考えることが必要なのは主任ふうのがやるんですよ。『アメリカの夜』の彼もおそらくは「持ち道具」ですよ、やってるのは。部屋の飾りとかはデザイナーつきのがやってね。たぶん、小道具係が一人しか画面には登場しなかったけれど、あれの主任みたいのがいるはずなんですよ。ジャクリーン・ビセットがはく靴だとか、ハンドバックだとかいうものを買いに行く調達係と、調達してきたものを彼が保管して、彼女に渡したりはかせたりするにすぎないんで、調達係がいるはずなんですよね。それは主任というか、彼よりワン・ランク上の人のはずなんですね。

澤井　現場だけのスタッフにしぼっている。それにしても数が少なかったですね。

――そのへんは出てこないですね。

——でもトリュフォーの映画の現場というのはあんなものでしたね。わりと少なかったという印象があります。日本の撮影所のほうが、なんかずっと多いような気がします。トリュフォーの映画の現場では一人何役もやったりしてるんですね。『トリュフォーの思春期』のときなんかでもプロデューサーが校長先生の役で出たり（『アメリカの夜』でもフランス側の保険会社の代表の役で出てますが）、スチールを担当していた女のカメラマンがちょっと白衣を着て女医さんの役で出たり。『アメリカの夜』そのままでしたね。『トリュフォーの思春期』のときの担任の先生をやっていたのが、『アメリカの夜』のチーフ助監督のジャン＝フランソワ・ステヴナンですね。実際にスタッフとして助監督もやってるんですが。

澤井　あのチーフ助監督、ぴったりですよね。あれが夜、食事するときかな、ホテルで。シャツの大きな襟がスーツから出たりして、いかにも田舎もんというかね。トリュフォーもよく見てるなあ（笑）。スタッフのキャスティングは全部いいですね。スクリプターもそうだけども、メーキャップのキューピーちゃんみたいな女の子、目をクリクリッとして。

——ニク・アリギ。ニースの別荘に来ていた作家のグレアム・グリーンを見つけてそれを知らずにエキストラに推薦したのも彼女なんだそうです（笑）。

澤井　小道具係のにいちゃんと双璧ですよね。ああいうのいますよね（笑）。

――小道具の青年は何でも屋といった感じで、いつもせかせか、せかせか歩き回って。
澤井 役割も、パーティになると、かならず酒の準備なんかしてね。
――撮影のときは、彼が雨を降らせたりもしますね。
澤井 日本では「特機係」。クレーンを扱ったり、移動車を扱ったりするところがやるんですけどね。小道具がやってましたか。
――ええ。それから、暖炉の火をガスバーナーで操作したり。
澤井 あれは小道具がやります。
――雨を降らすところを小さなスプリンクラーでやっていますね。この映画のシナリオを訳したりスーパー字幕をやったときに、キャメラマンの仙元誠三さんにいろいろとご教示いただいたんですが、日本の撮影所ではスプリンクラーなんてシャレたものはなくて、ただの「雨降らし」だって（笑）。
澤井 そう、あれは、日本ではないです。上からジョウロでまくだけ（笑）。
――日本は貧しくて原始的な方法でやってるんだって仙元さんも言っていました（笑）。やはり日本のシステムとはずいぶん違うところがありますか。
澤井 大同小異あって、日本の撮影システムとそう変わらないなと思ったんですけどね。なるほどなと思ったのは、ロケーションの矢印。お葬式なんかにやるけれど（笑）、あれは映画ではあまりやらないですね、日本では。

――「ジャン・ヴィゴ通り」なんて標示が途中で出てきたり。ニースですから。日本では地図で書いてコピーをスタッフに渡すぐらいだと仙元さんも言っていましたが……。

澤井　そうなんですよ。お金がなくてそういうこともできないでね、助監督時代のわれわれも北海道へ行ったときは、間違いやすい所に、製作進行の助手が寒いなか立ってて（笑）。まだ車がくるだろうと思って「向こうだ。向こうだ」って。結局、自分が拾ってくる車がなくて、歩いてきたり、バスに乗ってきたりということ、ありましたよね（笑）。『アメリカの夜』のあのロケ地へ行く道中は、ヒッチコックの『泥棒成金』の感じがね……。

――あ、あれ、同じ場所ですよ、あの崖っぷちの道。グレース・ケリーがケーリー・グラントを車に乗せてスピード運転するシーン。バスが向こうから来たりして、きわどくよけたりする、あの崖っぷちの道。ニースの近くの。

澤井　それとかならずしも同じ場所でなくても、雰囲気が非常に似てますよね。

――トリュフォーは映画を撮りながら、いつもヒッチコックの映画が頭にあるらしいんですけど、澤井監督はそういうのがありますか。

澤井　ぼくはないですねえ。トリュフォーはかなり明確にありますよね。ただ、ヒッチコックを真似してるとか、そういうことはないですね。どっか精神をつかみ取ろうということはあるのかもしれないけど。それと、ラストの雪。あれは日本ではやらないですね。やってる人いるのかな。ぼくはいままで見たことないですね。

——コンプレッサーで人工雪を降りまいていましたね。日本では普通、発泡スチロールですか。

澤井 ああいう液体ふうのやつでまくことはないんですよ。日本だとあれは塩か石灰ですよね。発泡スチロールは雪を降らすやつでしょ。『アメリカの夜』ではもう積もってる雪ですからね。

——石鹼の泡みたいな感じでしたね。

澤井 あれはいいですね。それで消えないしね。

——真綿みたいになって。

澤井 あれは日本で見たことなかったですね。

——日本でもやることがあるのかなと思ったのは、プレイバックというんですか、ジョルジュ・ドルリューの音楽が先に作曲されてあって、レコードで流しますね。

澤井 映画中映画『パメラを紹介します』の仮装パーティのシーンで、それでトリュフォーが演出するときに「音楽！」なんて言ってましたけどね。ああいうことはめったにないんですよ。

——あれはトリュフォーが『アデルの恋の物語』で実際にやっていた演出法なんです

ね。モーリス・ジョーベールの戦前の音楽を演奏して録音しておいて、それを流しながら演出のトーンというか、女優のイザベル・アジャーニの芝居のリズムを決めたらしいんですね。

澤井　その場合は、おそらく、サイレントで撮ってるはずですね。歩きかたのテンポだとかムードを醸し出すために、俳優さんのために音楽を出してるわけでね、それを同時録音してるわけじゃないんですよね。作曲家が電話でメロディを聴かせたりしてましたよね、その前に。あそこまで完成するには、スタジオを借りて、楽士を呼んで、音楽を録《と》らなきゃいけないんですね。最後にまた別の音楽を録《と》らなきゃいけない。二重手間になったり、お金がたくさんかかるでしょう。そういうことは日本はあまりしないですね（笑）。

——ジョルジュ・ドルリューが電話で自分の作曲した音楽のメロディを聴かせるところはなかなか感動的なシーンですね。

澤井　あれもね、作曲家はときどきやるんですけど、自信があるときのほうが多いですね（笑）。ぼくも一度テレビをやったときにありましたね。電話かかってきて、いまから聴かせるからって。

——「どうだ」というわけですね、自信作で。監督はちゃんとそういうのにも付き合わなければならない（笑）。

澤井　でも、『アメリカの夜』のあれ、いい音楽でしたもんね。気分を高揚させる。あの声はジョルジュ・ドルリューですか。

——本人の声ですね。声の出演というか。映画の冒頭のクレジットタイトルのバックに流れる音楽、あれもジョルジュ・ドルリューが録音スタジオで演奏の指揮を取ってるところで、ジョルジュ・ドルリュー本人の声ですね。

澤井　あとで考えると、あの音楽は『アメリカの夜』のための音楽をダビングしてるんですね。映画中映画『パメラを紹介します』の音楽じゃないですね。映画の冒頭、左側にギザギザが出たでしょう。

——音が光学録音されて帯状になったいわゆるモジュレーションですね。サウンド・トラックそのものが画面に写って。あれも、映画の現場の人が見たら、面白いでしょうねえ。

澤井　そうですよ。やったな、って感じでね。『アメリカの夜』というタイトルからして映画好きのための映画でしょう。これ、「つぶし」の意味なんでしょ。

——アメリカ式の、アメリカ的な夜ということで、英語では「デイ・フォー・ナイト・フォトグラフィ」で「擬似夜景」という意味ですね。だから『擬似夜景』とか『つぶし』というのが本当のタイトルになるわけですね。アメリカで公開された版のタイトルは『デイ・フォー・ナイト』ですね。

澤井　「つぶし」とも言うし、ちょっと気取って「ナイト・イフェクト」とも言いますね。ぼくらは昔、助監督のセカンドのころ予定表を書いてて「つぶし」と書いたり「Nイフェクト」と書いたりしましたよ。マキノ雅弘さんは英語好きでしょう、カチンコと言わずにスティックというぐらいですからね。かならず「ナイト・イフェクト」と言いますよ。

――なるほど、昼間撮って夜の効果を出すわけですから、まさに「ナイト・イフェクト」ですね。そういったことを聞くだけでも映画の、映画づくりの面白さが出てると思うんですね。

澤井　たしかに、こういう映画って、みんな撮りたいですよね。スタッフって、直接画面に出たいとは思わないで、描かれたいというところはありますよね。つくってる自分たちの姿がね。『アメリカの夜』では、撮影してるのをまた写してますよね。あれはね、一般のお客さんでも、映画ってこんなふうにして撮影されるのかとわかるのと同時に、内部の人間って、ああいうシーンが好きなんですよね。自分が写されてるわけだから。つまり、本物のキャメラが本物の俳優を撮ってるんじゃなくて、それを撮ってる自分たちが写る、テレビのメイキング・オブ・何とか、ああいうのってスタッフは好きなんですよ。だから、普通の人も見てて面白いでしょうけれど、とくに映画の内部者が好きになる映画じゃないですかね。ただ、『アメリカの夜』というのはたしかに業界の人にはなかなか面白い内幕ものだし、かなりリアルなんだけど、本物の人生っていうか、普通、映画って、どっか人生っぽいとこがあったり、苦しみがあったり、波があったりするじゃないですか。あるのはジャクリーン・ビセットぐらいのもんですよ、『アメリカの夜』では。ジャン＝ピエール・レオーと一夜を共にしたのをバラされちゃって。そのほかは意外に軽いというか、点描ですよね。

——映画づくりの、撮影のプロセスが全部見られるし、それが一つの流れになっているので、いろんな断片的なエピソードの連続だけなんですね。ちょっと物足りない感じはするんですが、一つのエピソードにかたよらない。

澤井　そのほうが重々しくならないし。それに普通の人が撮影見学に一回来たら、その局面しか見られませんからね。クランクインからクランクアップまでは見られませんからね。だから、意外にジャクリーン・ビセットの人生が少しある局面で重く描かれてるけど、あんなものはなくってもね……。あってもいいんだけれども、あれがあったから、どっかに重みが増したというんでもないんですよね。もっと単純にうまくいっちゃってもいいんでしょうね。映画界の一種の内幕ものではあるけれど、ジョセフ・L・マンキーウィッツの『イヴの総て』とかビリー・ワイルダーの『サンセット大通り』とか、ああいうていのものとはまったく違いますよね。そこでの、女優になっていくときの苦しみとか、野心とかじゃなくて、映画をつくってるプロセスそのものですもんね。

——人間の動きみたいなものが魅力的なんですね。でも人物中心ではなくて、みんな中途半端なくらい断片的ですよね。キャメラが興味のあるものだけ追いかけてつかまえてるみたいな。人物のドラマより、映画的な動きが中心になっているというか……。

澤井　一種のメイキングみたいなもんですよね。普通なら人物でまとめていきますけどね。普通は、人間の苦労とか、楽しみとか、喜びとかっていうふうな、苦労ってあまり映画的でもないけども、まあ、人間の感情の動きとか、対人関係の齟齬とか、そういうものを見ていきますよね。『アメリカの夜』はそうじゃないんですもんね。これはそういうドラマはないですもんね。それと、断片的なエピソードのつながりだけだけれども、クランクインからクランクアップまでと限ったところが、結局、成功なんでしょうね。あまりドラマがなくても、一つの区切りとしてエンドマークが出るんでしょうね。みんな別れていくからね。

——トリュフォーは「三一致の法則」を自分に課したと言ってるんです、シナリオを書くときに。

澤井　なるほど。じゃ、ラシーヌやモリエールでいってるんですね。「スリー・ユニティーズ」、古典劇の「三一致の法則」で。

——そこが発想だったみたいですよ。

澤井　「スリー・ユニティーズ」の「シンプル・プロット」は、映画ができるまでですもんね。そのなかでいろいろグチャグチャあろうが、結局、映画ができあがるまでですもんね。「シンプル・プレース」としては、撮影所の内部、あるいは撮影現場。「シンプル・タイム」としてはクランクインからクランクアップまでですよね。

――クランクイン以前の企画や構想の苦しみはフェリーニの『8½』に描きつくされているから一切ふれないことにしたとトリュフォーは言っていますね。純粋に一本の映画が撮影される時間と空間にすべてのアクションを限定したと。

澤井　シナリオをつくってるときの苦しみだとか楽しみだとか、ジュリアン・デュヴィヴィエの『アンリエットの巴里祭』とか、いろいろあるけど、全部捨てちゃって。それでたぶん、劇中劇というか、映画中映画ですね。『パメラを紹介します』の内容が単純で、わかりやすいといえばわかりやすいけれど、ほんとに単純で、あれ、不倫の映画だからね。いまちょうど不倫ばやりだからね（笑）。よけいわかりやすいですよ。ジャクリーン・ビセットが養父と駆落ちするわけだけど、それが私生活とダブってないから。あれでいいんですよ。あれが妙に意味深くダブると、わかりづらくなるだろうと思うんですね。

――ピランデルロ的な意味持たせのダブル・イメージは極力避けることを原則にしたとトリュフォーも言ってましたが……。

澤井　「作者を捜す六人の登場人物」ね。

——それだけは回避しようと。そこまではいいんですが、実にトリュフォー的なところは、ではトリュフォー自身が演じるこの監督がどんな映画をつくっているかといえば、トリュフォー自身のいちばん不幸な思い出というか、いちばん当たらなかった映画をモデルにしたんですね。つまり『柔らかい肌』なんですね。いちばん当たらなくて、いちばん批判された映画なんですよね。猫のシーンなんて『柔らかい肌』のシーンの再現ですよね。

澤井　『柔らかい肌』はとてもいい映画だったけれど、当たらなかったんですか。でも『パメラを紹介します』って、たいした映画じゃないですね（笑）。どうでもいいっていう感じね。映画中映画で、これはたいしたことないやっていうね（笑）。それでも、『フランス軍中尉の女』なんて、撮影しながら変に俳優たちの個人的ドラマがダブってくるみたいな、わけのわからない映画よりはね（笑）。

——あれはハロルド・ピンター脚本で、カレル・ライス監督でしたか。フィクションと現実の複雑な二重構造で。

澤井　しかし、映画の話って、撮りたいですね。映画女優が映画女優の役をやってて、なおかつ役を演じてるっていうの、やりたいですよね。演劇の話では『Wの悲劇』で少しやったけれども、映画そのものでやりたいですね。一つにはね、映画中映画の場合の演技は、あまり一所懸命にならなくてもいいんですよ。あ、彼女はへたな役者だと思わせればいいわけだから（笑）、雑駁でいいんです。ほんとの役をやってるときはへたじゃ困るけれども。だから、ちょっと気が楽なところもあるんですよ、へたな役をへたなふうに演じればいいだけの話で。実は、ぼくね、映画の内幕物って撮ってんですよ、テレビで。

——テレビで……それは知りませんでした。

澤井　『宇宙刑事シャイダー』っていうシリーズがあってね、『Wの悲劇』を撮った直後、キャンペーンの途中でやったんですよ。映画中映画の話なんですよ。きょうそのビデオを持ってこようかなと思ったんですけど……。

——それはぜひ見せてください。

澤井　でも、トリュフォーっていいですよね。誰からも映画が好かれる人なんじゃないかな。この『アメリカの夜』だって、ただ単にわかりやすいとか、やさしさがあるとかいうだけじゃなくって、映画づくりの本質をつかんでね、安易にハッピーに騒いでないでしょ。映画の仕事の基調は苦しみだという。つまり、ものを生み出すときの苦しみだと。予算がないとか、スケジュールが立たないとか、シナリオの直しがあったりして、基調は苦しみだと。そのなかにけっこう楽しいですよというところが、いいですね。映画づくりって楽しいですよ、つねにお祭ですよと、業界の人がよく言うでしょう。楽しさが基調にあって、苦しいことなんか楽しさに吸収されますよというけれども、ぼくなんかこの映画見て、いいなと思ったのは、基本は苦しみだと。でも、やっぱり楽しいことがあって、でも、苦しいのは苦しいんだと、逆転してないのがなかなかいいですね。結局、苦渋が残ってますね、みんな、傷ついてるでしょ。そんなにハッピーな人っていないですよね。あんまり傷ついてない連中でも「ああ、また失業だな」なんて別れていく。やっぱりどっか苦渋ですよね。結婚していく二人はなかなかいいけども、あとみんなあんまりね、ハッピーじゃないですよ。

　トリュフォーだってつくりながら「前半あまりうまくいってないから、後半で挽回しなきゃいけないな」と言うし。

——モノローグで「もう前半は取り返しがつかない」なんて自分を責めさいなむように確認してるんですね。

澤井　「後半で映画をより生き生きとさせなきゃいけない」なんてね。やっぱりね、映画って、苦しみの連続で、回想すると結局、楽しかったということになるんであって、やってる瞬間は絶対そう楽しいもんじゃないって押さえられてるところが、なかなかいい。

『アメリカの夜』は、普通の人が見て、どこが面白いのかなあというと、やっぱり、映画をつくってるスタッフたちの気分がわかるということなんでしょうね。

――あの冒頭の広場のシーンが監督の「カット！」の一声で、実はオープンセットで映画の撮影だったとわかるところから、ドキドキしますね。

澤井　あれ、いきなり始まるところがいいですね。それから、音がいい。音楽がいい。撮影がだいぶ進んで、途中でバルザックの像が運ばれるようなモンタージュがあるでしょ、あそこの行進曲ふうの音楽っていいですねえ。わくわくするね。こういうんで映画つくってるんだよって、誇りたくなるようなね。

（一九八七年、『アメリカの夜』再公開の劇場用パンフレットより再録
／聞き手・構成　山田宏一）

＊本書は当社より刊行した『ある映画の物語』（一九八六年）、『アメリカの夜』（一九八八年）を合本して文庫化したものです。

草思社文庫

ある映画の物語

2020年 4 月 8 日　第 1 刷発行

著　者　フランソワ・トリュフォー

訳　者　山田宏一

発行者　藤田 博

発行所　株式会社 草思社

〒160-0022　東京都新宿区新宿1-10-1
電話　03(4580)7680(編集)
03(4580)7676(営業)
http://www.soshisha.com/

本文組版　有限会社 一企画

印刷所　中央精版印刷 株式会社

製本所　株式会社 坂田製本

本体表紙デザイン　間村俊一

ISBN978-4-7942-2450-7　Printed in Japan

草思社文庫既刊

山田宏一・和田誠

ヒッチコックに進路を取れ

ヒッチコック作品の秘密を映画好きの二人が余すところなく語り明かす。傑出した映像技術、小道具、メーキャップ、銀幕スターから脇役の輝き、製作裏話まで話は尽きない。映画ファン必読の傑作対談集。

斎藤明美

高峰秀子との二十年

出逢いから、養女になり、最期を看取る日まで——最初の仕事の依頼から多くの仕事を通じて生まれた「心の絆」。高峰秀子自身の文章、エッセイ、対談、インタビューを多数収めた二人の仕事の全記録。

野上照代

完本 天気待ち

監督・黒澤明とともに

黒澤作品の現場のほとんどに携わった著者が、伝説的シーンの製作秘話、三船敏郎や仲代達矢ら名優たちとの逸話、そして監督との忘れがたき思い出をつづる。日本映画の黄金期を生み出した人間たちの青春記！